企业
组织结构变革

——基于合法性逻辑的思考

丁菓 著

南京大学出版社

序　言

　　本书的研究主题是企业组织创新。选择这一主题进行研究的现实背景是中国特色社会主义进入新时代对企业发展提出了新要求。新时代我国经济发展的特征表现为由高速增长阶段转向高质量发展阶段,为此需要推进经济增长动能的转化,以创新驱动发展。企业是最重要的创新主体,来自企业的创新既有技术创新、产品创新,又有组织创新等多方面内容。在移动互联时代,企业因组织创新而获得成功备受瞩目,以阿里为代表的平台企业的出现催生了新零售和新业态,平台结构成为数字技术时代组织创新的风向标,来自实践的创新引发了学界新一轮组织结构创新的研究热潮。海尔掌门人张瑞敏说过:"没有成功的企业,只有时代的企业。"只有那些踏准了时代节拍,把握了时代节奏的企业才能取得成功。对企业而言,因时而变应是其常态化的思维模式,变化涉及方方面面——技术、战略、结构、文化、制度等,彼此既相对独立,又相互关联。从某种意义上讲,可以将技术、战略、文化、制度的变化浓缩在企业组织结构持续变革所形成的谱系之中。

　　在企业组织结构变迁的过程中,最具代表性的组织结构是反映着工业化时代特征的科层制组织结构和后工业化时代特点的平台型组织结构。科层制组织结构适应了工业化社会的技术逻辑、战略逻辑和价值逻辑,通过高度的结构化实施严格控制以规避不确定性。平台型组织结构适应了后工业化社会的技术逻辑、战略逻辑和价值逻辑,通过扁平化、去中心和无边界的耗散结构激发企业的灵活性和创造性以应对变幻莫测的环境。从机械技术到数字技术的演进,不仅提供了企业组织结构变革的技术平台,而且技术本身也作为一种意识形态引导着人们价值观念的变化,因此每一次的组织变革都蕴含着技术逻辑与价值逻辑的融合。机械技术追求企业整体效率和稳定性,数字技术则彰显个体价值和灵活性。相应地,基于机械技术的科层结构倾向于集权化统治,而基于数字技术的平台结构倾向于分权化自治。由此可以看出,组织结构的变革与权力关系的改变一脉相承,因此,本书认为从企业权力角度考察组织变革,可以较为深入地去理解组织结构变革的深层次逻辑。很多学者认为,大部分组织的创新实践均以失败告终,究其原因,既有基于价值创造的经济原因,也有权力重新分配的政治原因。许多研究指出,真正因流程改造而成功的企业不到 20%,这是因为企业在组织变革中往往卷入权力斗争的漩涡之中(吴思华,2020)。正是基于此,本书选择了从企业权力视角来研究组织结构变革。

企业组织变革的实践表明:任何一次组织结构的创新都是由企业的领导者推动,组织变革的实质就是变革领导(曹仰锋,2019)。无论是海尔的张瑞敏,还是华为的任正非,或是阿里的马云、张勇,他们都有能力去重构整个企业的权力关系,并且勇于自我颠覆。任正非在 2019 年 10 月的一次内部讲话中提到,公司组织变革的主要目的是为了避免官僚主义产生,增强作战能力。2019 年 11 月 5 日任正非接受《华尔街日报》采访时讲道,当年华为向 IBM 学习管理变革时,IBM 顾问对他说:"组织变革就是最终让你没有权力,你有没有决心?"在互联网与移动技术迅猛发展的今天,数字技术用扁平化、去中心、无边界去解构科层权威,权威关系的改变体现了数字化时代"以客户和员工为中心"的管理理念,满足客户的个性化需求和凸显员工的个人价值。管理大师德鲁克说过,21 世纪的企业应该让每个人成为自己的 CEO,让每个人体现自己的价值。互联网时代消除的是人与人之间的距离和信息传递的障碍,实现了人与人的零距离和信息传递的全覆盖,因而需要重新定义企业中管理者与员工的关系,上下级间领导与被领导的权力关系已逐步转变成了支持和合作的关系。管理者权力的有效性不仅仅取决于制度性的安排、管理者的个人魅力,更取决于下属的意愿,这就涉及管理者权力的合法性问题。企业权力的合法性正是本书研究的切入点,企业组织结构变革正是源于对合法性的诉求。合法性不是一成不变的,从机械技术时代的集权控制到数字技术时代的分权自治,实质上就是迎合被管理者对权力关系认知的改变,重建数字时代的权力合法性。

今天的互联网技术已经不同于 10 年前的水平,进入互联网发展的新态势,大数据、云计算、人工智能、区块链是这一阶段数字技术的新标志。数字技术不仅通过提供服务于所有个体的云平台,实现了从科层权威结构向平台分权自治结构的转变,而且构建了基于平台的企业生态网络,客户、投资人、社区、竞争者、学术机构等众多利益相关者构成企业的生态系统,形成了开放、协同、共生型的组织结构,这样有助于企业聚合各类资源,利用群体智慧,为客户创造价值,以应对复杂多变的环境挑战。近十年来在激烈的全球化竞争中,一批国内外互联网企业异军突起,它们有一个共同的名字叫"独角兽"。独角兽为神话传说中的一种生物,它稀有而高贵。美国著名 CowboyVenture 投资人 Aileen Lee 在 2013 年将市场估值超过 10 亿美元的创业公司称为"独角兽"。人们耳熟能详的谷歌、苹果、亚马逊、阿里巴巴、腾讯都属于独角兽企业。纵观它们的超常规增长,已经取代传统的老牌企业成为互联网时代的新宠,其成功的原因就在于这些企业率先预见到了在数字化时代企业创造价值、获得竞争优势的关键已经不仅仅取决于企业自身力量,而在于充分激发每个个体的创造力以及促成与企业外部力量的有效协同。数字技术为企业这样的战略转型提供了一个普适性平台,使更多的企业组织进行平台化转型成为可能,如谷歌的开放型办公室、阿里广泛的交易平台、致力于在线公共服务的阿里云平台和海尔"人单合一"模式下的平台化革命等,正是平台化的组织结构创新助力企业成为非凡的独角兽企业。

平台型组织结构是数字化时代的产物,也是数字化时代企业发展的必然选择,新冠疫情的突然爆发更加快了组织平台化发展的趋势。新冠疫情之所以在中国能够得到迅速控制,一方面得益于中国政府超强的社会动员能力和治理能力,另一方面云平台功不可没。疫情期间杭州市政府联合阿里云和支付宝于 2 月 11 日率先推出用于居民通行和企业复工复产的健康码系统,实施"红黄绿"三色码进行动态防疫管理,助力疫情精准防控和有序复工复产。随后,支付宝平台推出了全国统一的健康码系统,各地政府纷纷利用阿里云的技术优势建立了一体化的疫情防控健康码系统。浙大附属第一医院联合阿里云打造的云医生平台,联通了国内外 400 多家医院对众多患者进行救助。目前,在这个国际医生交流平台上,已经有 100 多个国家的 1107 名医生入驻。阿里钉钉是阿里集团开发的智能移动办公平台,疫情期间免费给企事业单位提供在线办公和学校在线教学服务。绝大多数家庭通过网购解决疫情期间基本生活需求,利用在家网上办公处理工作事宜。如果没有阿里云这样的平台支持,疫情严重时期人们的生活、工作、学习、社交活动如何完成简直不可想象。正因为承载大数据的"云平台"构建了一个生态系统,可以广泛地自由链接资源,聚合各种力量,增强了组织活动的自治力、适应力和创造力,才能应对突发公共卫生危机的挑战。

我国经济要实现高质量发展,关键在于企业的高质量发展,因此需要积极利用数字技术进行企业再造,积极培育企业增长的新动能。目前,企业的平台化改造已蔚然成风,阿里、京东、腾讯、滴滴、美团等企业通过数字技术成功地实现了"平台化"经营。"平台"是数字技术的应有之义,"平台"的价值在于激发网络效应,即通过利益相关者之间关系网络的建立,实现价值激增的目的。因技术力量推动企业组织变革,促进企业呈指数级增长,正是中国互联网企业能够跻身世界发展前沿的核心能力,也是中国企业未来竞争力的原动力。互联网技术迅猛发展的二十年,也是中国企业风云激荡的二十年,中国搭上了互联网的头班车,诞生了阿里、腾讯、新浪、网易、京东这样的互联网企业,传统企业如海尔、华为、万科也成功地进行了平台化组织结构变革的探索和实践。这些公司用了短短二十年深刻改变了中国,不仅成为中国企业在全球数字化时代的一道靓丽风景线,而且充分释放了各产业的发展潜力,为推进企业供给侧改革和未来发展提供新动能。有学者说,此次中国抗疫成功除了政府的强大治理能力,"云端上的孪生中国"也为抗疫提供了另类免疫力,在社区的严防严控、网格化管理中发挥了关键作用。云端中国是指基于云计算为核心的中国新基建,新基建搭建了生态的云平台,依靠云平台创生出了众多充满创造力和灵活性的个体和组织,这是中国未来竞争力的源泉,也是实现我国经济高质量发展的基石。

基于上述分析,可以看出组织结构变革始于微观,在取得成功之后可以向中观和宏观挺进。今天改变我们生活方式的智慧城市建设、在线教育、在线医疗等众多公共服务无一不是得益于互联网企业平台化发展的启示和运用。组织是人类社会的存在方式,组织结构是社会存在的基本架构,从前工业化社会、工业化社会到后工业化社会,组织结构始终追随着时代的脚步而不断演进,从混沌到有序再到混序的变化逻辑承载了技术、战略、文化、制度的变迁要求。"明者因时而变,知者随事而制。"持续的组织结构变革为企业的成功提供了根本保障。新一轮数字技术变革已经成为企业创新的核心驱动力,未来的企业组织结构创新将一方面延续平台化发展的趋势,另一方面将进一步丰富平台化的内涵:线上线下的融合、业态跨界的融合、生态资源的融合、产业服务的融合。平台负责创造广泛的生态系统,至于每个具体的企业究竟采取什么样的组织结构取决于企业自身的特点,没有一个普适性模式的存在,但是企业均会不同程度地受到平台概念的影响和渗透,形成各具特色的多元化的"平台与科层融合"式结构。如同今天的亚马逊、华为等平台化企业,仍在一定程度上保留着层级结构、直线职能制、事业部制结构的痕迹。"平台与科层融合"式结构实现了控制与自治、集权与分权、灵活与稳定的平衡。由此可以看出,组织结构的变革始终围绕着权力关系在调整,无论是基于自身效率逻辑的科层制结构,还是基于客户价值、多元主体互利共赢的平台结构,其背后的逻辑实质是对权力合法性的追求,也就是企业寻求更广泛的认同和支持。正是基于这样的思考,形成了本书研究企业组织变革的基本逻辑,希望本书的尝试性研究为探索企业组织变革的动因提供一个新思路。

目　录

第一章

导 论

在互联网与移动技术迅猛发展的今天,企业的生存环境更趋于高度不确定性和复杂性,如何在变化莫测的环境中利用互联网平台更好地服务于客户、投资人和社会等利益相关者是每个企业面临的现实挑战。在激烈的市场竞争中一批国内外互联网企业应运而生,并迅速成长为市场佼佼者,如阿里巴巴、亚马逊、滴滴、脸书、谷歌、腾讯。截至 2019 年 4 月 15 日,他们的市值排名全球前十,阿里巴巴以 4746 亿美元的市值位居榜首,这些公司平均成立时间只有 19 年。① 纵观他们的异军突起,成为互联网时代企业的标杆,其成功的原因就在于这些企业预见到了在移动互联时代,企业获得竞争优势的关键已不仅仅取决于组织自身的发展,而在于充分激发每个个体的创造力以及促成各种资源有效协同(陈春花,2015)。互联网技术正是为企业这样的诉求提供了一个普适性平台,使更多的企业通过组织结构平台化转型获得成功,如谷歌的开放型办公室、阿里广泛的交易平台。正是各种令人目不暇接的组织结构创新模式助力企业战略成功实施,造就了一批数字时代的独角兽。从 20 世纪 80 年代网络组织的初现端倪,到如今的各种基于数字技术的新型组织已成为常态,先后涌现出阿米巴组织、交响乐组织、平台型组织、无边界组织、弹性组织等,这些组织创新的新形式虽形态、名称各异,但是殊途同归,就是创造与

---

① 杨国安、戴维·尤里奇.组织革新——构建市场化生态组织路线[M].袁品涵译.北京:中信出版集团,2019:4.

环境更加协调的企业。实践的不断创新推动着相关理论研究成果层出不穷,组织结构变革只有进行时,因此,对企业组织结构变革的研究一直是组织研究的热点,这也是本书选择这一主题进行研究的原因。

第一节 企业组织结构变革的研究背景和意义

一、研究背景

组织是一个既古老而又现代的研究命题。说它古老是因为组织本身的存在由来已久,人类社会就是以组织的形式存在的。从原始社会的部落、氏族组织、简单的家庭组织,到私有制出现之后以阶级关系为主体的国家、民族、政党等组织,再到现代社会不同职能的各类组织,如经济组织、教育组织、文化组织等。总之,组织是构成人类社会的基本细胞,是人类文明的标志,人类社会的发展正是借助一定的组织形式将分散的个体集中起来而有序地运行。因此,组织可以看作人们为实现特定目标而形成的系统集合。为了维持组织的稳定发展,组织运行需要依赖于一定的规则体系,由此形成了特定的权责结构。权责结构意味着将组织秩序化,权力与职责分明,实现分工与协作,合理配置各类资源,促进组织目标的实现。因此,设计合理的组织结构有助于组织的有序运行和实现组织目标。早在100多年前,人们就开始对组织结构问题进行了较为系统的研究,其中以法国的亨利·法约尔和德国的马克斯·韦伯两人的贡献最为杰出,他们的研究成果奠定了整个古典组织理论的基础。亨利·法约尔通过自己多年来在大型工业企业的管理实践而积累起来的丰富经验引发了对管理过程的深入思考和研究,创立了组织管理理论,他的理论成为后来管理过程学派的理论基础。马克斯·韦伯的权威结构理论和官僚制组织模式的提出,使他享有"组织理论之父"的美誉。在他们之后,又有很多的理论家、企业家为组织的理论与实践的发展做出了巨大的贡献。理论方面出现了众多学派林立的状况,有梅奥的人际关系组织理论、巴纳德的社会系统组织理论、本尼斯的组织发展理论、卡斯特和罗森茨韦克的系统与权变组织理论等。实践方面,以20世纪初斯隆提出的事业部制这种组织结构的新模式最为著名,而且事业部制后来成为各大型企业普遍采用的一种组织模式。尽管前人在组织理论尤其是企业组织理论方面的研究硕果累累,但不可能穷尽有关组织问题的所有方面,而且随着时代的变迁和组织生存环境的变化,即便是再经典的理论也会随着时间和条件的变化而遭遇挑战,正可谓理论是灰色的,而实践之树常青。

从20世纪80年代开始,可以说企业组织结构理论研究进入了一个新阶段。由于信息技术突飞猛进的发展,将人类社会推进到了知识经济时代。面临知识经济时代的到来,企业组织的环境变得异常动荡与复杂,与此同时,企业组织可利用的技术手段也今非昔比,信息技术和专业知识正迅速成为企业组织运作的基础,这一切对现代企业组织的生存和发展提出了新的挑战。企业组织要在瞬息万变的环境中求得生存和发展,就必须培育核心能力,其中创新能力就是核心能力最突出的表现。实践证明,来自技术或产品的创新常常是企业成功的源泉,所以技术创新和产品创新一直颇受企业的重视。实际上,技术创新和产品创新固然重要,但是如果缺乏适当的企业组织结构作为支撑,将会直接影响到企业创新能力。例如,20世纪初通用汽车公司的组织结构创新即创建事业部制的组织结构,为其尽快地摆脱一战后的危机起到了关键的作用。因此,有学者断言,组织创新将是今天和明天企业获得竞争优势的新源泉之一,是企业赖以成功的基础。因为组织创新一方面能够提高组织对外部环境的适应能力,在不断变化的环境中求得生存和发展;另一方面则有助于组织成员适应环境,"解放和动员人的能力"。① 而且,从 20 世纪 80 年代开始,企业组织新形态如团队组织、学习型组织、网络组织、虚拟组织、战略联盟等纷纷涌现,就足以从实践角度证明组织创新是知识经济时代企业成功制胜的法宝。于是,在实践的推动下,再次引发了理论界对现有企业组织理论的重新思考和研究热潮,许多极富创见的成果不断涌现,如彼得·圣吉的学习型组织理论、迈克·哈默和詹姆斯·钱皮的公司再造理论,还有虚拟组织理论等,令人目不暇接。

如果说从 20 世纪 80、90 年代开始,网络组织、虚拟组织、战略联盟等组织新形态初现端倪,那么到了 21 世纪初,这些组织形式已经常态化了,这是因为以移动互联技术、云技术、大数据及人工智能技术为代表的新一轮新技术革命,在全球掀起了一股强劲的数字经济之风,大数据不断渗透于组织营运之中,大数据取代传统资源已成为组织的核心要素。企业营运若建立在大数据的基础之上,并有能力对海量数据进行恰当分析,这将有助于企业对传统生产要素进行聚合,对客户的需求有深刻的洞见,可以更好地服务客户,形成企业独特的优势。因此,企业组织需要彻底颠覆原有的组织设计理念,围绕共享与协同的理念开放组织边界,构建新型组织生态环境,创造组织结构新范式,建立与利益相关者的互动关系,在合作中实现数据共享。如淘宝网连接了众多买家与卖家,提供第三方支付、菜鸟裹裹快递,改变了传统的零售模式,获得了极大的成功。谷歌的安卓平台连接了手机用户、手机制造商、软件开发商和广告商,创造了独特的生态圈,不仅给用户提供了足够的选择空间,而且让谷歌保持了行业的领先地位。这样的新型组织已蔚然成风,而且已经嵌入人们的日常生活之中,如网上购物、社交平台、在线课堂、远程办公等诸多领域,改变了人们的生活、学习和工作方式。由此可以得出结论:在移动互联时代,企业组织只有形成

---

① 袁安照,余光胜. 现代企业组织创新[M]. 太原:山西经济出版,1998:200 - 201.

常态化的开放与合作的组织结构,才能获得成功。

面对现实中企业组织结构的不断变化,有必要从理论层面去思考企业组织结构变革的逻辑。迄今为止,学界的研究除了早期的系统性研究成果——从古典组织结构理论、现代组织结构理论,到后现代组织结构理论研究的最新成果,近期的研究主要是针对移动互联时代已经出现的平台型企业、无边界组织进行了专门的研究。平台企业和无边界企业的基本结构均具有网络化特点,与本书前面提及的网络组织、虚拟组织等同属一类,并没有质的差异,是网络结构的升级版。现有组织结构创新理论研究的视野广阔,涵盖了技术、制度、环境、战略、文化等诸多视角的探讨,这些理论成果对本书的研究具有很大的启发性,也促使笔者沿着前人的足迹进行更深层次的探究。本书认为,无论从技术、制度、文化、环境等哪一方面去探讨组织结构创新的诱因,都离不开对组织权力合法性诉求的回应。合法性理论源自国家政治统治的研究领域,合法性就其本质而言就是一个认同问题,正因为如此,笔者认为可以与组织研究相结合。从广泛意义上讲,国家也是一种特定的组织形式,不同类型组织的共通之处就是组织权力,权力无处不在。合法性是指向权力的,任何组织都会涉及权力合法性的问题。合法性危机是组织创新的起点和根据,为此本文以合法性作为研究的切入点,试图探讨企业组织创新的合法性逻辑。

二、研究对象和研究意义

本书的研究对象是权力合法性对企业组织结构变革的影响。众所周知,权力问题一直是政治学研究的核心内容,几乎所有的政治现象都与权力有关,离开了权力,政治也就无从谈起。实际上在非政治的社会经济生活领域,权力也是普遍存在的,可以说权力是社会科学中的基本概念,就像能量是物理学中的基本概念一样。权力存在于人和人的相互关系中,单独的个人无所谓权力,一群互不相关的人们也不存在权力关系。但是,人类从来就不是以孤立的个体形式而存在。从远古时代开始,人类在与自然的斗争中就形成了部落,后来在漫长的岁月中逐渐发展成为不同的集团、民族、国家和各种各样的组织,因此组织是人类社会的普遍存在。组织最初依靠个人建立,早期的组织是简单不规范的,随着规模的扩大,逐渐发展成为依据一套权力和责任规则体系形成的分工协作的规范化实体,应对外部环境的变化,圆满完成预定目标。

以企业权力为切入点阐释企业组织结构变革的意义在于,一方面是因为权力与组织之间存在密切的关系,我们在研究企业组织结构变革问题时不可能回避权力因素;另一方面是为了弥补现有理论研究的不足,虽然早期研究者们对组织中的权力因素给予足够重视,提出了十分有价值的各种观点和看法,但遗憾的是,后来的研究将权力因素淹没了,人们更多地从技术、经济、文化、心理等因素去研究组织结构变革问题。前者是本书研究的现实意义,后者则体现研究的理论意义。下面将依次围绕现实意义与理论意义做较为具体的阐释。

(一) 现实意义

从权力与组织之间的现实关系看,组织与权力是相伴相生的。法国组织社会学派大师级人物克罗齐耶和费埃德伯格认为,一切组织都是作为权力关系整体而形成的一种结构,而组织的开端源自于各种权力关系的产生。企业组织结构本质上就是一套权责体系,无论是基于纵向结构形成的上级对下级命令指挥关系,还是基于权力的分配所形成集权与分权关系。

在人类群体中产生相对稳定的权力关系起源于群体中"组织"的形成。在一切社会交往中,普遍存在着人们对彼此的行为相互施加影响和控制,这就是人们常说的社会互动。社会互动反映的是一般意义上存在于人与人之间的影响力关系。这种影响力关系可以是平等的,也可以是不平等的,只有不平等的命令服从关系才是权力关系。但是,这种权力关系是不稳定的,因为人群中没有组织和行为规则,权力关系随时可能发生改变。如当有人认为受到了不公正的对待,他们就会想方设法进行反抗,于是群体中纷争四起,一些人积极参加纷争,加剧群体中的混乱,而另一些人为了逃避纷争,选择脱离群体,这样原有的权力关系不再存在。因此,组织的产生可以使人与人之间偶然的权力关系稳定下来。组织是最重要的权力来源,组织中的结构和职位就是人们为了实现组织目标,并因权力关系稳定化的需要而产生的。组织按一定的等级序列规定组织成员的角色,角色的差别决定了不同成员的地位差别,在组织结构中权力被分配给不同的职位,组织中权力的分配是不平等的,有的成员处于支配地位,有的成员处于被支配地位,这种划分等级的权力分配形成了组织中的正式权力。与此同时,通过对组织中信息及沟通结构的影响,形成了非正式的权力。总之,组织是权力的基础。虽然不能说所有权力都是组织化了的,但大多数的权力只存在于组织的职位之中。托马斯·戴伊(1980)认为,"权力是社会体制中职位的标志,而不是某个人的标志。当人们在社会机构中占据这种地位,不管他们有所作为或无所作为,都对其他人的行为有很大影响。"①

　　随着组织的形成、权力关系的稳定和强化,又可以反过来促使组织的秩序得到维持,权力是促使组织稳固的"粘合剂"。这是因为,组织的存在和发展离不开正常的秩序,而秩序的建立和维持则需要依赖于权力的运用。权力的运用主要是通过权力的等级结构秩序化组织中的各类角色的支配与被支配关系,并借助于各种规章制度,规范组织成员的行为。一方面自上而下的发号施令,另一方面自下而上的服从和响应,只有这样才能共同地推进组织活动,成功地实现组织的目标。组织结构其实是一幅图景,描绘了组织的治理并展示了谁在控制和决定组织活动。组织正是通过权威与控制系统得以治理,组织结构正是权力得以贯彻和实施的载体,组织中的等级和各种职位就是人类群体为了实现群

---

①　[美]托马斯·戴伊.谁掌官美国[M].北京:世界知识出版社,1980:10-11.

体目标,并因权力关系稳定化的需要而产生的,因此,组织结构设计的实质就是正式权力的分配。除此之外,权力本身也是组织活动的一种动力。权力作为一种动力来源于组织成员对权力运作效果的支持与认可,这种支持与认可动机源自于组织效益的提高。因此,权力行使者需要借助于权力有效地整合组织资源,保证组织的效益。

(二) 理论意义

从权力与组织关系的理论研究成果看,系统规范化的研究成果主要集中在早期研究之中,而后期这方面的研究是欠缺的。早期的研究以法约尔的组织设计原则和韦伯的官僚制结构最具有代表性。研究内容主要关注于在组织内部如何通过一系列规则体系进行组织设计,形成一个固定的权责结构。

亨利·法约尔将管理的职能划分为计划、组织、指挥、协调和控制,提出了十四条重要的管理原则。法约尔将权力定义为"下达命令的权利和强迫别人服从的职权"。他把一位管理人员因为担任的职务或地位而拥有的正式权力同由于他的智慧、经验、道德品质、领导能力、过去的经历等而产生的个人权力区分开来。除此之外,法约尔还认为不管在什么地方行使权力,都要承担责任,他提出了"权责对等"这一著名论点。马克斯·韦伯于 20 世纪初提出了官僚制理论。官僚制既是一种组织管理的制度,又是一种组织管理的理念。官僚制体现为一种层级制的权力体系,在组织中实现职务等级制和权力等级化,形成了以分层—分部、集权—统一、指挥—服从为特征的组织结构形态,是工业化社会实施合理合法统治的组织制度模式。韦伯提出了合理合法权力三个来源,在此基础上进一步将权力划分为三种类型:传统型权力、魅力型权力和法理型权力。韦伯认为法理型权力是官僚制组织的基础。法约尔以及韦伯的思想观点奠定了整个古典组织管理理论的基石,他们有关权力的思想和观点,仍然是我们今天分析企业组织中权力的基础。

　　继古典组织管理理论之后,行为科学学派的出现,补充了企业组织中的权力研究成果。梅奥在"霍桑实验"的基础上,提出了非正式组织中的权力理论。他认为在正式组织中往往存在着大量的非正式组织,人们既是正式组织的成员,同时又是非正式组织的成员,之所以存在非正式组织,是因为其"社会人"假设,决定了人们不仅仅追求金钱,而且还有着情感和心理方面的需要。人们在非正式组织中可以找到归属感。非正式组织中也存在权力关系,不过这不是由正式组织结构的设计所产生的,而是来自个人影响力。梅奥的研究区分了组织中的正式权力和非正式权力,前者派生于组织结构设计,后者产生于个人魅力。

　　福莱特、巴纳德进一步对权力的特性进行了分析。福莱特指出:"不应由一个人给另一个人下命令,而应该是双方都从形势接受命令。"①这种把命令的发布和执行转向情境需要的做法,有助于在权力行使过程中得到被管理者的认同,因为每个人都感到自己的行动是由客观形势需要决定的,而不是受管理者的主观意志所决定。在巴纳德看来,"权限是正式组织传达命令以支配组织成员行动的,它具有被组织的成员接受的性格。"②巴纳德的观点与福莱特的观点类似,都希望权力行使得到组织成员的认同,从而被下级所接受。福莱特和巴纳德的这一观点实际上涉及了本书后面将要探讨的权力合法性这一理论问题。

　　20 世纪 80 年代以来,由于环境的变化,研究者对组织研究从内部转向外部,结合环境、技术、价值观念等因素对组织变革进行研究。在这一阶段,关注组织中权力因素对组织变革的研究成果极其有限。美国哈佛商学院约翰·科特教授主要研究的是管理者权力在现代社会面临的挑战。他认为在现代组织管理中,管理者

---

① 转引自[美]丹尼尔 A. 雷恩. 管理思想的演变[M]. 北京:中国社会科学出版社,2000:340.

② [美]C. I. 巴纳德. 经理人员的职能[M]. 北京:中国社会科学出版社,1997:129.

权力正面临越来越严峻的挑战,这种挑战就是管理者的正式权力远远不足以满足他们去完成自己的领导工作,管理者需要更多的权力,这就造成了一个"权力缺口"(科特,1985),弥补这个权力缺口不只需要管理者工作能力的提升,而且离不开管理者的个人魅力。科特的观点受到业界高度重视,他1985年出版的《权力与影响》一书受到人们的普遍欢迎。杰弗里·普费弗在其《用权之道——机构中的权力斗争与影响》一书中深入地剖析了权力在组织管理中的作用,论证了任何人都能认识权力的作用,扩大权力的影响,利用权力成功地办事以及如何获得权力,同时他也注意到了权力因素会干扰组织变革。总体而言,将权力作为引起企业组织结构变革的权变因素来专门加以系统研究在20世纪80年代以来几乎没有。实际上,就影响组织变革的若干因素而言,无论是技术、战略、文化或是其他因素,都只是提供了组织结构变革的可能性,而要使变革成为现实,就必须考虑组织结构形态的选择与企业权力的兼容性,如果管理者认为组织结构形态的变革构成对其权威的威胁,他宁愿维持旧有的结构,千方百计地阻挠变革。这正如杰弗里·普费弗(Jeffrey Pfeffer,1999)所言:"要在机构中完成革新与变革,单是能够解决技术上和分析方面的难题还不够。革新几乎不可避免地威胁到现状,因此,革新从本质上说是一种政治活动。"①正是基于上述认识,本书试图将权力因素作为影响企业组织结构变革的参数进行探讨,拓展现代组织变革理论研究的视野。

---

① [美]杰弗里·普费弗.用权之道:机构中的权力斗争与影响[M].北京:新华出版社,1999:7.

第二节　企业组织结构变革的研究思路和方法

一、研究出发点

人性假设历来是西方学者探索管理之道的前提,因为人既是管理活动的主体又是管理活动的客体,所以任何管理思想的提出都离不开对人的本质的认识,管理可以看作是由人性所驱使的一种社会活动。正如道格拉斯·麦格雷戈(1957)所言:"在每个管理决策或每一项管理措施的背后,都必须有某些关于人性本质或人性行为的假定。"①两千多年前,古希腊思想家亚里士多德首先认识到"人是政治的动物","政治人"的假设开启了古代社会的"政治管理"之道。理性的"经济人"假设最初源于亚当·斯密,他认为人的一切活动都受"利己主义"支配,社会利益是在个人追逐私人利益的过程中自发实现的。"经济人"的假设成为以泰罗为代表的古典企业组织理论的基础,他们过分地强调人对物质利益的追求,而忽略了人的需要是多层次的复杂系统。因此反映在组织结构的设计上应该是高度集权式的,这种结构只强调个人对组织的服从,组织对个人的惩罚,抹煞了组织中人的主动性和对人性的关怀。由于"经济人"假设的种种不合理性和不科学性,所以后来被以梅奥为代表的人际关系学派的"社会人"假设所代替。梅奥等人认为人是独特的社会动物,不仅仅追求金钱的满足,更重要的是追求情感等社会和心理欲望的满足,"社会人"的发现成为管理中行为科学学派出现的前提。在他们之后,沙因于 20 世纪 60 年代在对先前的人性理论进行系统归纳的基础上提出了"复杂人"的假设。他指出每个人都有不同的工作动机、不同的需要和不同的能力,而且人

---

① 转引自徐传谌.论企业家行为激励与约束机制[M].北京:经济科学出版社,1997:27.

的需要也在随情境的不同而不断发生变化,因此没有永恒不变的适用于任何时代、任何人的管理方式,一切视具体情境而定。20世纪80年代以后又有"文化人"假设的提出,进一步说明了人性有着很丰富的内涵。随着心理学和行为科学的不断突破,对人的本质将有更为深入的认识。无论是"社会人"还是"复杂人",或是"文化人"虽然都在不同程度上批判和克服了"经济人"的简单性和非科学性,但是所有这些人性的假设均是从经济学、社会学和心理学等方面去考察人性,应该说还不够全面,还不能够完全反映现实的人,作为现实的人还应该具有政治属性。尽管亚里士多德早就提出了"政治人"的假设,但是企业管理的理论与实践并没有对"政治人"的假设引起重视。"政治人"最重要的特征就是对"权力"的追求和迷恋,伯特兰·罗素在其《权力论:新社会分析》中指出:权力欲是人的主要欲望,是社会发展变化的主要动力,这一点也是人与动物的根本区别所在。所以作为管理主体和管理客体的人,不仅是"经济人",同时又是"社会人"、"复杂人"、"文化人",而且还是"政治人"。本研究是以人性的多元化为假设前提的,正是因为人性的纷繁复杂,丰富了管理研究的内容和对管理者的不断挑战,组织管理没有什么一成不变的规则,唯一的不变就是变化。

二、研究思路

研究出发点是建立在对现有组织结构理论的研究成果基础之上的,只有了解研究现状,知晓学者们已经做了什么研究、研究已经到了何种程度,才能知道自己的研究需要做什么,怎么做。现有的研究成果既给出了研究的启示和借鉴,又明示自己的研究起点。

第一,确定本研究的切入点。通过文献综述,笔者了解到,没有专门从企业权力视角去系统论证组织结构变革原因的研究成果。本研究将以权力合法性作为切入点来探讨企业组织结构变革这一问题。合法性是针对权力而言的,有关权力合法性的讨论历来是西方政治学家和社会学家们所关注的问题,尤其是在政治统治系统内部,合法性的构建对于统治的建立和维持必不可少。因为统治只有在被视为具有合法性时最为有效,这时被统治者们承认统治者的领导权力,他们相信这种权力是足够公正和恰当的,或者是心甘情愿地遵守的,而不是勉强地服从或反对统治。① 美国前国务卿塞勒斯·万斯(1979)也说明了权力在使用中的这条公理:"(一旦)政府在人民心目中失去了它的合法性,任何外力的干预都不能保证它能长期地存在下去。"②用政治学家阿尔蒙德的解释就是:"如果某一社会中的公民都愿意遵守当权者制定和实施的法规,而且还不仅仅是因为若不遵守就受到惩罚,而是因为他们确信遵守是应该的,那么,这个政治权威就是合法的。"③为了保证政治系统的权威性和稳定性,获得和维持政治权力的合法性是必要的。但是,也有观点表明合法性是政治统治的本质,任何统治系统都是得到被统治者的认可的,不可能有"不合法的统治系统"存在,任何一种统治类型都有其合法性基础。但是哈贝马斯却认为政治统治的合法性需要论证。

以上阐释让我们看到,合法性是用于政治领域的一个概念,是不是只有政治领域才有合法性问题?笔者以为对合法性问题的探讨不应该仅仅局限于政治统治领域,在非政治的经济领域也存在合法性现象,这是因为权力无所不在,合法性是依附于权力的。国家统治权力只是众多权力类型中的一种,其他领域的权力在运作过程中同样会遇到合法性的问题。例如,为什么我们常常看到企业组织中不乏管理者权力被架空的现象?当今企业领导人为什么

---

① [美]W. E. 哈拉尔. 新资本主义[M]. 冯韵文,黄育馥等译. 北京:社会科学文献出版社,1999:179.

② [美]W. E. 哈拉尔. 新资本主义[M]. 冯韵文,黄育馥等译. 北京:社会科学文献出版,1999:180.

③ [美]阿尔蒙德. 比较政治学:体系、过程和政策[M]. 上海:上海译文出版社,1987:35－36.

越来越重视在企业内推行企业文化建设,强调员工的认同感?很多管理者常常抱怨他们不得不考虑别人的期望和想法。这些现象的存在实质上都企业权力的合法性问题密切相关。在很多人看来,企业管理者是在利润的驱动下来行使权力的,这种观点实际只看到了问题的表象。企业管理者的行为往往由合法性驱动而不是由利润所驱动,只不过在资本的逻辑下,经济理性的价值观成为人们的主流价值观,与此相适应,企业经营的绩效高低便成了价值判断的标准和评判管理者优劣的关键,企业绩效的获得自然也成为管理者权力获得合法性的关键途径。由此可见,企业管理者常常处在合法性的压力之下,因为这会直接影响到管理者在员工中的权威,因此,笔者认为以企业权力合法性作为研究的切入点来思考企业组织变革问题,可以避免研究的简单化。

第二,构建企业权力合法性的一个综合性理论分析框架。企业权力由管理者掌控,如果按照企业的既定规则任命的管理者是具有权力合法性的,但是合法性不是一个静态的现象,它由于种种原因会发生变化的。如管理者决策出现重大失误、经营亏损、管理能力低下,这样管理者的合法性会受到质疑。因此,管理者必须通过种种努力重新唤起被管理者对企业权力的认同。西方的合法性理论已给出了分析政治权力合法性来源的基本框架:一是统治主体通过意识形态的宣传和灌输,使被统治者形成一套有利于政治权力本身的信仰和价值体系;二是统治者行使权力必须遵循一套已被公众认可的组织程序和制度体系;三是统治者的实际政绩有助于进一步强化被统治者对统治者权力的认同,使合法性得以继续维持;四是统治者的"超凡魅力",无论这种魅力是真正的还是虚假的,只要能够操纵大批的追随者,有效地赢得他们的支持,就具备个人合法性的潜力。① 西方的合法性理论研究已经非常成熟,

---

① [美]戴维·伊斯顿.政治生活的系统分析[M].王浦劬译.北京:华夏出版社,1999:366.

本书可以从中借鉴,但是在分析企业权力的合法性时不能完全套用政治权力合法性的理论框架,因为政治统治权力与企业权力有着本质的区别。因此必须从企业权力的特殊性出发,构建适合企业权力合法性的理论分析框架,即企业权力的合法性来源于企业文化的引导、企业制度的规范和企业经营有效性的获得。企业文化为企业权力合法性提供价值基础,有助于增强员工的认同感。企业制度一方面有助于约束管理者的行为,使其行使权力做到合理合法;另一方面有助于使被管理者理解服从管理者权力是对规则的遵守。企业经营的有效性有助于与被管理者具有的工具理性主义行为的动机达成一致性认识。

第三,论证合法性与企业组织结构变革的关系。构建企业权力合法性的综合性理论分析框架,目的在于说明构成合法性基础的三个维度不是一成不变的。随着环境、技术、社会价值观念等因素的变化,原有企业权力合法性的基础会发生变化,因此不存在永恒不变的价值观念、制度体系,同时,企业经营的有效性也会时常发生逆转,有些曾经成功的企业会因为市场的变化变得经营困难,如曾经手机行业的龙头企业诺基亚、摩托罗拉已风光不再,就是因为他们不能适应变化,最终被智能手机打败。当原有的价值体系、制度规范、经营的有效性因环境变化而不能再为企业权力合法性提供支持时,必然会引起企业权力的合法性危机。李普塞特认为:"合法性危机是变革的转折点。"①因为要摆脱危机,就必须重建新的合法性。于是,重建新的合法性必然会导致原有的企业权力结构进行重新配置,管理者角色发生变化,企业权力重新配置的过程必然伴随着企业组织结构的变革。如企业管理的分权化趋势必然会引起管理层级的减少,权力下移。为了有一个清晰的逻辑脉络说明合法性与企业组织结构变革的关系,本研究运用已建立的理论框架对企业组织结构发展的合法性进行历时性考察,分析其在

---

① ［美］李普塞特.政治人[M].张绍宗译.上海:上海人民出版,1997:55.

不同时期的合法性基础以及在发展过程中所遭遇的合法性危机，由此导致组织结构的不断调整和变革。

三、研究方法

第一，跨学科的方法。跨学科的研究方法虽然不是本书首创，但跨学科的方法对本书的研究贡献最大，因为它既可作为实用的研究工具，又可作为研究的思维方式加以运用。组织研究中采用跨学科的研究方法由来已久，因为组织问题本身就是一个涉及多学科交叉的领域，包括了社会学、哲学、政治学、行政学和管理学，这是基于组织是由不同要素构成的复杂系统而考虑的。正如巴内（Jay Barney，1986）等所言："组织理论的研究有着从其他学科吸收和借鉴研究范式的历史。"[①]这种吸收和借鉴过程最早开始于20世纪20年代著名的"霍桑实验"，研究吸收和借鉴了心理学和社会学中的理论，建立了人际关系学派。系统论成为现代组织理论的重要管理哲学，系统思想来源于生物学家的研究，将组织比作有生命的有机体，它不断地与周围环境交换物质、信息和能量，从而适应环境。将系统思想引入组织研究突破了以机械原则看待组织，有助于解决组织的复杂性问题。哲学和文化学则成为研究组织文化的概念和思考方式的源泉。本书在使用跨学科的研究方法时，主要是从政治学借用概念与理论，如权力、意识形态、合法性和合法性危机、官僚制等来分析企业权力与企业组织结构设计问题。对权力的研究一直是政治学的重要研究内容，但在企业组织中同样面临权力问题，企业权力与政治权力存在相通之处，因此本书借鉴有关政治权力的研究成果来深化对企业权力的阐释。总之，跨学科的研究方法有助于进一步拓宽组织变革研究的视野，有助于思考组织变革问题的复杂性。

第二，规范分析的方法。对于企业权力合法性理论框架的构

---

① 转引自钱平凡.组织转型[M].浙江人民出版社,1999:8.

建,本书采用了规范分析的研究方法。规范分析法的运用体现在:首先对政治权力与企业权力进行分析、比较,由此得出两者的差异性,以此作为建立企业权力合法性理论框架的依据,同时在综合和借鉴了已有的政治学关于合法性理论的基础上,依据合法性与企业组织结构的内在联系和逻辑关系,然后进行进一步的论证、演绎,推导出影响企业权力合法性的三个关键维度,作为本书分析企业组织结构变革的理论支撑。

第三,历史分析的方法。对于已有的研究文献回顾和评析就是从企业组织结构演变的历史过程来考察组织结构形成和发展变化的特点,本书对组织结构演变的历史考察遵循着从古典、现代到后现代的时间脉络,并在组织结构不断演化的历史过程中把握其内在变化的合法性逻辑,历史分析的方法贯穿于全书的研究。

第四,比较研究的方法。对企业权力相关内容的分析是在与政治权力的比较中展开的。学界对权力的研究始于政治学领域,国家权力是政治学的核心议题。现代、后现代权力理论开始转向微观组织权力研究,不同层次的组织权力研究形成了学科分野。权力研究的跨学科性有助于不同学科进行比较和互鉴,本书关于企业权力的相关探讨正是在与政治权力比较研究的基础上进行的。除此之外,对企业组织结构演进过程中的典型形态——科层结构和平台结构的分析也应用了比较研究的分析方法。

第三节　本书的研究内容和创新之处

一、本书的内容安排及相互间的逻辑关系

全书共分八章展开讨论,各章的主要内容阐述如下:

第一章导论。对本书的研究做一个整体性介绍,具体包括研究背景、研究对象、研究意义、研究方法、研究现状以及本书的基本框架,在此基础上提出本研究的创新点和不足之处。

第二章文献回顾和评述。结合研究目的和研究内容,对有关企业组织结构设计的理论、企业组织结构变革的理论进行回顾和评价。企业组织结构理论是基于一定的假设之上,对企业组织结构的设计、功能、企业组织中群体和个体行为以及企业组织结构形态演进等内在规律进行研究的知识体系。文献回顾是沿着时间的脉络进行的,具体包括:古典组织理论关于企业组织结构设计的经典原则——劳动分工、统一指挥、权责对等、管理跨度和部门化;行为科学组织理论关于企业组织结构设计的思想,认为组织结构的设计不仅应该服从效率的逻辑、成本的逻辑,还应该服从感情的逻辑;现代组织理论关于企业组织设计的思想突出地表现在坚持系统的理念、权变的理念和发展的理念;以及后现代组织理论关于企业组织结构设计的思考,从理性与非理性、结构与解构、控制与自治和边界与无边界这几个关键方面向现代组织结构设计理论发起了挑战。文献回顾既给出了本书的研究起点,又给本书的研究提供了有益的启示。

第三章权力及其合法性的理论阐释。权力与合法性是本书研究的核心概念。权力无处不在,从宏观的国家权力到微观的组织权力,权力是国家、社会、企业有效治理不可或缺的关键要素。对权力早期的关注始于政治系统,然后逐步扩展到各类组织,可以说权力的分布如同网状一样,遍布社会的各个领域。早期人们对权力的理解总是与强制性联系在一起,体现为权力主体意志。但是随着时代的发展,来自权力客体的态度和行动备受关注,权力合法性是反映权力客体对主体权力的价值判断,只有得到权力客体认同的权力才具有合法性。对权力及其合法性的理论阐释分析为企业权力及合法性、构建企业权力合法性的理论框架提供基本理论前提。

第四章企业权力及其合法性。企业权力是进行企业管理、有效配置资源、实现企业目标不可或缺的力量。因此,对企业权力的研究在企业组织理论中备受关注。从古典企业组织理论、行为科学组织理论、现代组织理论,到后现代组织理论,无一不关注对权力的研究,对管理者而言,最重要的是拥有合法性的权力。对合法性的研究集中于政治领域,但本书认为合法性派生于权力,只要存在权力的地方,就会产生合法性问题。合法性是在权力主体和权力客体的冲突和妥协中达成的,一旦形成就固化为一定时空中的结构性条件,决定企业认知模式、企业行为特征,管理者和被管理者的关系。本章从分析企业权力的内涵、特征和分类入手,进而分析企业权力、合法性和组织结构的关系,为分析企业组织结构变革的合法性逻辑奠定理论基础。

第五章企业权力的合法性基础。本章首先结合企业权力的特点提出影响企业权力合法性的三个维度:企业文化、企业制度和企业经营的有效性,以此构建企业权力的合法性理论框架。其次,分别对企业文化与合法性、企业制度与合法性,以及企业经营的有效性与合法性的关系进行论证,说明企业文化是构成合法性的价值前提,企业制度是获得合法性的根本基础,企业经营的有效性成为获得合法性的诱导力量。企业文化、企业制度和企业经营的有效性分别从不同侧面给企业权力合法性的获得和维持提供支持,三者相互联系,相互促进,缺一不可,共同构成企业权力合法性的基础。上述每一种基础在给予企业权力获得合法性的支持程度上是不断变化的,由此导致企业权力的合法性水平将随着三种基础的支持程度变化而呈现出差异性。

第六章现代企业组织结构的合法性考察。本章的主要任务是分析合法性与现代企业组织结构之间的关系。对企业组织结构的合法性考察其实就是对企业权力合法性的考察,首先对企业组织结构演变的具体形态进行历史的考察;然后在此基础上以企业权力合法性的理论框架作为分析工具,结合企业组织结构的具体形态——简单结构、官僚制结构和网络结构,分析三者的合法性基础,以及由于环境的变化而导致原有支撑合法性的基础发生变化,不再为合法性提供支持,于是便出现合法性危机。合法性危机是变革的起点,为了重获权力的合法性,必须对原先的权力分布进行调整,权力分布的重新调整过程必然引起企业组织结构的变革。

第七章重建权力合法性与企业组织结构变革。由于环境的变化导致现代企业组织结构面临合法性危机,为此要重建合法性。因此需要重构合法性的三大基础:转向"人人为我,我为人人"的文化基础、转向放松管制的制度基础,最大程度激活个体或是业务单元,转向与利益相关者合作共赢的有效性基础。在企业文化、企业制度和有效性三个方面的转向必然引起企业权力关系的调整,原先的以控制为目标的权威结构被颠覆,集权逐渐被分权、授权削弱,或是被市场化的关系取代,权威关系演变为在协调与自治中取得平衡,实现了数字化时代基于合法性重建的企业组织结构变革。

第八章企业组织结变革新的中国实践。鉴于合法性重建基础上的企业组织变革在实践中已涌出形态各异的新型组织,并在实际运作中取得了不少成效,但也存在一些问题亟待改进,本章结合中国企业组织创新的典型案例,以海尔、华为和阿里巴巴为例,说明企业组织变革的合法性逻辑。海尔、华为、阿里抓住了从互联网到物联网时代的发展契机,积极推动企业向平台型结构转型,拓展了企业的边界,加快了企业间的频繁交流,实现了各类资源的共享,大大增强了企业对复杂环境的应变能力,跻身于千亿级的中国领军企业之列,也走在了世界前沿。海尔、华为和阿里的成功秘籍浓缩在了不断的企业组织变革中,成功的组织结构变革为他们赢得了广泛的认同。

结语:对全书进行总结,包括研究结论、对于理论和实践方面的启示、研究的不足之处,以及后续研究方向。

本书研究基本框架简要表示如下:

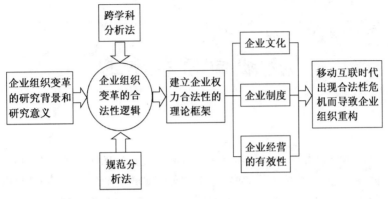

图 1 - 1　研究基本框架

二、本研究可能的创新之处

本研究的创新之处主要体现在四个方面：

第一，研究角度的创新。选择权力角度研究企业组织问题由来已久，包括对企业权力的界定、企业权力的分类、企业权力的配置问题，前人已进行了大量的研究。但是，从权力合法性角度研究企业组织结构变革问题尚属首次。

第二，研究内容的创新。借鉴政治学中有关合法性理论的研究成果运用于企业组织结构的研究中，并在此基础上尝试性地探索了影响企业权力合法性的基本因素，建立了企业权力合法性的理论框架，揭示了企业组织结构演变的合法性逻辑。

第三，扩展了影响企业组织变革的因素。传统的分析包括技术、战略、规模、环境、制度和交易费用对组织变革的影响，忽略了企业的权力因素影响。

第四，文献回顾部分较为详细地解读了在后现代主义及其文化思潮的影响下对组织结构变革的现代与后现代的思考及比较。

第二章

文献回顾和评述

　　本书研究的起点是建立在对现有研究成果的了解和科学认识的基础之上,具体而言,研究之前需要了解现有研究成果涉及哪些方面的内容,主要的观点和结论是什么,哪些方面有待于进一步探索和思考。为了得到这些问题的答案,必须对有关企业组织结构设计问题、企业组织结构变革问题的研究成果有一个系统全面的研读和认识。这不仅有助于从前人的研究中得到有益的启示,而且有助于明确本书研究的方向和目标。因此,本章主要围绕现有的企业组织结构理论进行梳理与评析。企业组织结构理论是基于一定的假设之上,对企业组织结构的设计、功能、企业组织中群体和个体行为以及企业组织结构形态演进等内在规律进行研究的一套知识体系。纵观企业组织理论的研究成果,发现存在众多的学说、理论和流派,如果从历史渊源上看,有古典组织理论、行为科学的组织理论、现代组织理论和后现代组织理论;如果从不同的研究视角看,现代组织理论更为丰富,包括了系统理论、权变理论、群体生态理论、资源依赖理论、交易费用理论等,呈"丛林"状态。结合本书的研究目的和研究内容,下面将对有关企业组织结构设计的理论、组织变革理论以及组织中的权力理论的历史与现状进行综述和评价。

第一节 古典组织理论对组织结构设计的研究

19世纪末20世纪初,弗雷德里克·泰罗、亨利·法约尔和马克斯·韦伯几乎同时在美国、法国和德国创立了组织理论。由于各自所受的教育、生活经历和工作背景不同,三位学者在研究组织问题时所关注的侧重点不同,他们分别从不同的角度将古典组织管理理论的大厦构建起来。

一、泰罗的科学管理理论

泰罗的科学管理理论以"泰罗制"的提法而广为人知。泰罗是一个工厂的机械工程师,长期在车间工作,总是与第一线的生产工人打交道,对企业中普遍存在的工人们磨洋工现象难以容忍,因为这与他出身于清教徒式家庭中所养成的价值观念格格不入。清教徒式的价值观念就是韦伯称之为的资本主义精神,即努力工作,追求财富积累,反对贪婪和享乐。因此,作为基层管理者的泰罗下决心要改变工人劳动生产率低下的状况,他将理性的科学思维引入对工人的监管中。于是他对工人完成一项工作的时间与动作进行研究,去掉多余动作,然后培训工人提高效率,并推行差异性薪酬制度的改革。他的一系列举措的推广极大地提高了企业的劳动生产率,泰罗的科学管理理论随之创立,他本人因此成为"科学管理之父"。综观泰罗整个科学管理的理论体系,可以看出他在工厂推行的改革蕴含着组织结构设计的重要思想,这些思想集中体现在:

1. 设置计划部门

泰罗提出将企业中的计划职能与执行职能分开。计划职能就是负责管理工作,并设立专门的计划部门来承担;执行职能由工人和工头承担,他们必须按照计划部门事先规定好的方法行事,不能自作主张。这样一来,改变了以往凭经验和习惯管理的随意性,促使企业管理走上了科学化的轨道,同时也促进了斯密劳动分工理论的运用拓展到管理领域,由此形成了管理层级,大大地提高了企业的管理效率。

2. 实行职能工长制

泰罗主张将管理工作加以细分,使每个管理者只承担一两种有限的管理职能,而且他们都拥有对工人的指挥监督权,这就是职能工长制。职能工长制的优点在于管理者职责单一而明确,便于降低培训成本和生产成本,但缺点也是显而易见的,就是会出现多头领导而引起工人无所适从。尽管职能工长制没有得到普遍推广,但是为后来的组织结构设计中实现管理职能的专业化和职能部门的建立提供了启示。

3. 实行例外管理原则

泰罗认为在规模较大的企业中,高层管理者只应保留对例外事项或重要问题的决策与控制权,而把那些日常性的和程序性的事务工作的处理权交由中低层管理者掌握。例外管理的原则为后来的管理分权提供了有益的尝试和启示。

泰罗结合自己在企业多年的工作实践并加以理论探讨的基础上,冲破了传统的经验管理方法对管理工作的束缚,提出了一整套科学管理原则和方法,成功地促进了劳动生产率的大幅度提高。泰罗的贡献不仅仅在于此,更重要的意义是在企业管理界掀起了一场科学管理的思维革命。将人们的思维方式从前资本主义社会的小农意识和管理的随意性转变为适应资本主义工业化大生产的规范化管理,并依靠科学的管理制度使管理者权力合法化。当然,泰罗的科学管理理论不可避免地存在局限性,他的研究范围狭窄,对人性的假设存在片面性,职能工长制存在多头领导问题等,毕竟他只是一个机械工程师,更多考虑的是技术问题。

二、亨利·法约尔的一般管理理论

泰罗科学管理理论的局限性一定程度上由与其同时代的亨利·法约尔所补充。由于较长时间地处于大型企业的高层领导岗位上,由此决定了法约尔必然从整个组织管理的宏观角度去思考问题。根据多年的高层管理经验,法约尔提出了管理的五项职能、十四条基本原则以及直线—职能制的组织结构模式。

1. 五项基本职能

从管理过程的角度,法约尔提出了组织管理的五项基本职能,即:计划、组织、指挥、协调和控制。组织作为管理中的第二项职能包括了对物的安排和对人的安排。这里的组织概念可以理解为管理活动的一种。法约尔认为,组织就是为企业提供一切有助于实现其职能的资源。离开了组织职能,任何企业都无法有效运转。对组织的人员配备是以一定的组织结构来体现的,有了适当的结构,既能确保控制,而又不会出现"过多的条例、文牍主义和控制公文"。[①]

2. "金字塔"结构

组织的"金字塔"结构是职能水平增长和等级系列垂直增加的结果。随着组织所承担工作量的增加,职能部门及职能部门的人员就会增加,由此需要增加新的管理者,管理者的增加又需增建高一级的管理部门,从而促进等级系列的发展。法约尔提出职能和等级系列的发展进程是以一个工头管理 15 名工人和往上各级均为 4∶1 的比数为基数的。[②] 此时,在大型企业中已经出现了规范的组织结构,使组织变得稳定和有秩序。

3. 十四条原则

在法约尔提出的管理的十四条原则中,与组织结构设计有关的原则包括分工原则、权力和责任原则、统一指挥原则、等级制度原则和集中原则,这些原则初步勾画出层级制的组织轮廓,并成为以后的企业组织设计的基本遵循。

---

① ［美］丹尼尔 A.雷恩.管理思想的演变［M］.赵睿等译.北京:中国社会科学出版社,2000:247.

② ［美］丹尼尔 A.雷恩.管理思想的演变［M］.赵睿等译.北京:中国社会科学出版社,2000:248.

4. 直线参谋制的组织原则

由于直线管理人员忙于纷繁复杂的日常管理工作,无暇顾及长期问题的研究,法约尔主张任用一批"有力量,有知识,并且有时间"的参谋人员作为"管理人员个人能力的增延",来协助管理人员工作。[①] 参谋人员直接接受总经理的管理,他们的职能是协助管理人员执行他个人所承担的任务,如通信、接洽和会谈,以及协助从事联系和控制负责收集情报,并帮助拟订未来的计划和探求改进工作的方法等。[②] 参谋人员的出现表明企业决策开始注重专业知识在决策中的作用。

法约尔的直线参谋结构与泰罗的职能工长制是相矛盾的。他认为职能工长制违背了统一指挥原则,在工作中势必造成混乱。直线参谋结构的组织原则后来在企业管理实践中的运用,体现为企业按不同职能划分为若干部门,每个职能部门听命于企业最高领导层,这就是直线职能制企业组织结构。

法约尔的研究不同于基层工作的泰罗,长期任职于大型企业的高级管理层,有着丰富的管理经验,他的研究是从"办公桌前的总经理"出发的,以企业整体作为研究对象,他对于组织管理问题的思考具有全面性和系统性。因此,他提出的管理理论是一套得到普遍认可的有关管理原则、标准、方法、程序等内容的完整体系,其管理的理论和方法具有普适性,这正是他的管理理论被称为一般管理理论的原因。尽管如此,其理论也有一定的局限性,统一指挥和等级制是其管理理论的核心,但又强调员工的首创精神,这其实是矛盾的。

---

① [美]丹尼尔 A. 雷恩. 管理思想的演变[M]. 赵睿等译. 北京:中国社会科学出版社,2000:248.

② [美]丹尼尔 A. 雷恩. 管理思想的演变[M]. 赵睿等译. 北京:中国社会科学出版社,2000:248.

三、马克斯·韦伯的官僚制组织理论

泰罗和法约尔的理论都是他们长期从事企业管理活动的经验总结。第三位古典组织理论的代表人物是德国社会学家马克斯·韦伯,他在组织理论研究方面具有很深的造诣,正是由于权威理论和官僚制理论的提出,使韦伯成为"组织理论之父"。韦伯系统地创立了组织的权威理论,以此来描述组织中权威的来源,权威即合法化的权力。韦伯权威理论的贡献是终结了传统政治理念为各类政治统治提供的非理性基础,如神权政治、血缘政治等都因此失去了合法性的根据,为现代组织中的权力建立起稳定的合理合法基础。为了保证技术效能的发挥,韦伯又提出了理想的官僚制组织结构模型。韦伯在建构他的理论体系时创造了理想型分析方法,也就是将经验归纳和逻辑演绎有效地结合起来,因此韦伯意义上的官僚制组织模式在现实中找不到对应的存在,但是因为他关于官僚制组织的理论是从驳杂的现实组织中提炼出的一些更具本质意义的内容,所以有关官僚制组织的那些基本设计原则一直作为企业组织设计遵循的内在基本逻辑。

韦伯把政治统治的权力合法性划归为三种类型:传统合法性、魅力合法性和法理合法性。传统合法性是一种基于古已有之的君权神授、血缘政治的合法性;魅力合法性是指一种基于个人某种超凡能力的合法性;法理合法性指的是一种基于一系列被广泛认可的法律制度和行政原则之上的合法性。韦伯对于合法性的分类对后来的研究有很多启迪。韦伯认为任何一种组织都是以某种形式的合法性权力为基础的,只有法理合法性才是官僚制组织的权力基础,因为这种基于法理合法性的权力能保证组织管理的连续性和合理性。

韦伯认为理想的官僚制组织模型具有如下几个特征:实行劳动分工,明确规定每一个组织成员的权力和责任,并把这些权力和责任作为正式职责而使之合法化;各种职位按权力等级组织起来,

形成一个指挥链;根据技术水平来考查和挑选组织中的所有成员;组织中的所有任职者是通过任命而非选举产生;管理人员是专职的,领取固定薪金;管理人员必须以严格的理性规范约束自己的行为,排除个人情感。

韦伯提出的官僚制组织模型在工业化社会被认为是理想的行政管理体系,因为官僚制着眼于如何最大限度地进行组织内的合作与控制,从而提高组织的效率。官僚制组织奉行的规则中心主义、统一性、严格从属关系等都有助于官僚制的效率,但是韦伯也有疑惑:一想到有一天这个世界除了满是那些致力于微不足道的工作、一心想奋斗成为大人物的小人物,其他一无所有,就让人不寒而栗。由此看来,韦伯对官僚制组织的情结是矛盾的,因为从它产生起就隐含了无法解决的困境。

四、对古典组织理论关于组织设计思想的评价

第一,三位古典组织理论的先驱虽然在研究对象和研究角度等方面存在差异,但其理论的价值取向和内容存在相通之处。古典组织理论主要围绕劳动分工、统一指挥、职权和职责、管理跨度以及部门化这五项内容进行研究而提出相应的组织结构设计的经典原则。劳动分工的思想最初由亚当·斯密提出,后被古典组织理论所继承。劳动分工的实质是通过专业化提高工人的工作熟练程度,从而增加产出。古典组织理论认为分工不仅适用于生产劳动,而且同样适用于管理活动。泰罗提出了职能管理制,不仅要设置职能管理机构,而且还要在职能管理机构内部实行各项管理职能的专业化分工,使所有的管理人员只承担1～2项管理职能,同时在上下级之间也要进行合理分工,上下级之间的权力分工遵行例外原则。法约尔组织理论中提出的统一指挥原则规定,一个雇员不管采取什么行动,只应接受一位上级的命令。否则,多头领导将会对权力、纪律和稳定构成威胁。同时,为了提高组织的管理效率,法约尔还设计了使组织中不同等级路线中相同层次的管理人

员可以在有关上级的同意下进行直接联系的"法约尔跳板"。法约尔的职权概念与韦伯权力框架中的法理型权力是一致的,这是现代组织中权力的基础。职权是指组织中的管理职位所固有的权力,与任职者的个人特性无关。组织中的每一个管理职位都有某种特定的、内在的权力,任职者的职权大小与内容均与其所处的职位在组织中的等级和名称有关。掌权者在行使权力的同时必须承担相应的责任,即所谓的"职责"。古典组织理论都倾向于较窄的管理跨度,一般不超过 6 人,这样以便对下属实施严密的控制。管理跨度是组织理论中的重要概念,因为管理跨度的宽窄直接影响到组织的层级和管理人员的数量,由此决定组织结构的形态。古典组织理论认为,应当将组织中的活动通过专业化分工而组合到相应的部门中去。有五种常见的方法实现部门化:一是按履行的职能不同实施职能部门化;二是按生产的产品不同实施产品部门化;三是按服务的顾客不同实施顾客部门化;四是按分布的地理区域不同实施地区部门化;五是按工作的流程不同实施过程部门化。

第二,古典组织理论的核心内容是关于组织设计的基本原则,这些原则的目的就是着眼于提高组织效率。无论是泰罗的科学管理理论通过时间动作分析、区分计划与职能部门、实行差别计件制、职能工长制,还是法约尔的统一指挥、等级制、权责对等、"法约尔跳板",韦伯的权威理论、理想的官僚制模型,所关注的都是如何建立正规化的组织,依靠统一规定的事无巨细的计划和一种高度层级制的正式组织结构对组织进行科学管理,摆脱传统的凭经验和感觉进行的管理,从而提高组织效率。正因为如此,时至今日尽管企业组织的生存环境发生了巨大的变化,不同的组织采用了不同的结构,遵循着不同的具体原则,但是古典组织理论所阐述的有关企业组织结构设计的经典原则中的大部分理念仍然对今天的企业组织结构的设计具有重要的参考价值。

第三,泰罗、法约尔和韦伯在考虑组织设计时的共同特点是,只重视对组织硬性结构的考虑,而忽略了对人的关心。泰罗的科学管理把人当作会说话的机器,法约尔的命令服从原则、韦伯官僚制结构的非人格化倾向,都表现出了对人性的漠视,因此遭到了后人的批评。丹尼尔·贝尔曾指出,企业建立了严格的结构,为的是服从三个"逻辑":"规模的逻辑"、"测定时间的逻辑"和"等级的逻辑",结果是企业中的科学,将人的行为从人身上剥离,使工人处于被动和依附的地位,而且从他们的工作中抽掉了一切思想,科学管理建立了一种单面人和组织的机器式模式。① 此外,古典组织理论对于组织结构设计的研究立足于组织是一个静止的存在,无视组织与其环境的相互作用,完全是一种高度结构化的、封闭式的研究,随着环境的变化,古典组织理论关于组织设计的局限性逐渐暴露出来。

第二节　行为科学组织理论对组织结构设计的研究

行为科学的组织理论主要由来自心理学和社会学的研究者们所创立。行为科学学派认为,组织运作效率的提高不仅仅取决于组织设计的理性化原则,而且还取决于组织成员的士气和良好的人际关系。组织成员士气的高低源于其需求的满足程度。人的需求是多方面的,尤其是对情感方面需求的满足有助于提高组织成员的士气。良好人际关系的形成有赖于管理者学会倾听员工的意见,重视与他们的交流,理解员工的理性和非理性的行为,体现在管理工作中就是要做到既满足员工的经济性需求,又满足员工的社会性需求。

人际关系学说作为行为科学的前身产生于梅奥所主持的著名的"霍桑实验"。"霍桑实验"的结论引起了人们对组织中人的行为的关注、对人性认识的深化以及对正式组织中还存在着大量非正式组织的重视。人际关系学说是行为科学理论的早期思想,它主

---

① 　袁安照,余光胜.现代企业组织创新[M].太原:山西人民出版社,1998:86.

要强调人的行为研究,而在其基础上所发展起来的行为科学理论则进一步研究了人的行为规律,找出产生不同行为的影响因素,探讨如何影响人的行为以达到预期目标。行为科学组织理论关于组织设计的思想主要包括以下两方面:

一、对古典组织理论关于人性假设的修正

行为科学组织理论对古典组织理论的修正是以"社会人"假设取代"经济人"假设为出发点的。霍桑实验证明了人的社会性,指出影响企业员工劳动生产率的因素除了物质利益以外,还有社会的、心理的和情感的因素,此外,每个人的特点和需要是不一样的。管理者应当将组织成员当作"社会人"来对待,而不应只将其看作机器附庸的"经济人"。从"社会人"的假设出发,行为科学理论认为劳动分工会导致组织成员技能的单一化和缺乏工作的成就感,从而引起组织成员的疲劳、厌倦、低效率和高离职率。因此,行为科学理论在不否定劳动分工的前提下,提出了许多激励措施弥补劳动分工原则所产生的非经济性倾向,其中有代表性的理论成果包括马斯洛的需求层次理论、麦格雷戈的 X 理论和 Y 理论、赫兹伯格的双因素理论等。

马斯洛需求理论指出,人的需求具有多重性和层次性,组织激励就是发现需求和满足需求,并要找准组织成员最迫切的需求进行激励。麦格雷戈的 X - Y 理论就是胡萝卜和大棒理论,对在工作中表现主动积极的员工,要为其创造一切条件,满足他们的各种需求;对本性懒惰、厌恶工作的员工,要通过外在施压迫使其工作。赫兹伯格的双因素理论区分了保健因素和激励因素,前者是必要因素,不会因得到而感到满意,但会因为失去而感到不满,如工资、环境、公平等因素。激励因素不是必须的,得不到很正常,得到了会很感激,如奖金。

行为科学理论注重在管理中对员工行为的激励,不仅在管理制度设计方面引入激励机制,而且在组织结构的设计方面也有体

现。在管理跨度问题上,行为科学理论没有古典组织理论那么刻板,古典组织理论主张窄小的管理跨度以便对下属保持紧密控制和监督,而行为科学理论则认为,制定一个精确的、能被普遍采用的管理跨度标准是不切实际的,也不符合人性。研究者认为管理跨度的宽窄一方面取决于管理者的能力、被管理者的素质、工作性质等,另一方面要考虑到对组织成员士气的影响。一般而言,管理跨度越窄,对组织成员的监控越严,反之越宽松。如果从激励组织成员出发,那么就应该倾向于较多的放权和宽松的管理,体现在管理跨度上就是放宽管理跨度,减少组织结构的层次,给员工创造宽松的工作环境。

二、对正式组织中广泛存在的非正式组织的关注

除了对古典组织理论的人性假设进行修正以及对组织设计的原则做出相应调整以外,行为科学组织理论还强调正式组织中存在着大量的非正式组织。非正式组织是与正式组织相对而言的,正式组织就是古典组织理论所强调的,为了实现组织目标,依据组织设计的经典原则而建立的规范化、秩序化的组织体系。古典组织理论的研究者只看到了正式组织的存在。实际上正如在霍桑实验中所看到的那样,组织成员在共同劳动的过程中,除了工作过程中的联系外,还有着情感方面的联系,这会增进他们之间的了解与协作,同时满足组织成员作为社会人的情感需要。这种以情感为纽带而建立起来的组织体系就是非正式组织,非正式组织没有正式组织那样的规范结构,成员之间关系靠无形的情感纽带联系在一起,成员的行为规范主要是一些约定俗成的隐性规则。非正式组织中没有正式组织中那种合理合法的权力,有的只是某个核心成员的个人影响力,影响力不同于权力,它不具备严格的强制性。因此,正式组织中的管理者不能忽视这种非正式组织的影响力,因为这可能会挑战正式组织管理者的权威。

梅奥的合作者罗特利斯伯格指出,古典组织理论所关注的只

是根据"效率逻辑"和"成本逻辑"建立起来的正式组织,而无视以"情感逻辑"为纽带的非正式组织的存在。正式的"组织图"只能够显示组织成员所属各个部门之间在功能上和逻辑上的关系和联系,但无法反映组织成员相互之间的对立关系或协作意愿等其他社会性的关系。在组织实际的运作过程中,非正式组织与正式组织相互依存,非正式组织通过其潜在的约定对内控制成员的行为,对外保护成员,使其免受来自管理层的干预。因此,如果缺乏来自非正式组织的支持,那么正式组织的权威会受到挑战,组织的运作效率也会因此受到不利影响。罗特利斯伯格设计的企业组织结构如下图所示:①

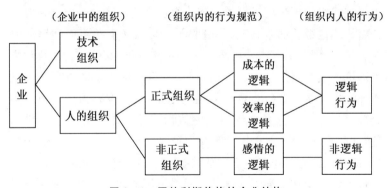

图 2 - 1   罗特利斯伯格的企业结构

综上所述,可以看出对人性假设的出发点不同,导致了古典组织理论和行为科学组织理论研究的侧重点不同。古典组织理论从"经济人"假设出发,以正式组织为研究对象,将组织设计成为精准的"机器型"组织,并且试图寻求普遍适用于所有组织的、绝对的和一成不变的组织设计原则,而行为科学组织理论则是从"社会人"假设出发,弥补了古典组织理论对人性的漠视和人文关怀的缺失,但在研究过程中又过分强调非正式组织的作用,忽略了正式组织

① 袁安照,余光胜.现代企业组织创新[M].太原:山西人民出版社,1998:89.

的研究。因此,无论是古典组织理论还是行为科学的组织理论的研究都存在片面性,而且他们共同的局限性就是都把组织看作静止的存在,采用封闭式的研究思维和研究方法。

第三节　现代组织理论对组织结构设计的研究

组织实践推动组织理论不断向前发展。第二次世界大战以后,由于世界范围内政治经济的发展,科学技术的突飞猛进,市场国际化的趋势日益加强,使得企业组织面临复杂的经营环境,为了迎接挑战,管理者们不得不求助于新的组织理论来指导组织实践,于是现代组织理论应运而生。现代组织理论的产生是建立在对古典组织理论继承的基础上,并吸收了行为科学有关组织问题的研究成果,试图既保存古典组织理论的结构因素,又保存行为科学组织理论的人的因素。尽管如此,现代组织理论并不像古典组织理论那样专注于论及组织设计的经典原则,也不像行为科学组织理论理论那样不充分考虑组织的整体而完全从改变人性的假设出发,试图重新建构组织中管理者与员工之间的关系,引入激励机制,但是并没有对正式组织的建构提出具体的建设性意见。因此,现代组织理论在研究组织设计问题时不再强调某种具体原则或具体方法,而是以系统的观点、权变的观点和变革的观点作为一种管理哲学来研究组织设计问题。相应地,在现代组织理论关于组织设计的研究流派中出现了系统理论学派、系统权变理论学派和变革理论学派。

一、现代组织设计的系统理论

系统理论的产生源于将自然科学中冯·贝塔朗菲的一般系统论思想引入组织问题的研究中。系统理论认为组织不仅是一个由若干相互影响、相互作用的因素构成的复杂系统,而且是一个不断地与外界环境交换物质、信息和能量的开放的系统,突破了古典组织理论把组织视为"封闭系统"的思维,使人们认识到继续沿用传统的、封闭的、机械的和高度结构性的原则不足以解决组织的复杂性问题。作为开放系统的企业组织既受到外部环境的影响,又反过来影响外部环境。对企业组织来说,它从外部环境输入人力、物力、资金、信息等生产要素,通过其内部的转换,创造产品、服务、社会效益等产出满足社会需要。企业组织就是一种转换系统,它在与环境的持续相互作用之中,达到一种稳定状态,即动态平衡的状态。没有这种与环境的持续交互作用,企业组织是不可能生存下来的。早在 20 世纪 30 年代,巴纳德就开始用系统方法来分析企业组织,开创了系统方法在组织研究中之先河。但是,系统分析方法广泛地运用于组织分析中则是在 20 世纪的 60、70 年代。

作为社会系统学派创始人和代表人物的巴纳德将组织定义为"两个或两个以上的人有意识协调的活动的系统"。也就是说,正式组织就是由一群人组成的一个协作系统。作为正式组织的协作系统,巴纳德认为,不论其级别的高低和规模的大小,都包含有三个基本要素:协作的意愿、共同的目标和信息联系,正是在这三种基本因素的共同作用下,才能使不同的人参加到一个组织中来,并且为实现组织的目标而做出贡献,从而使组织成为一个有价值的实体。组织这个系统是复杂的,从组织内部来看,它由各个子系统组成,其中每一子系统都受到组织中其他子系统的影响。从组织外部来看,组织与其外部环境构成一个更大的系统,一方面组织作用于外部环境,另一方面外部环境对组织施加各种压力、约束和限制。因此,研究组织设计时必须把它同周围环境联系起来进行考察。除此之外,巴纳德关于组织是一个协作系统的观点突破了古典组织理论仅仅将组织看作为一个权责结构的思想,因为巴纳德将人的行为纳入组织问题的研究之中。这与行为科学组织理论关于非正式组织的研究存在相通之处。非正式组织虽然存在于正式组织之中,但是它不受正式组织管辖,它的运行以情感为纽带,以不成文的约定为行为准则。非正式组织既可以为正式组织创造条件,也可能给正式组织带来某些不利的影响。因此,作为协作系统的组织必须处理好正式组织与非正式组织之间的关系。巴纳德的研究是从组织系统的构成要素着手去探索组织系统的本质属性,但他只关注组织系统中人的要素,而忽视了其他要素的存在,因而未能完全揭示出组织系统的本质。

在社会系统学派的基础上又形成了社会—技术系统学派,这一学派主要是强调技术系统在组织系统中不可或缺的地位,是系统学派的必要补充。该学派的代表人物主要是英国伦敦塔维斯托克人际关系研究所的特里斯特等人。社会—技术系统学派认为,组织既是一个社会系统,又是一个技术系统,而且技术系统对于改变企业的投入产出关系从而使企业适应环境变化起着至关重要的作用。因此,社会—技术系统学派的学者得出结论:企业组织作为一个开放式系统,必须是一个社会—技术系统而不只是社会系统。社会—技术系统主要强调技术系统在组织系统中不可或缺的地位,就方法而言,它并无什么特色。

在组织研究的各种系统理论中,阵容最大、影响深远的当属以卡斯特和罗森茨韦克等人为代表的系统权变学派。这一学派既坚持了系统论的观点来考察问题,又在系统思想的基础上发展出了权变的观点,显然是对系统理论学派的超越。

二、现代组织设计的系统权变理论

卡斯特和罗森茨韦克的研究从构成组织的各个子系统开始研究,详细地论述了五个子系统具有的特定功能以及对组织系统的整体贡献,并且从各个子系统出发去探索组织系统与环境的权变关系,因此在系统理论基础上发展出现代组织设计的系统权变理论学派。

系统权变理论是现代组织理论关于组织结构设计的又一重要突破,在卡斯特和罗森茨韦克看来,"一般系统理论为研究社会组织提供了一个总的模式,但是又有些过于抽象化了。权变观是以系统观念为基础的,但却趋于更具体化,而且趋向于强调社会组织的更为特殊的特点和组织中各分系统间的关系模式。"①

系统权变理论认为组织内部的状态和过程应随内部、外部的需求变化而变化,没有一成不变、普遍适用的管理原则和方法。该理论的实质就是一个组织与其他组织的关系以及与其环境的关系"依赖于具体情境"。系统权变学派拒绝古典主义者所宣扬的"全能的"原则和结构,认为组织是约定俗成的。卡斯特和罗森茨韦克指出:"权变观点强调组织的各种可变因素性质,并试图了解组织在变化的条件下和特殊的情境中如何进行经营管理。权变观点的最终目标是提出最适合于具体情境的组织设计和管理活动。"②系统的观点为了解组织提供了普遍的模式,而权变的观点则承认每个组织的环境和组织内部各子系统都各有其特点,并为具体组织的设计和管理提供依据。系统权变学派的代表人物除了卡斯特和罗森茨韦克以外,还有伯恩斯、斯托克、伍德沃德、劳伦斯和洛希等人。

权变的观点强调组织设计的多变量性,这些变量包括了技术、战略、环境、交易费用和规模,试图对组织结构设计与诸变量的关系做出更为明确的分析。

1. 技术与结构

技术对组织结构的影响是显而易见的,因为任何企业组织都需要采取某种技术将投入转换为产出,因此,组织结构的设计也必然受制于技术。对技术与结构关系的关注包括了传统观点和现代观点。

技术与结构的传统观点最早是在 20 世纪 60 年代由英国的琼·伍德沃德(Joan Woodward)提出。伍德沃德和同事们于 1960 年对英国南部 100 多家小型制造企业进行了深入的调查研究,当

---

① [美]F.E.卡斯特,J.E.罗森茨韦克.组织与管理[M].北京:中国社会科学出版社,1985:569-570.

② 转引自苏东.论管理理性的困境与启示[M].北京:经济管理出版社,2000:167-168.

时她研究的初衷是为了说明统一指挥和管理跨度这些组织设计的传统原则与组织成功的关系程度,但是调查结果无法说明传统原则与组织成功的相关性。研究过程的另一个重要发现是,伍德沃德注意到组织结构上的许多差别是与制造技术上的差别联系在一起的。她指出:不同的技术将不同类型的要求施加在个人和组织的身上,而这些要求必须通过适当的结构来满足。伍德沃德的研究证明了古典学派的规则原理在实践中并非总是可行的,不存在组织结构的最好模式。对制造业企业而言,采用单件生产技术和连续生产技术的企业采用有机式结构最为有效,而采用大量生产技术的企业采用机械式结构才是最为有效的。总之,她认为应该建立与企业技术特点相符的组织结构体系才能取得成功。

但是随后有英国研究者海克森等人沿着伍德沃德的思路对技术与结构的关系进行了又一次调查研究,结论表明,一旦控制了组织的规模变量,则技术与组织特征没有相关性。研究者们对结果出现差异的解释是与选择的样本企业本身的特点和采用的描述组织结构的指标不同有关。后来由美国学者布劳等人的研究部分证实了伍德沃德和海克森的发现。布劳和同事们调查了新泽西州的110家制造公司,使用的技术指标相似于但不完全等同于早期研究中所使用的指标。布劳小组的研究表明:技术复杂性指标与企业结构的各个维度之间几乎没有相关性,但是当把单件生产技术、大量生产技术和连续生产技术作为三个离散类型时,技术与组织结构之间出现了大量的非线性关系。综合分析了自己的研究和其他人的研究,布劳得出了最终结论:运用不同核心技术的组织在结构特征上确有差异,但结构的差异性并不和技术复杂性相对应,因为技术复杂性对于大多数组织结构特征的影响是非线性的。[①]

无论是伍德沃德的研究,还是后来的海克森和布劳的研究,都

---

① 〔美〕彼得·布劳,马歇尔·梅耶. 现代社会中的科层制[M]. 马戎等译. 北京:学林出版社,2001:103-104.

是针对制造业企业的技术与组织结构关系而展开的,在查尔斯·佩罗看来,他们的研究都缺乏代表性。为了使技术与结构关系的思想适用于所有组织,佩罗提出应该以一种更一般化的方式对技术做可操作性的研究。佩罗经过研究得出的结论是:控制与协调方法必须因技术类型而异。越是常规的技术越需要高度结构化的组织,反之,非常规的技术则要求更大的结构灵活性,低度的正规化和分权化。①

　　技术与企业组织结构的现代观点集中地体现在随着信息技术的出现和飞速发展而引起的企业组织结构的变革。20世纪初,古典组织理论的奠基者们泰罗、法约尔和韦伯从当时的管理实践出发,提出了适应于机器化大工业技术特点的职能制、官僚制组织形态。此后,随着环境的变化,官僚制结构在杜邦公司和通用汽车公司具体演变为U型结构和M型结构,并且成为20世纪80年代以前企业最佳的组织模式选择。从20世纪80年代开始,网络组织和团队结构迅速涌现,一些学者敏锐地意识到新的组织模式的出现与信息技术的发展存在极为密切的关系。综观学者们对信息技术与企业组织结构关系的研究成果,可以将其主要观点归纳为:一方面,由于信息技术在企业中的运用,使得信息的收集、处理和传递的成本大幅度下降,企业的信息分布结构发生了重大变化;另一方面,信息技术本身作为一种新的社会交往手段和权力分享手段,由此影响了企业的权力结构和组织结构。对于信息技术对企业权力结构的影响,出现了集权论和分权论两种观点:集权论认为,信息技术的推进将导致中层管理人员数目的减少,高层管理人员对组织的控制将更为集中;分权论认为,信息技术的运用将导致信息覆盖整个企业,企业各层级的管理人员将实现信息共享,信息共享为高层管理人员向员工授权提供了条件。总体而言,对于信息技

---

　　① [美]斯蒂芬·P.罗宾斯.管理学[M].黄卫伟,孙建敏等译.北京:中国人民大学出版社,1998:245-246.

术与企业组织结构的影响主要表现为:一方面,从企业的内部结构看,信息技术导致层级压缩的扁平化调整;另一方面,从企业的外部结构看,信息技术可以消除企业运行中的时空障碍,建立企业间有效的联系网络,战略联盟和虚拟公司就是企业间的这种外部联系的现实体现。

2. 战略与结构

对战略与结构关系做出最卓有成效研究的当推美国经济史学家艾尔弗雷德·钱德勒,他通过对美国 70 多家大公司长达 50 年的组织发展历史的考察,尤其是在重点对杜邦公司、通用汽车公司、新泽西标准石油公司和西尔斯公司的战略和组织结构的关系进行分析的基础上,揭示出企业的组织创新是源于市场需求的变化而引起的企业战略调整,于是在其《战略与结构》一书中提出了"结构跟着战略走"的著名论断。钱德勒经过研究发现,组织通常开始于单一产品或产品线的生产,服从于简单的战略,组织的结构也是松散和简单的,组织的复杂性和正规性都很低。随着市场需求的变化,公司必然要做出战略调整。以通用汽车公司为例,当时为了满足全国市场对汽车的大量需求,公司兼并了许多汽车生产企业、零配件和附件生产厂,迅速地进行扩张。由于实施了纵向一体化战略和不断地扩张合并,致使公司的活动太多、太复杂而又太分散,无法再依靠单一的、集中化的、按职能划分的组织结构来实施控制,这时作为公司总经理的斯隆认为有必要对公司的内部结构进行改组,建立具有中央办公室和自治的事业部的新型结构模式,实现集中控制与分权经营相结合的管理,并在实践中取得了良好的效果。

后来在钱德勒研究的基础上,有学者又进一步提出了不同的战略组织类型。一个组织在面临激烈的市场竞争时,可以根据其所处的市场地位和拥有资源状况而采取不同的思维方式和行为,可以将组织设计为四种类型:防御型战略组织、开拓型战略组织、分析型战略组织和被动反应型组织。

3. 环境与结构

作为影响组织结构的环境是指那些外部所强加的、组织自身不能控制的力量。自20世纪60年代以来,已经出现了三个关于环境影响组织结构的模型:适应模型、选择模型和制度模型。[①]

适应模型认为,组织随外部环境的变化而变化,并以此来适应环境。适应模型从三个不同的角度提出了组织对环境的适应理论:一是关注环境复杂性的认知理论;二是关注环境不确定性的权变理论;三是关注组织之间权力关系的资源依赖理论。认知理论以西蒙提出的有限理性原则为出发点,认为组织决策越复杂,组织的结构性分化越大。也就是说由于人的有限理性,必然导致与外部环境复杂性相匹配的组织复杂性。如组织往往通过把复杂决策或任务层层分解,形成组织复杂的管理层级制,直至决策或任务落在有限理性范围之内,这样,组织结构就能削弱有限理性的限制。正如西蒙所言:组织结构创造了允许人们发挥其能力的心理环境。[②]

权变理论从环境的不确定性入手来探讨环境对组织结构的影响。最初的研究来自伯恩斯和斯托克,他们根据组织所处环境的本质和特性提出了与此相适应的企业组织结构的两种基本形态:机械式组织结构和有机式的组织结构。伯恩斯和斯托克曾在20世纪60年代初期对英国20多家企业进行了调查。研究结果表明,组织的环境对组织的结构有很大的影响。他们根据环境的变化情况,将环境划分为相对稳定的环境和不稳定的环境。所谓相对稳定的环境就是在一个相对较长的时期内相对不变化或变化很少的环境;而不稳定的环境是指处于经常性和快速变动状态的环境。两种不同的环境形成了两种不同的组织结构模式——机械式

---

① 〔美〕彼得·布劳,马歇尔·梅耶.现代社会中的科层制[M].马戎等译.北京:学林出版社,2001:114-126.

② 〔美〕彼得·布劳,马歇尔·梅耶.现代社会中的科层制[M].马戎等译.北京:学林出版社,2001:116.

组织结构与有机式组织结构。机械式组织结构与相对稳定的环境相适应，其特点是复杂性和规范性都很高，职能部门化，严格的等级制，信息的沟通是纵向的，实行集权化管理；有机式组织结构与不稳定的环境相适应，其特点是复杂性、规范性都很低，强调横向的信息交流，强调专家和知识的作用，实行分权化管理。

伯恩斯和斯托克的研究发现，没有一个企业组织纯粹采用机械式或有机式的组织结构，多数企业的组织结构都是兼顾两者，所不同的只是根据组织所处环境的本质和特性决定了组织结构更偏重于哪一种组织结构。总之，权变组织理论要求企业在组织实践中组织结构既要有稳定性，又要有随内外环境而变化的适应性，二者缺一不可，只有这样才能保证企业的生存与发展。

后来，在他们的理论基础上，美国的达夫特教授进一步提出了环境不确定性与组织反映的权变性框架。① 在其权变性框架中，达夫特采用了两个分析维度：环境的变化和环境的复杂性。环境的变化包括稳定和不稳定两种情况，环境的复杂性包括了简单和复杂两种情况，这样两两组合，就出现了环境不确定性的四种组合：低度不确定性、中低度不确定性、中高度不确定性和高度不确定性。在低度不确定性和中低度不确定性的环境中倾向于采用机械式结构，但后者需要更多的部门与更多的整合去协调各部门；在中高度不确定性和高度不确定性的环境中倾向于采用有机式结构，但是由于高度不确定性的环境更为复杂和不稳定，大大增加了管理的难度，所以还需要有大量的人员从事协调与整合工作，并组织运用广泛的边界跨越、模仿、计划和预测。

适应模型的第三个视角是资源依赖理论。资源依赖理论强调组织的正常运行既需要依赖环境以获取资源，又需要依赖其他组织的活动。组织作为其环境关系的积极参与者，通过战略的制定

---

① ［美］理查德·L.达夫特.组织理论与设计精要［M］.李维安等译.北京：机械工业出版社，1999：47.

来应对环境的变化。根据组织拥有相关资源的情况可以断定组织是否在其环境中处于依附地位，从而决定组织战略的选择。组织总是极力保有库存、预测需求和保有资源选择，如果这些战略不能克服依附性，那么就会产生长期契约、共同协作和组织联合。①

反映环境与结构关系的选择模型与适应模型有着截然相反的假定，选择模型认为组织在环境面前是无能为力的，无论在组织内部采取怎样的措施进行干预，结果更多地表现为现行组织被环境淘汰，新组织取而代之。选择模型有两种代表性观点：一是由心理学家和社会学家共同发展的组织进化理论；二是由汉南和弗里曼在 20 世纪 70 年代后期发展的群体生态理论。

组织进化理论认为组织变化是必要的，而且是朝着与环境更好地匹配方向进行，结果是与环境最适宜匹配的组织形式能生存下来，而那些不能匹配的组织则被淘汰。② 在进化理论中，组织变化分为三个阶段：变异、选择和维护。有多种机制可以促进组织变异，包括计划、冲突和错误。当由于变异而产生的组织形式在一段时间内被证明是适应性的，选择就发生了。选择的过程与生物体进化的过程相类似，所谓"适者生存"。对生存下来的组织形式接下来要做的工作就是维护。

与组织进化理论关注单个组织与环境关系不同，群体生态理论注重的是在某特定环境中组织的群体。群体生态理论认为，组织的变迁过程受制于环境与组织间的同行性原则，环境的包容性越大，包容的组织也就越多，反之亦然。③ 当组织群体的数目超过了环境所能容纳的界限时，就会导致组织间的竞争，竞争的结果必然是与环境更相适宜的组织生存下来。

---

① ［美］彼得·布劳，马歇尔·梅耶. 现代社会中的科层制［M］. 马戎等译. 北京：学林出版，2001：117.

② 钱平凡. 组织转型［M］. 杭州：浙江人民出版社，1999：30.

③ ［美］彼得·布劳，马歇尔·梅耶. 现代社会中的科层制［M］. 马戎等译. 北京：学林出版社，2001：122.

反映环境与结构关系的第三个模型是制度模型。1977年美国社会学家莫约(John W. Meyer)和卢旺(Brian Rowan)以一篇奠基性文章《制度化的组织:作为神化和仪式的正式结构》开创了组织理论的制度学派。他们利用"组织域"和"制度同态观"两个概念来分析同一个组织域中的组织随着时间的推移,最终在形式与运作方法上表现出趋同性和一致性的问题。① 这篇文章强调了被研究者们所忽视的组织生存所依赖的制度环境的重要性,认为组织的生存离不开与制度环境相协调,也就是说组织的存在、组织的正式结构和管理程序必须是合理的、理性的和合法的。

4. 交易成本与结构

交易成本的概念最初出自于科斯的经典性论文《企业的性质》之中,科斯认为企业存在的原因就是为了节约市场交易的费用,而且他认为组织的规模由其获取信息的成本所决定。在20世纪30年代,企业之间做生意的市场交易成本很高,因为无论是交易信息,还是供应品都存在不对称,因此导致每家企业都进行一体化生产和经营,结果企业都建立起庞大的层级制组织结构,科斯的理论也有助于解释为什么官僚制结构在大企业中会出现。威廉姆森则进一步发展了科斯关于交易成本的观点,使交易成本发展成为一个完整的理论体系。

威廉姆森用交易成本理论考察了企业组织由U型结构向M型结构演变的原因。② 他认为随着企业规模的不断扩大,经营种类的不断增多,由此导致企业管理日益复杂而使高层管理者面临有限理性的压力。理性约束主要体现在两个方面:一是控制幅度的限制,格赖库纳斯认为,当下属数量增加时,对经理而言,其直接单独联系的数量按算术级数增加,这是因为相应的联系总数,除了直接单独联系的数量,还要加上交叉联系的数量,结果是形成按指

---

① 转引自钱平凡.组织转型[M].杭州:浙江人民出版社,1999:42.

② 陈郁.企业制度与市场组织[M].上海:上海人民出版社,1998:88.

数比例增加的数量。这样一来,由于"注意幅度"的心理原则,使得经理的控制幅度需要限制在"至多五人,可能最好是四人",当然也有例外。[①] 有限理性导致有效控制幅度极为有限,必然形成管理层级大幅度增加,管理层级的增加会使管理效率降低。二是高度的集权使企业高层管理者无力顾及企业长期发展战略决策,无法做好企业长期性的资源配置工作,同时由于企业高层管理者有限理性的限制而导致集中决策出现偏差的不可避免。伴随着有限理性压力的日益增加,U 型结构中的机会主义也悄然兴起,表现为各职能部门往往利用自己的信息优势,在目标上偏离企业总体利润目标而追逐各自目标的机会主义。为了减轻高层管理者有限理性的压力和减少机会主义的侵害,U 型结构的组织必然寻求组织结构的新形态 M 型结构。M 型结构的显著特征是集中决策和分散经营相结合,一方面可以使高层管理者从日常的琐碎事物中解脱出来,以便集中精力专注于企业的战略制定,决策的有限理性压力得到缓解;另一方面各事业部有了经营自主权,而且总部的监控功能得到加强,于是弱化了机会主义的行为。无论从哪一方面来看,M 型结构都有助于降低内部的交易成本。威廉姆森由此得出结论:企业组织结构演进的根本逻辑在于企业的一体化经营把原有的外部市场交易变成了企业各部门间的内部交易,可以降低企业的交易成本。

　　5. 规模与结构

　　与技术、战略和环境等因素一样,规模也是影响企业组织结构设计的重要因素之一。很多企业从夫妻店发展成为部门林立和制度健全的大企业,规模的变化也会引起组织结构的调整。许多研究表明企业随着规模的不断扩大更倾向于采取机械式的结构。因为规模的扩大对工作的专业化分工要求不断提高,专业化分工的

---

　　① 〔美〕丹尼尔·A. 雷恩. 管理思想的演变[M]. 赵睿等译. 北京:中国社会科学出版社,2000:395 - 396.

增加又加大了管理协调的难度,为此企业需要通过众多的规章制度和标准化的程序进行管控,反映在组织结构的设计上就是科层制结构。但是,随着组织规模的继续扩大,规模对结构的边际影响递减。一个拥有 2000 名左右成员的组织已经是相当机械式的了,再增加 500 名不会有多大影响;相比之下,一个 300 个成员的组织,如果增加 500 名成员,就很可能使它变为一种更机械式组织。①

综上所述,企业组织结构的设计受到技术、环境、战略、交易费用和规模因素的影响,而且它们不仅作为独立因素,同时也彼此交织在一起共同影响组织设计和结构演变,不可片面地强调一个方面而忽视其他方面。除了上述这些因素会对企业组织结构产生重要影响,并已经引起了人们的广泛关注以外,还有其他因素在也起作用,权力因素就是其中之一,尽管有学者提到信息技术的应用引起了企业内部权力结构的调整,从而影响到组织变革,但是并没有将权力作为一个独立的权变因素加以考虑。笔者认为上述各种因素只提供了组织变革的诱因,要使变革成为现实,就必须得到高层管理者的支持,因为组织变革会挑战管理者的权威。

三、现代组织结构设计的变革理论

组织变革理论可以认为是权变思想的进一步发展。因为系统权变理论说明的是组织结构设计的多变量依据,反映了组织结构变化的原因,而组织变革理论则说明由于相关因素的变化而导致的结果。组织变革理论是以德裔美国学者库尔特·卢因于 20 世纪 30 年代提出的著名的"解冻—变动—再冻结"变革模式为基础的,因此,该模式也就成为企业组织变革研究的重要理论基础。卢因认为,成功的变革要求首先对现状予以解冻,解冻是组织变革过

---

① [美]斯蒂芬·P. 罗宾斯. 管理学[M]. 黄卫伟,孙建敏等译. 北京:中国人民大学出版社,1996:243.

程中最难也是最主要的阶段,是改变目前均衡状态所必需的。其次是引入变革的技术和方法使变革成功,也就是说借助于各种方法如强制、说服、沟通、协商等减少变革的阻力。第三步是对新的状态加以冻结,这样才能使新状态保持稳定,否则原有结构的约束力会使新结构复原,所以再冻结是必不可少的。

对于组织变革的三部曲,后来被许多学者加以修正。有代表性的如 Huse 将此三个阶段扩充为七阶段,即侦测、进入、规划、行动、稳定、评估与终结。而德国组织学家埃尔文·格罗赫拉(1991)则认为,企业组织的变革过程可以分为寻找意念、接受、解决问题和贯彻几个阶段。在这个过程中,各个阶段的运行并不一定采取一个固定不变的程序,它们有时是平行的,有时又是一个重复循环的过程,如图 2 - 2 所示。

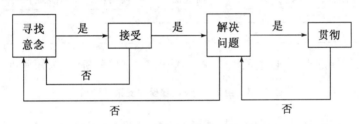

图 2 - 2 变革过程的各个阶段

1965 年美国学者沃伦·本尼斯在对传统的官僚组织体系进行批判的基础上提出了组织发展的理论。本尼斯认为,官僚制组织形态的出现是适应了产业革命的需要,改变了传统企业中靠个人独裁、裙带关系以及对工人身体摧残等手段的管理方式,采用以理性为特征的制度化管理来经营企业,极大地提高了组织效率,这在当时看来是符合时代要求的。但是,由于环境和组织成员价值观的变化,官僚制组织形态在现代工业时代受到了挑战,挑战既来自组织内部的协调方面,又来自外部的适应问题。由此,本尼斯得出结论:每一个时代都会产生适应自己需要的组织形态。进而预言,在未来的 20~50 年间,我们都将加入为官僚组织送葬的行列。

同时,本尼斯还对未来组织的发展进行了预测,在他看来,未来的组织不同于官僚体系,应该是一种有机的、适应性的组织形式。

1972年美国学者 L.E.格雷纳在《哈佛商业评论》上发表了经典名文《当组织成长出现的演化与变革》,提出了"组织发展模型"。[①] 他认为,没有任何一个组织的结构是永恒不变的,即使外在的环境相对稳定,组织也会随着本身的成长和成熟而逐渐改变。格雷纳将组织的成长过程划分为五个阶段,在每个发展阶段组织结构、内部系统和管理问题都各不相同,组织随着年龄的增长和规模的扩大而不断产生危机,由此导致组织变革,如图2-3所示。

阶段1	阶段2	阶段3	阶段4	阶段5
通过创新而成长	通过指导而成长	通过分权而成长	通过协调而成长	通过合作而成长
领导危机	自主危机	控制危机	官僚危机	未知危机

图 2-3 组织的年龄、规模和复杂性渐增

第一阶段:通过创新而成长与领导危机。企业组织在初创时,其目标是通过产品创新和市场创新来求得生存。这时企业规模小,雇员人数少,企业领导者与雇员一起创业,他们之间没有明显的上下级关系,沟通和协调是非正式的,管理控制基本上来自市场的反馈。在这一阶段的后期,随着企业经营的成功,规模逐渐扩大,雇佣的人数越来越多,这时就产生了组织内部的控制和协调问题,仅靠企业的创始人来维持管理工作已是力所不能及,于是领导危机便出现了。

第二阶段:通过指导而成长与自主危机。为了度过领导危机,

---

① [美]L.E·格雷纳.当组织成长而出现演变和变革.哈佛管理文集[M].北京:中国社会科学出版社,1985:360.

企业的创始人必然会任命一些具有管理才能的人协助其做好较为复杂的管理工作,领导者通过适当的授权、分权来建立起 U 型结构。在这一阶段,纵向的层级制度和一些规章制度建立起来,组织内部的沟通、协调和控制便通过正式制度管理有效地运作起来。尽管企业内部有了适当的分权,但这时的组织仍然是一个高度集权化的组织,随着企业规模的进一步扩大和经营业务的日趋复杂,出现了第二次危机,即自主危机。自主危机指企业的中下层管理人员要求给予他们一定的决策自主权,总是听命于上级常常使他们在实际工作中陷入困境。

第三阶段:通过分权而成长与控制危机。为了摆脱第二阶段的自主危机,出现了分权制的 M 型结构。在这一阶段的前期,由于企业中的各个经营单位有了自治的权力,一方面可以保证决策的及时性和准确性,因为中层管理者更接近市场和顾客;另一方面中层管理者因拥有较大的自主权而受到激励,所以企业因此而得到进一步发展。但在这一阶段后期,由于分权而导致各个经营单位只注重自己的局部利益,最终影响企业整体利益。这时对企业高层而言,重要的是如何控制各自为政的局面,但由于企业规模太大而难以管理,于是控制危机出现了。

第四阶段:通过协调而成长与官僚危机。为了控制第三阶段出现的管理危机,企业的高层不得不诉诸新的协调技术,这时他们对组织结构进行重新调整,如采用超事业部制。通过新的组织结构来完成协调功能,通过协调既保证各个自治单位的相对独立性,又要使得各个自治单位服从企业整体利益。为了控制,出现企业的制度和计划的激增以及高层的过多参与,由此导致组织过度官僚化而造成效率低下和创新受阻,产生官僚危机,预示着组织新一轮的结构调整又迫在眉睫了。

第五阶段:通过合作而成长与未知的危机。克服官僚危机的有效措施就是加强企业各部门之间的合作,以任务为导向组建项目小组或团队,促进职权和知识的结合,简化各种规章制度,通过各种培训来规范组织成员的行为,建立更具弹性的组织。

从格雷纳的研究可以看出,在企业成长过程的各个阶段都会由于企业发展和规模的扩大而不断产生危机,危机的到来是变革的起点,而危机的解决又孕育新一轮危机的到来。企业组织就是在危机发生、解决的交替过程中发展壮大的。

格雷纳的组织发展理论引起了人们极大的兴趣,后来一些学者在他理论的基础上又进行了研究。如美国学者奎恩和卡莫恩在1983年发表的文章中提出了类似于格雷纳的组织发展模型。他们将组织的发展阶段分为企业家阶段、集体化阶段、正规化阶段和合作阶段。他们对组织发展四阶段的界定和解释与格雷纳的理论实质上是一致的。

1979年美国学者伊查克·爱迪思在《企业生命周期》一书中提出,如同所有的生物体和社会系统一样,组织也有其产生、成长、成熟、衰退和死亡的过程。与此相适应,爱迪思将组织的生命周期划分为五个阶段。爱迪思关于组织生命周期的理论得到了理论界和企业界的认同,因而也促成了他进行更为深入研究的兴趣。爱迪思将原有的模型进一步细化,形成了新的企业生命周期模型,并在此基础上创建了一套对企业及其文化进行诊断与治疗的方法,他把这套方法称为"爱迪思法"。爱迪思用生物类比立场看待和分析组织,采用灵活性和控制性两个动态概念将企业组织的生命周期划分为成长阶段、盛年阶段和老化阶段。成长阶段企业的灵活性强,但控制性不一定很强;老化阶段控制性增强,但灵活性却减少了,灵活性和控制性的最佳组合则是在其"盛年"。爱迪思企业生命周期的分析与企业文化的研究结合起来,认为当企业进入成熟期时,企业文化已经成熟并对企业组织产生影响。因此,需要从企业文化入手,诊断和治疗企业,改变员工认知体系。

进入20世纪90年代,由于企业经营所面临的环境发生了巨变,对组织变革的理论研究进入了高潮。迈克·哈默(Michael Hammer)和詹姆士·钱皮(James A. Champy)的企业再造理论、彼得·圣吉的学习型组织理论成为这一阶段的代表性理论。迈克·哈默和詹姆士·钱皮提出要彻底摈弃大工业时代的企业模式,重塑与当今知识经济时代相适应的企业新模式。企业新模式构建的中心思想是以顾客需求为导向,企业绩效的大幅度提高为目标,信息技术为依托,实现企业流程的根本性改造。

彼得·圣吉在《第五项修炼》中提出了学习型组织的概念以及如何成为学习型组织的机制,并指出学习型组织将是未来真正出色的组织。彼得·圣吉认为,学习型组织不是指一种具体的组织形式,而是组织设计的一种理念。学习意味着不断地改进,而且组织的学习行为根植于组织的愿景之中,愿景是抽象的和不明朗的,但是随着组织学习的不断深入,愿景也就越来越清楚。学习型组织的含义、形成机制和组织学习的方法具体地体现在五项修炼之中:自我超越、改善心智模式、建立共同愿景、团队学习和系统思考。

日本学者野中郁次郎提出知识创新型企业的概念。他认为,在现代社会中知识是企业获得持续竞争优势的来源,企业要建立基于知识的竞争优势,必须进行知识创新。知识创新并不是对现存的客观信息进行加工处理,而是去发掘员工头脑中潜在的想法、直觉和灵感,即隐性知识的创造尤为重要。

第四节　后现代组织理论对组织设计的研究

20世纪90年代后期,后现代管理研究热潮开始在西方学术界崭露头角,后现代主义的有关术语已逐渐渗透到各种管理文献之中,后现代管理思想作为对现代管理思想的反思、批判和解构,无疑成为21世纪的管理研究新思维。要谈后现代管理,不能不谈后现代性。有不少学者认可了后现代性的来临,他们中的有些人认为后现代性是对现代性的完全超越,也有人认为是现代性的极度发展。但是,还有些学者并不急于承认后现代性的来临,他们更多地关注现代性的内在问题和困境。实际上,后现代性与现代性难以切割,后现代性思潮的兴起一定是源于对现代性反思和批判的基础之上,是现代性发展的后期阶段,并没有超越现代性,而且从"后现代"的提法上也可以看出端倪。后现代主义思潮产生的基础首先是信息化社会的来临,以计算机为代表的信息通信技术的发展,摧毁了旧有的知识体系,自然科学的研究成果,如爱因斯坦的"相对论"、海森堡的"不确定性原理"、歌德尔的"不完全性定理"等自然科学理论的提出,对传统的确定性思维模式发起了挑战,并且向人们提供了一套新的思维方式,后现代主义是在对现代和传统批判的基础上产生的。

西方学者们分别从哲学、文化和文学艺术的角度对"后现代主义"进行了界定。尽管这些定义存在着很大的歧义性,无法将其统一起来,但是有一点是明确的,那就是"后现代主义"与现代主义呈截然相反的思维方式。用席沃尔曼的说法,"后现代主义是破碎的、非连续的、散播的,反之,现代主义则是肯定的、中心的、连续的和统一的。"[①]20 世纪 70、80 年代,后现代主义开始向全世界蔓延,成为一种广泛的文化思潮。库伯、勒奥、贝瑞厄等人用后现代主义的思维方式对组织问题进行了重新思考。与传统组织理论强调组织、组织形式和组织属性的观念不同,后现代组织理论分析的焦点是由行为、交往行为的现场联动模式所实现的组织化过程的微观实践和微观逻辑。[②] 也就是说,现代组织理论以"个体"、"组织"这类社会实体作为研究对象,而后现代的组织分析关注的是对行为、关系和过程的分析,后现代思想认为行为、关系和过程比"个体"、"组织"这类社会实体更重要、更现实。例如,在后现代观点看来,一个平淡的日常细节比公司的组织图提供更多关于组织的时空构

---

① 王治河.扑朔迷离的游戏:后现代哲学思潮研究[M].北京:社会文献出版社,1998:9.

② 苏东.论管理理性的困境与启示[M].北京:经济管理出版社,2000:175.

造情况。总之,现代理论与后现代理论所描绘的组织图谱是存在明显差异性的,甚至某种程度上是完全对立的。为了能够更为具体地说明后现代组织理论的思想,以下将从后现代组织理论与现代组织理论的分歧中呈现后现代组织设计的图景。

一、理性与非理性

理性思维是现代企业组织结构设计的观念基础,在韦伯那里,理性是现代性的同义语。现代企业组织的官僚制结构就是建立在完全理性的基础之上,用"专业化"、"等级制"、"标准化"来秩序化组织的各种关系,以达到控制和追求效率的目的。可以说,没有理性也就没有现代组织,组织结构设计中的劳动分工原则、职权原则、统一指挥原则和管理跨度原则无一不体现了对一种理性化的规范性统治与管理体制的追求,其中尤以韦伯提出的官僚制组织更为透彻地展示了理性思想的本质。官僚制的正面功能是显而易见的,它通过结构规范、角色规范和价值规范来促进组织有效地运转。但是,渗透着理性主义思想的官僚制组织通过纯粹的"形式化"、"数量化"、"层级化"、"非人化"窒息了人的个性和创造性。当初韦伯在建构官僚制组织结构时已经预见到理性化的悖论,他指出现代世界是"合理性的非理性",把个体束缚在一种非人性的物化的秩序中,曾用著名的"铁笼"对此现象进行隐喻。尽管如此,官僚制组织形式由于适应了大工业时代技术的要求,它的正能量得到充分释放,这一组织结构在实践中获得了成功,所以后来在企业界得到广泛推行。随着信息化社会的来临,它的负能量逐步释放出来,甚至超越正能量,于是引起学界的关注,随之而来的就是对官僚制组织的反思,直面其困境、危机等局限性方面的研究成果极为丰富。因而,在对基于理性思维的现代组织设计理论进行质疑、批判的基础上,后现代组织理论应运而生。

后现代组织理论的兴起是现代组织理论不断遭遇困境和危机的产物,后现代组织理论挑战现代组织的理性权威,批判理性宰制一切,创生一切的无限权威。在理性主义看来,人是理性的动物,理性是人的本质,理性具有绝对的、至高无上的权威地位,人类的一切活动都应该以理性为指导。霍尔海默和阿多尔诺对理性主义做出了更为有力的批判,他们宣称那个高扬理性,旨在征服自然,将人类从邪恶势力、恶魔、妖怪、听天由命的迷信中解放出来的启蒙运动,由于其内在的逻辑而转向了它的反面,这就是现代理性日益把工具理性作为其基本内容,抛弃了存在于早期理性中的道德原则、价值观念和人生理想,工具理性的过度膨胀使理性变成了一种异化的力量、一种统治的工具,通过非人格化的规则对人进行控制和奴役。后现代主义的出现是一场思维方式的革命,它的贡献在于,挑战了理性主义的无限权威性,批判了理性方法过于推崇用给定的、有限的方法去研究一切事物的性质,拓宽了传统的思维空间,如传统的形而上学思维方式的一个重要特征是"非此即彼",倡导"或此或彼"的思维方式,强调了隐喻、直觉方法和情感思维,这对于突破理性思维一统天下的局面是极富创建性的。但是,后现代主义又走向了另一个极端。因为彻底否定理性主义,将自身置于权威和主导地位,认为构成世界基础和本原的是非理性因素,过分夸大了人的直觉、情感和意志对于认识事物的作用,最终可能导致陷入无序和虚无。

虽然理性主义一直占据现代组织理论的统治地位,但是并不完全排斥非理性主义。以梅奥为代表的"行为科学"理论的诞生为标志,梅奥的"社会人"假设就是针对理性的"经济人"假设的片面性而提出的,认为人的行为不仅受到金钱的驱使,而且还直接受到情感的支配,这实际上强调的是被理性"经济人"假设所忽略的非理性因素对人的行为的影响。体现在组织设计中,就是要关注非正式组织的存在,注重管理者与员工以及员工之间的相互协作。在20世纪的70年代末80年代初,由于美国企业界出现了管理危机,而日本经济却以异乎寻常的速度实现腾飞,于是日本企业的管理模式引起了世人的瞩目,掀起了一场日美管理方式的比较热潮,比较的结果催生了一批管理学的畅销书,如《追求卓越》《日本的管理艺术》《企业文化》和《Z 理论》等脱颖而出,这说明了非理性主义思潮在 20 世纪 80 年代开始逐步占据了管理学领域的上风。

很多观点认为工业经济时代强调理性,没能给"情感"等非理性因素以合法的地位,这不适应后工业化社会。当然,后工业化社会对于非理性重视的同时,也不能忽视理性的重要作用,因为没有理性的非理性是盲目的,同样,缺乏非理性的理性是不切实际的,只有做到理性和非理性的统一,才能激发人的创造性、自主性和能动性。叔本华曾指出:"如我们已经看到的,人类虽有好多地方只有借助于理性和方法上的深思熟虑才能完成,但也有好些事情,不应用理性反而可以完成的更好些。"[①]理性与非理性各有利弊,需要在两者中根据环境的变化进行恰当取舍。

二、结构与解构

结构主义最初为日内瓦语言学家索绪尔所创立,后来被法国人类学家克洛德·列维-斯特劳斯进一步发展,它是指一种以形式主义符号学为方法,以探求对象内在结构为目的的科学主义思潮。[②] 结构主义的中心思想是将组织看作一个由相互联系、相互作用和相互制约的诸要素按照一定规则所构造的整体,整体功能大于部分功能之和,部分的存在受制于整体。结构主义的这种整体观体现了其封闭性和保守性的特点,正是因为如此,20 世纪 60年代末结构主义在法国社会变革时期受到了强烈的抨击,结构主义开始出现内部分化,一些激进的思想家如拉康、德里达、巴尔特、福柯等走向了后结构主义,其中以德里达创立的解构主义作为后结构主义的重要代表格外引人注目。

"解构"一词最初源于海德格尔的《存在与时间》一书,原意为

---

① [德]叔本华. 作为意志和表象的世界[M]. 北京:商务印书馆,1982:100.
② 常士闿. 政治现代性的解构[M]. 天津:天津人民出版社,2001:15.

分解、消解、揭示等。海德格尔使用这个词的目的是把结构加以分解或拆开，从中把意义发掘出来，使之得到显现。德里达继承和发展了这一概念，补充了"消除"、"抹去"、"分裂"和"问题化"等多重含义。① 海德格尔用"解构"来分析结构的意义，而德里达"解构"的目的在于颠覆建立在二元对立逻辑上的固定结构，揭示其内在的等级制、极权和矛盾，使之"问题化"。对于解构主义而言，"解构"的目的是为了重创结构，摧毁原有的确定性、封闭性、统一性和压迫性的结构，建立起一种开放的、非中心化的、充满差异化的多元结构。解构主义的突出贡献是提供了一种新的思维方式，引导人们以一种更为开放的、灵活的方式去思考问题，这一点可以从德里达大肆倡导不确定性的"增补逻辑"来对抗形而上学的"二元对立逻辑"中得到证明。"增补逻辑"坚持"或此或彼"，而"二元对立逻辑"则局限于"非此即彼"。但是，解构主义过分强调了差异性和不确定性，必然导致对自身的否定，德里达说过解构主义在解构别人时也在解构自身。解构主义本身也存在不确定性和矛盾。由此看来，结构与解构、稳定与发展、维护与创新从来都是紧密相连的，它们如同一枚硬币的两面，相辅相成。没有前者，组织就会陷入紊乱和无序，没有后者，组织就会停滞不前。

结构主义思想贯穿于现代企业组织结构设计中，科层制结构规范、稳定，组织成员权责分明，纵向的自上而下的权力链条形成了组织中的命令—服从关系，下级服从上级管理，横向的劳动分工结构明确了组织成员的工作职责，组织任务和目标明确，组织界限清晰，整个组织如同一部运转的机器，员工如机器上的每一个零件，整个组织依赖于严格的控制系统实施组织的经营活动。虽然后来不少企业进行改组，如通用汽车公司原创事业部制，实现集中控制与分散经营相结合，成为现代企业组织结构变革的成功典范。

---

① 转引自王治河.扑朔迷离的游戏:后现代哲学思潮研究[M].北京:社会文献出版社,1998:155.

还有一些企业引入临时性项目小组，打破组织内部横向的部门壁垒，创建了矩阵结构等，但是组织结构设计的这些变化并没有从根本上动摇其根本性的结构。

解构主义思想在现代企业组织设计中的运用就是去颠覆原有组织的规范化结构，让组织结构设计远离形式上的标准化，打破常规的组织设计规则。从 20 世纪 80 年代起，网络组织、学习型组织、虚拟企业、团队性组织、无边界组织等新型组织等出现端倪，这些组织带有后现代的特征，从这些组织的结构特征可以看出是对现代组织结构的解构。解构是由内而外的，对内减少组织管理层级，打破部门壁垒，建立跨部门团队；对外构建与其他组织的协作网络关系，用竞合代替传统的竞争思维，重新定义组织间关系。因为环境的变化要求组织重新思考组织间关系，只有秉持互利共赢的理念才能以创造企业价值。对这种组织间新型关系最好的诠释就是无边界组织。无边界组织是美国通用电气公司韦尔奇首创的一个概念，韦尔奇从 1981 年执掌通用电气开始，短短 20 年，公司市值从 130 亿美元增长到 4500 亿美元，全球排名从第十位跃升为榜首。韦尔奇因此被誉为"全球第一 CEO"。韦尔奇刚接手公司时，发现这艘超级油轮似乎驶进了效率低下的浅水滩，从工厂到他办公室之间隔了 12 个层级，他发现有一份文件到他手上之前已签了 16 个"同意"。于是他解构了公司的结构模式，开启了"扁平的、无边界的模式"，重组公司业务，包括做减法和做加法，从结构到内容的解构与重组，再造 GE，使 GE 获得新生。正如管理学大师彼得德鲁克说过："百年企业"是不存在的，它们之所以可以活下来，仅仅是因为出现了异端般的拯救者改变了企业的现有轨迹，让企业因面目全非而得以幸存。这也许就是解构的意义所在吧。

三、控制与自治

"控制"模式和"自治"模式是两个截然相反的组织管理过程。在库伯和贝瑞厄看来，"控制"和"自治"分别需要信息的不同话语。

在"控制"模式中,信息是参照的和指令的;而在"自治"模式中,信息是自我参照的,没有固定的定位。[①] "控制"模式通常被认为是理性的行为模式,因为随着理性思想不断向组织渗透,致使工业化带来的日益重要的效率问题成为组织设计的原则。为了实现组织目标,就必须按照功能理性模式来秩序化组织关系,将组织的复杂性置于控制之下,即通过对组织系统的投入和产出的控制而达到预先设定的目标。而"自治"模式则反映了后现代主义的思想,尤其在后现代主义对无所不知的理性主体的反叛中更是如此。后现代主义认为,组织系统独立于管理主体的控制而存在,系统只表达它们自身,人们只能通过分析系统自我参照的过程来理解系统,功能和目标是人类的映射,在这个映射上,人们自然而然地认为系统是为管理主体而存在的并受到管理主体的控制。实际上,组织基本上是自我参照的,理性的控制只能作为系统改善的措施。因为随着科学的发展,尤其是量子理论和微观物理的发展,揭示了世界是一个自我参照结构的网络,后现代主义的"自治"模式正是在这个基础上提出来的。

"自治"模式源自于后现代组织理论对组织概念的界定,即认为组织是一个不断与外部环境发生作用的自组织系统和自组织过程。自组织的概念出自赫尔曼·哈肯的《信息与自组织》一书,他认为自组织是与他组织相对的概念,皆产生于组织的进化过程中,他组织是指靠外部指令控制的组织,自组织是一个无需外部指令而自行组织、自行创生、自行演化、自行创新、自行发展,它是一个不断地从无序走向有序的过程。[②] 自组织理论研究始于互联网兴起的 20 世纪 90 年代,对自组织研究的启示来源于自然界中的一个经典案例,就是凯文·凯利的《失控》中提到的蜂群效应。尽管每只蜜蜂对群体要前往的方向难以把握,蜂群中也没有发号施令

---

① 苏东.论管理理性的困境与启示[M].北京:经济管理出版社,2000:180-181.

② 赫尔曼·哈肯.信息与自组织[M].成都:四川教育出版社,1988:29.

的蜜蜂,但是通过蜜蜂相邻个体间的沟通和小范围协作,整个蜂群能够做到统一行动,找准方向,蜂群效应展现的就是自组织卓越的智慧和协调性。自组织通过共创、共享、共治的内在机制极大调动组织成员的创新积极性。如海尔集团为了适应互联网时代的到来,及时变革组织架构,搭建海尔创业平台,引入员工创客机制,形成自我创业、自我管理、自我控制、跨职能的自组织模式。自组织的出现弱化了原有的层级结构,组织权力下放,增强了企业应对瞬息万变市场的能力。

四、边界的明确性与模糊性

何谓组织边界? 人们最初的理解就是组织与外部环境的界限。这样的认知源于现代组织理论的系统观将组织视为一个开放的系统,不断地与外界环境之间交换物质、信息和能量,边界使组织如同容器一般,将组织系统与其外部环境相分离,构建了组织自身的同一性。随着对组织边界问题研究的不断深入,后现代组织理论的边界内涵大大拓展了,罗恩·阿什肯纳斯和戴维·尤里奇将组织边界划分为四种类型:垂直边界、水平边界、外部边界和地理边界。[①] 具体而言,垂直边界是指组织纵向的层级界限,反映的是组织中的权力关系。水平边界是指组织横向部门之间的界限,反映了组织内部不同职能分工或流程设计的情况。外部边界是指组织与客户、供应商等利益相关者之间的界限。传统的外部边界非常清晰明确,但随着互联网时代的发展,组织之间涌现出各种新型的合作关系,外部边界的界定变得越来越复杂、模糊和不确定。地理边界是指不同市场、地理区域之间的界限。在全球化的时代大潮之下,组织由于时空和文化的差异形成了全球性的边界。

组织边界的存在有助于认清组织权力关系、规模大小、专业化

---

① [美]罗恩·阿什肯纳斯,戴维·尤里奇.无边界组织[M].姜文波,刘丽君,康至军等译.北京:机械工业出版社,2015:2

分工情况和组织成员的角色定位,保证了组织运作的秩序和效率。但是随着一些新型组织如网络组织、虚拟组织、战略联盟的出现,组织界限开始变得模糊,如何界定组织边界是现代组织理论面临的挑战,尤其是当实践中出现了无边界组织的时候,进一步加剧了现代组织理论认定组织边界的困境。后现代组织理论结合系统论的框架给出了新颖的描述。组织理论家苟德那认为,构成整个组织系统的各个子系统按"职能自治"的原则行事,各子系统之间自愿地进行协作,界限的形成是由"分离和联合"所构建的相互作用的场所。库伯则更进一步地将边界定义为一个不确定的中介,需要在一个特定的秩序中构造,也就是说,后现代语境中的对组织边界的理解是复杂和模糊的,具有模棱两可的特性,或者说是在特定的语境中构建的。

综上所述,现代组织理论与后现代组织理论对于组织边界的理解是具有明显差异的:现代组织理论语境中的边界是明确的,而后现代组织理论语境中的边界具有模糊性。这是因为在工业化社会,组织成功的关键在于专业化分工、职责明确、精细化管理和控制,明确的组织边界有助于稳固这些组织成功的要素,而在以互联网技术发展为核心的后工业化社会,组织的成功取决于速度、灵活性、创新和整合能力。为了塑造组织新能力,必须打破原有组织边界。破除垂直边界,意味着弱化组织权威,从命令控制转为向组织成员进行放权、授权,有助于调动员工积极性和创新性。破除横向边界,有助于消除"谷仓效应",促进部门间沟通,产生协同效应。谷仓效应是英国金融时报的专栏作家吉莲·邰蒂 2015 年提出的,是指企业内部各部门各自为政,如同一个个独立的谷仓,因缺少沟通和互动,导致部门之间难以建立协同机制。破除外部边界,有助于密切与利益相关者的关系,解决产业链中的资源共享、信息互通等问题,创造更大的价值增值。破除地理界限,跨越时空和文化差异,有助于全球市场的开拓。用"无边界组织"的方法和思维模式,模糊组织边界,才能应对不断变化的客户与环境。传统企业靠严格的边界制胜,而当下和未来的企业则要靠无边界赢得竞争。当然,无边界并不是彻底消除边界,而是用一种动态的思维方式去建构组织边界,增强组织的弹性、灵活性和创新性,以适应后工业化社会的要求。

现代组织理论是建立在工具理性基础之上的,试图通过制定规则来合理构建组织秩序,严格控制组织的各种输入,减少不确定性,以此实现组织的预期绩效目标。而后现代组织理论认为,现代组织理论这种以理性为基础进行组织设计的思想在后工业化社会不仅使组织失去了灵活性、适应性和多样性,而且严格控制也未必减少不确定性,甚至出现“符合规则的噩运”,因为既定的规则会由于有限理性的约束出现偏差。正因为如此,后现代组织理论要解构组织原有的牢固结构,模糊边界,强调自治。后现代组织理论的主要目的是颠覆现代组织理论,但是它的理论建构似乎停留在各抒己见的碎片化状态,没有形成统一的理论内核和完整的理论体系。但其价值在于开启了针对后工业社会的思维革命,首要任务旨在打破组织管理中理性主义的绝对支配,进一步地,我们可以从后现代组织理论与现代组织理论的纷争中对组织结构的重构得到有益的启示:理性与非理性、结构与解构、控制与自治、边界的确定与模糊并不是完全对立、互不相容的,后现代组织治理中依然存在着理性空间,它们的对抗和融合是有效维持组织成功的保证。

第三章

权力及合法性的理论阐释

权力与合法性是本书研究的核心概念。权力无处不在,从国家权力到组织权力,权力是国家、社会、企业有效治理不可或缺的关键要素。对权力的关注始于政治系统,然后逐步扩展到各类组织,可以说权力的分布如同网状一样,遍布社会的各个领域。早期人们对权力的理解总是与强制性联系在一起,体现权力主体的意志。但是随着时代的发展,来自权力客体的态度和行动备受关注。权力合法性是反映权力客体对主体权力的价值判断,只有得到权力客体认同的权力才具有合法性。权力理论是丰富的,服务于本书的研究目的,首先需要厘清一般意义上的权力与合法性的理论内涵及其相互关系,为本书研究构建企业权力合法性的理论框架和分析企业组织演变的合法性逻辑提供基本理论前提。

第一节　权力与权力关系的一般理论

权力作为组织中的核心要素,对于组织活动的成效具有至关重要的影响。学界对于权力的研究由来已久,因为权力无所不在,权力产生于人与人的关系之中,是调节组织平衡不可或缺的力量。纵观现有的权力理论研究成果,可以发现在不同时期学者们对于权力研究的侧重点不同。

一、权力理论研究溯源

权力现象是自然而又普遍存在的现象,学界对权力的研究成果颇为丰富。学者们从不同角度去思考权力现象,分别从权力的起源、形态、层次、权力关系等多方面探索研究权力问题,呈现出丰富的内容。以下沿时间的脉络对权力理论进行综述和评价。

1. 古典权力观

"权力"一直是政治学研究的重要范畴,最初出现的权力形式表现为国家权力,这可以从霍布斯的《利维坦》一书中知晓。"利维坦"是霍布斯为中央集权形成的强制性权威所起的名字。在国家出现之前,人类生活在霍布斯所假定的自然状态中,没有实施合约的权威,个体为了私人利益会相互攻击,人类社会因此处于持久的战争状态。"很明显,在人们尚未拥有一个人人敬畏的公共权威,他们所处的境况就是战争,这种战争是所有人对所有人的战争。"①这种战争状态使人人都深感恐惧,从而宁愿放弃自由,所有人同意立约建立一个主权者来代表所有人行使权力,约束人们的行为,停止相互使用武力进行残杀,提供人们一个和平的环境。这个主权者就是国家的人格化,霍布斯把它称为"利维坦"。由此可见,在霍布斯的理论中,权力最早是作为一种支配人们行为的强制性力量而被认识的,而且权力产生于人们订立的合约,通过立约以放弃个体的自由来建立国家,拥立公共权威,以消除混乱、相互攻击的战争状态。因为国家权力具有威慑力,社会才能安宁。霍布斯首创权力的契约论,君权不是来自神授,而是来自契约,人民把自己拥有的自然权力交给国家,国家应该保护人民,人民不能违背契约,服从国家权力是人们的义务。霍布斯也认为,"利维坦"不能为所欲为。霍布斯是从宏观上来理解权力的,把权力看作国家的统治工具。古典权力观最为关注统治权,持类似观点的还有霍布斯之前的柏拉图、亚里士多德,之后的卢梭,再到马克思主义的国家学说等,他们都将权力置于国家的视野中进行研究。因此政治

---

① 〔美〕盖瑞·J.米勒.管理困境:科层的政治经济学[M].王勇等译.上海:上海人民出版社,2002:71.

统治权一直成为西方权力理论的核心内容,构成权力理论研究领域的"话语霸权"。

2. 现代权力观

不同于古典权力观,现代权力理论将权力研究范围拓展到了除政治领域之外经济、社会、文化等领域,丰富了权力的内涵。现代权力理论将权力的研究视野置于更具一般意义的组织之中,不仅仅局限于国家这样的政治组织。因为在人类现代生活中,组织是整个人类社会构成的基本单位。人类为了满足自身利益的需要,仅仅靠个体的力量是无法实现的,需要通过集体行动来完成。巴纳德认为组织是一个协作的系统。因为只有通过组织成员的相互协作才能解决集体行动的诸多困境,从而实现组织目标。随着组织目标的达成,个体目标也得以实现。因此,为了保证组织成员的相互协作,就必须依靠一套权威与控制系统进行协调与管理,权力必然成为整合组织内部力量与维持组织系统秩序的强有力工具。对于现代组织中的权力进行系统研究影响力最大的学者当属马克斯·韦伯,他建构的官僚制组织结构模式成为现代组织的权力来源。组织权力来源于组织内部层级结构关系。根据官僚制组织的设计原则,权力产生于组织的正式结构,派生于岗位的权力是"合理-合法"的,法理型权威成为现代组织长期稳定的权威的基础。权力关系是一种支配性关系,在官僚制组织中,权力依附于岗位,不同层级的岗位形成权力的等级序列,上级管理下级,下级服从上级,权力的控制特征显著。从韦伯的权力来源观可以看出:权力不是个人行为,而是涉及他人的一种社会关系和社会行为;权力由主体、客体、意志和强制四要素构成,尤其是意志强加于他人的能力被韦伯视为权力的本质特征。与韦伯的理解相类似,彼得·布劳认为,"权力是个人或群体将其意志强加于其他人的能力。尽管有反抗,这些个人或群体也可以通过威慑这样做,威慑的形式包括:撤销有规律地被提供的报酬或惩罚。"①我国学者严家其进一步指出,在有自己的意志,并能做出一定行为的人们之间,可以发生三种不同的关系:"命令服从关系"、"协商合作关系"和"冲突关系"。在这三种关系中只有命令服从关系才是权力关系。②

韦伯等人都把强制性作为权力的重要特征,对此有学者表示了不同的看法。罗伯特·达尔的《现代政治分析》一书中,达尔将权力扩展为一种影响力来理解。他解释道:权力概念是政治分析的中心,而权力、控制、影响力、权威、说服、强制等又是模棱两可的,为方便起见,我们不妨称这些词为"影响力"术语,达尔把权力归结为影响力。又如丹尼斯·朗指出"权力是某些人对他人产生预期效果的能力"。③ 对于什么是影响力,西方学者们存在着认识上的分歧,分歧的关键在于是否应该把强制的关系与行为纳入影响力的范围之中。一种观点是将强制作为影响力的一种形式,而另一种观点是将影响力理解为非强制性的力量,也就是说不带有任何威胁的成分。如通过受训控制、说服和诱导等手段施加影响。正是由于对影响力理解的不一致,所以许多学者反对直接用影响力去界定权力,而把影响力作为一个重要因素去分析权力。随着后现代社会的来临,人们越来越倾向于将权力作为影响力来看待,因为人与人之间关系更趋于平等,人们的行为逐步打破了那种自上而下的权力等级关系网络,将权力理解为影响力的观点就是这种社会状况的反映。在传统社会及工业化社会中,人们的自主意识和权利意识薄弱,强制、暴力、惩罚、威胁等几乎成为权力的代名词,而在后工业化社会中,这种情形有了根本性的改观。建立在平等基础上的后现代性权力成为社会权力运行的主流,出现非强制

---

① ［美］彼得·布劳.社会生活中的交换与权力［M］.北京:华夏出版社,1988:137.

② 严家其.权力与真理［M］.北京:光明日报出版社,1987:2.

③ ［美］丹尼斯·朗.权力论［M］.陆震纶等译.北京:中国社会科学出版社,2001:3.

性权力对强制性权力越来越多地否定与替代。

3. 后现代权力观

在现代权力理论中可以明显看出,权力是单向的,是上级对下级行使权力,是命令—服从关系,虽然有学者用影响力界定权力,但是并未成为对权力界定的主流话语。随着后现代社会的到来,对古典和现代权力观的宏大叙事和权力的单向性提出了挑战,这以福柯的微观权力论为代表。首先强调权力的微观性。将现代权力比作毛细血管状,它深入社会有机体最细微的末端,可以说权力就是这样一个无所不在的网络,任何人都不能超脱于这个网络,家庭、学校、军营、精神病院、监狱,甚至人文科学的形成,无不体现着这种权力的运作。其次,权力体现一种关系。与传统的君权相比,现代权力已经没有了令人震撼的暴力,不是国家或君主对个人实行的自上而下的统治方式,而完全变成了自动运作的,体现为纪律和规范的形式,福柯称之为"规训权力",即通过社会规范、政治措施来塑造人,把一个生物人整合成符合各种社会规范的"正常"人,框定在权力的结构之中。在权力关系中很难完全区分出权力主体与权力客体,因为他既是维护社会的正常秩序和契约的主体,同时又是受这种规训权力约束和塑造的客体。再次,权力与知识的共生同谋。与传统权力观认为权力与知识是对立关系的观点不同,福柯认为知识是权力运作的一个前提条件和重要产物。任何一种权力关系的运作都离不开一种知识的介入:一方面,知识为权力运作提供了必要前提,权力借助知识规训个体;另一方面,权力和知识的结合是现代社会获得权力合法性的重要根源。福柯的权力理论拓展了我们对权力的理解,他主要探讨权力关系得以发挥作用的场所、方式和技术,他的权力理论对人文研究具有重要的现实意义。

古典权力观、现代权力观和后现代权力观,给我们展现了权力理论的研究谱系,从统治权力的宏大叙事,到微观的组织权力、个体间权力关系,从权力的单向性到互动性,从权力与知识的对立到两者的共生，由此可以看出，随着时代的变迁，权力的特性也在不断地发生变化，权力的运作范围在扩展，权力的形态出现多样化，权力运作的效果也越来越受到重视，

二、权力的特性

从上述对权力理论的研究溯源可以看出，权力具有特殊的内在规定性，而且其内在规定性会随时代变迁而发生变化，呈现出明显的相对性特征。为了本研究的需要，有必要对权力的相对性特性进行系统梳理和较为深入的分析。

1. 权力强制的相对性

首先，围绕"权力"，从古到今一直争议颇大的重要问题之一是强制是否应该作为权力的根本特征。有些政治学家们虽然还没有直截了当地将"权力"与"强制力"这两个术语等同划一，但却把强制性视为权力的本质特征。反之，另外也有学者则把强制作为权力概念的内涵之一，权力还包括了影响力等方面。为了弄清这一问题，必须先对强制的概念作一剖析。强制在某种意义上可以看作是与自由相对立的范畴。自由是指人的行为不受约束的状态，但在现实中这种无拘无束的纯粹自由是不存在的。早在两千多年前亚里士多德就已指出，那种把自由当作"人人各行其意愿"的观念是一种"卑劣的"自由观，真正的自由是受城邦生活规则约束的法律的自由。洛克是资产阶级自由主义思想的始祖，他的自由主义思想的核心就是法律的自由。卢梭也指出："唯有服从人们自己为自己所规定的法律，才是自由。"西方思想家们对自由的理解给我们的启示是，应该从自由与法律的统一中去理解自由。对于自由，除了法律、制度的限制，还有伦理、道德、习俗和规则等的限制，来自法律、规则的限制具有外在的强制性，而伦理道德的限制则是非强制性的，属于自律行为。通常讲权力的强制性是来源于法律、组织的规章制度。但是，制度性强制并不是自由的敌人，如果在一个组织中，人人各行其是，甚至影响别人利益，那么组织将陷入混

乱无序的状态而无法正常运作,组织成员的自由也无法得到保障。为此,组织的稳定和秩序必须借助权力的外在强制来约束人们任性的放纵的自由,因为仅仅靠个体内在的自律是不够的,只有通过强制建立良好的秩序,才能保证人们享有安全的真正意义的自由。

强制性一直以来都作为权力最本质的特征,而且早期的强制性手段总是与暴力、对人体的摧残联系在一起,因此更进一步强化了人们对于权力强制性的认识。但是在现代社会中,权力的强制手段和程度都较传统社会有了很大的不同,过去那种依靠物质暴力的强制手段已得到了严格的控制,甚至被禁止,现代社会主要是采用各种规范性的强制手段来达到使他人服从的目的,而且强制的程度也相对缓和。因为随着社会的进步,人们受教育程度普遍提高,民主意识日益增强,权力主体越来越意识到使用强制的物质暴力手段常常不能达到预期的效果,甚至适得其反,而通过协商、说服、意识形态的同化、利益的诱惑等温和的手段却能够赢得更广泛的忠诚和支持。虽然权力强制手段发生变化,变得越来越温和,但不能因此否定权力的强制性,只是以一种隐性的方式而存在,让权力客体认为理所当然,这就是现代组织权力合法性的重要基础。

现代组织中的权力如同一枚硬币,一面是强制,另一面则是合作、妥协、团结和互利。官僚制组织的权力关系在外部规则体系下形成的支配关系,服务于管理和控制目的,因而带有强制性。但是有学者研究发现,韦伯对于权力性质的认识局限于表面上,只看到了支配性权力关系,由于没有深入权力关系的内部进行考察,因而忽视了官僚制组织中的交换性权力关系。克罗齐耶与费埃德伯格(1977)通过透彻的逻辑推演与理论分析,发现了权力的交换性特征[①],交换性权力关系产生于个人能力、专长、财富、声望等。因此,官僚制组织中的权力关系不仅仅包含表面上的支配性特征,其

---

① [法]米歇尔·克罗齐耶.埃哈尔·费埃德伯格.行动者与系统:集体行动的政治学[M].张月等译.上海:格致出版社、上海人出版社,2017:39-40.

深层次的最为普遍意义上的是为解决共同问题而在一定条件下达成共识的交换性权力关系。官僚制组织的建构逻辑构成了现代组织权力的强制性特征,但是随着资本逻辑、知识逻辑在组织活动中的不断渗透和扩张,势必和科层权力进行交换与结合,弱化权力的强制性,这就会引起组织结构变革。

综上所述,在权力关系中尽管存在权力主体对权力客体所拥有的单方面的支配能力、权力客体对权力主体的依赖与服从,这种权力格局在传统思维中无疑是普遍的认知,但是随着时代的变迁,权力发生的逻辑开始变化,从结构的逻辑到资本和知识的逻辑,而且客体对权力的认知从"权力本位"转向到"权利本位",导致权力的支配性特征弱化,交换性特征增强。因此,权力的强制性与非强制性统一于组织权力之中。

2. 权力关系的相对性

权力存在于人和人的相互关系中,单独的个人无所谓权力,一群互不相关的人们也不存在权力关系。自霍布斯以来,权力分析似乎就只考虑一种权力关系,那就是将权力看作权力主体对权力客体的支配和控制,以往的控制以暴力手段为基础,后来推进到以规则为依据实施控制,这样的权力关系反映的是构成权力关系的双方之间地位是不平等的。处于控制的一方称之为权力主体,另一方就是权力客体,权力主体可以违背权力客体的意志行事,而权力客体不得不服从。因此,单向性是权力关系的又一个重要特性。作为一种支配力量,现代权力是以制度的形式规定下来,各种权力的行使都必须有相应的资格。但是,我们并不能因此就将权力关系视为一种固定的单向式的关系,事实上,权力关系是一种动态的、不断发展的反馈式的关系。这是因为,一方面,对权力关系不能一概而论,即只从宏观性、集中性和结构性角度去考虑支配性权力,支配性权力关系是自上而下的单向权力关系,但是权力关系中还存交换性关系,由于资本和知识的介入,原有的支配性权力被削弱,权力会产生于组织的较低层级,出现权力自下而上的运动,颠覆了权力运作的单向性;另一方面,按照福柯微观权力的观点,权力无所不在,无处不在,呈网状分布,权力触角深入社会肌体的各个角落,权力的形态复杂多变,正是从这个意义上讲,福柯指出,"权力来自下面"。福柯的微观权力说丰富了对权力关系的理解,克服了对权力关系理解的单一化倾向,有助于人们以多层次、全方位、跨领域的视角来认识现代社会中的权力关系,了解权力运作的特点,提高权力的运作效能。

3. 权力的工具性与价值性

克罗齐耶和费埃德伯格认为,一切组织都是作为权力关系整体而形成的一种结构,结构意味着存在、创立和再生产权力。官僚制组织为了追求组织运作的专业化和高效率,在组织结构设计时采取"价值中立"原则,体现非人格化的倾向,认为只要排除了人的情感因素干扰,便会产生高效率。正如古典组织理论所阐述的,组织结构就是技术的逻辑和效率的逻辑,组织被工具化了,个体进入组织中,因承担职能的不同被分配到组织中的不同职位,职位的等级差别形成了组织中的权力关系,上下级关系的明确进一步加强了组织控制,在这一过程中组织中的人也被工具化了,作为组织这台机器的一个部件而存在并发挥作用。在面对组织内外环境较为稳定的状态时,组织结构设计的科学化、非人格化、制度化,可以确保组织获得最大效率。但是随着环境的变化,这种渗透着工具理性逻辑的组织设计理念将导致整个组织陷入形式化、抽象化和低效率。因此,在后工业化社会来临之时,官僚制组织结构备受诟病,其根本原因在于它秉承的工具理性导致了人的异化和权力的异化。人性的异化表现在官僚制权力控制的精确性、纪律的严格性,而忽略了人的道德、伦理、情感等价值理性。人沦为了机器的附庸,成为机器臂、传动带上的机器手。人性被疏离了,人性的异化不仅导致人的精神层面出问题,而且导致在组织活动中人没有积极性和创造性,毕竟组织是人的结合体,作为权力客体的人的情感等价值因素不应被排除在外,而且创造性不能够通过规则的约束产生。

权力的异化表现为权力成为权力主体的个人化,也就是成为权力主体谋取私利的工具。为了抑制权力的异化问题,官僚制组织通过严格的"非人格化"的制度对权力主体行为加以约束,加大对违规者的惩罚力度。但是,由于信息不对称,导致制度的监督不完全,制度约束的成本高昂,而且权力主体特别是高层领导者通常是规则的制定者,因此,这一控制的实质是领导者权力个人化,他们滥用职权为自己谋私利,这就是在现实社会中常见的权力腐败现象。人们一般只关注行政系统的政府公权力腐败现象,其实在非行政的组织中,管理者的权力也是属于公权力,也一样不乏权力滥用问题,既让股东利益受损,又侵害了组织成员的利益。因此,需要引入道德理念与伦理规范的约束弥补制度约束的确实,不能一味地任由工具理性膨胀,就会导致权力异化。在后现代社会,源自职位的权力缺口会越来越大,填补这一缺口的将是知识,权力与知识结合,由此会消解传统权力赖以生存的土壤,以往那种基于制度主义逻辑建构的权力,会转向知识逻辑的建构,但是不会完全取代基于结构的权力。同时,伦理、道德等价值因素日益渗透于组织管理中,组织管理越来越趋向于人性化管理,从工具理性至上转向工具理性和价值理性并举,这在很大程度上缓解了组织中的人的异化问题。

为了解决权力的异化问题,学者们进行了长期的探讨,提出了权力控制权力、规范权力的办法。一方面依法控制权力,避免在"人治"条件下权力行使的随意性;另一方面借助于整个权力体系中若干权力的相互制衡来保证权力的良性运作。除此之外,从政治权力是为了公民权利而存在的观念出发,并随着组织成员的民主意识日趋增强,以权利制约权力成为解决权力异化问题又一重要途径。公民权利被看作是政治权力存在的合法性依据和基础,这是因为,权利和权力的目标皆为利益,在利益一定的条件下,权利和权力的行使将相互限制和彼此制约。权力的正常行使就是对权利的合理限制和保护；反之，权力的非正常行使则会造成对权利的侵害。于是以权利制约权力成为解决权力异化问题的价值基础和根本路径。

三、权力的类型

从对权力理论研究溯源到对权力特性的分析，可以看出有关权力研究的内容是非常庞杂的，存在研究层次不同、研究领域不同、来源不同等，因此出现了形态各异的权力形式，学者们根据自己的研究经验，从不同角度对权力类型进行了划分，其中比较有代表性的权力类型具体如下：

其一，从权力运作的空间来看，可以划分为宏观权力和微观权力。权力研究历来是与政治统治联系在一起的，国家、政府作为权力的主体，这就是宏观权力。古典权力理论只考虑这种总体性、集中性的权力，即政治统治的权力。现代权力理论首先将权力研究置于国家行政系统中，官僚制组织开始引入就是将其作为政府行政系统的理想结构加以运用，后来相继被大公司所模仿。当然，现代权力理论的研究没有止于宏观层面的权力，而是将研究范围扩展到微观领域，如企业组织的权力。因为现代社会的组织化程度很高，组织是社会的基本单元，组织活动需要依赖权力进行协调和控制。后现代理论反对权力的国家中心论，特别是在现代社会实践中，权力已经渗透到社会的方方面面，福柯权力理论研究的重点是各种微观层次的权力，这些微观权力散布在社会的细枝末节，如同毛细血管。一个社会既存在占突出地位、备受瞩目的国家权力，又存在无数微观的权力，构成了权力的复杂体系。

其二，从构成权力的合法性基础来看，韦伯区分了三种权威类型：传统型权威、魅力型权威与法理型权威。在此韦伯没有直接用"权力"这一概念，他使用的是权威的概念。严格地讲，权威不等同于权力，权威的实质是被接受的权力、具有合法性的权力。传统型权威的合法性源于人们相信统治者的权力来源符合传统，如世袭王侯统治权力。魅力型权威的合法性源自统治者个人的特质,如英雄气概、领袖气质、经验、智慧、凝聚力等。法理型权威的合法性在于"合理—合法",韦伯认为法理型权威是现代组织权力的基础,有助于保证组织权力更替的稳定性。

其三,从权力产生的来源看,权力可以产生于结构、暴力、财富、知识等多种因素,但组织和制度是最重要的权力来源。古典组织理论的代表人物之一法约尔将组织中的权力区分为制度权力和个人权力。制度权力是指权力产生于由劳动分工所形成的组织中的各种正式职位,也就是说组织(制度)是正式权力的重要来源,一个人之所以拥有权力是因为处在恰当的位置上。董事长、总经理和部门经理之所以有权力,是因为他们处在一个组织的等级结构中的相应职位上,正是这些组织中的正式职位赋予了他们相应的权力,人们常常把这种权力称为职权。个人权力是指权力产生于个人的特质,这些特质包括了个人的财富、道德品质、学识、个性、经验。制度权力和个人权力既有区别,又有联系。区别在于不仅两者产生的来源不同,而且存在的范围也不同,制度权力只能存在于正式组织中,而个人权力既可以存在于正式组织中,又广泛地存在于非正式组织中,非正式组织中的核心任务拥有的只是个人权力而非职权。制度权力和个人权力的联系是,在正式组织中个人权力是履行制度权力的有益补充,具有个人权力的管理者,他的实际权力远远超过他的职位所赋予他的权力;相反,不具有个人权力的管理者,在工作中他的权力常常会被架空。组织中的权威不仅指"合法化"的制度权力,还包括由于个人的特殊才能、专长、品格或做出的贡献而形成的一种威望。

其四,从权力的作用方式和手段看,权力主体为了达到其目的往往采取各种手段,如惩罚、说服、价值观念的同化等,这些手段基本上可以归结为两大类型:一类是强制性的手段,另一类是非强制性的手段。所谓强制性手段是指权力行使过程中只从权力主体本身的意愿出发而不顾权力客体的抵触。权力主体既可以违逆权力客体的意志而行事,确定权力客体必须做什么,这种形式的权力是以意志的相互抵触为前提,权力的强制性特点表现得最为明显;又可以通过事先的努力来确定权力客体的决策可选空间,以至于某些选择根本就不可能被列入权力客体的决策选择空间,这样权力主体不愿意看到的行为将不会出现,实际上是权力主体确定权力客体不能做什么。这种形式的权力将权力双方的对立抵触掩饰了起来,然而敏感的人们仍然可以感觉到权力的征服。对权力主体而言,重要的是权力的行使能达到预期的效果。但是强制与有效两者之间往往不是正相关的。一般来说,过分使用强制性权力会造成相反的效果,甚至导致组织原有权力关系的崩溃。惩罚的频度越高,服从就越不可靠,权力就越缺少合法性。所以,在现代社会中,权力主体更多地通过非强制手段,如不断的灌输、教育、宣传、诱导等方式来影响权力客体的思想、价值观,使之产生认同感。相应地,服从权力主体的统治理所当然,权力客体会自觉自愿地将自己的行为纳入"正常"的轨道,权力主体最希望获得的是这种能够设定"正常"轨道的权力,这就是合法性的权力。罗伯特·达尔在《当代政治分析》一书中说:"政治体系中的首领们通常宣扬一套理论主张,用以说明他们在这一政治体系中的领导是合理的。这样做的目的是,通过理论的论证以赋予他们领导的合法性,使他们的政治影响力成为权威。"[①]人类历史上的无数事实证明,为了有效地行使权力,领导者确立自己的"权威"是极为重要的。

上面列出的几种有代表性的权力分类法并不是彼此割裂的,而是相互交叉和相互联系的。例如,韦伯的权力分类与法约尔的两种权力类型存在相通之处:个人魅力型的权力就是个人权力,而法理型权力就是制度权力。强制性权力属于制度权力,非强制性权力是权力主体往往通过意识形态的灌输,借助于舆论的力量、道德的约束等来获得权力客体的支持,是强制性权力的有益补充。

---

① 转引自严家其.权力与真理.[M].上海:光明日报出版社,1987:9.

第二节　权力的合法性及合法性基础

在西方政治学的早期语境中,合法性一般是指民众对国家权力的认同。只要涉及国家权力,就会面临合法性问题,因为被统治者会质疑统治者"为什么他们能统治我们",而统治者中也会产生"我们为什么能统治他们"这样的困惑。合法性问题的实质就是政治统治的依据问题。西方学者构建了系统化的合法性理论,在中国传统文化中,很少有学者专门研究政治合法性问题。尽管在中国传统哲学思想中有些零星的论断类似西方政治合法性的内涵,如子路问政,子曰:"足食、足兵、民信矣。"此三者中,民信最不可或缺。"民无信不立。"《尚书》中的"天命"观、荀子的"水能载舟、亦能覆舟"等,但是终究缺乏系统性研究。因此,通过对西方合法性理论的梳理与思考,对本书阐释、分析合法性的概念和基础有着重要的启示意义。

一、合法性的概念

从对"合法性"一词寻本溯源的学者提供的信息看,合法性一词最早出现在中世纪,而"合法的"概念在古拉丁文中就有了。"合法的"最先仅仅指合乎法律。当"合法性"第一次在中世纪的文件中使用时,仍然保留着"与法律一致"这一含义。但是,学者们对"合法性"的认识没有止步于法律层面,在西方学界合法性最早被作为一个政治议题加以研究。早在古希腊时期,柏拉图、亚里士多德等先哲将正义、美德等价值及伦理规范作为政治统治合法性的标准,近代的卢梭、洛克等以社会契约与合乎公意等原则来探讨合法性,现代的马克斯·韦伯率先对合法性做出了系统且影响广泛的理论阐释,韦伯基于理性经验主义对统治类型及其合法性所做的研究成为现代合法性理论的基石。伊斯顿、帕森斯、阿尔蒙德、李普塞特、亨廷顿等学者也从不同角度对合法性理论进行了阐释、完善。哈贝马斯则将前人对合法性的分析归纳为经验主义和规范主义两类,在对两种类型的研究进行反思和批评的基础上,他提出了"重建性的"合法性概念。

合法性研究成果众多,首先需要弄清合法性的概念。从古到今,学者们从不同角度给出了自己的定义。亚里士多德认为:"一种政体如果要达到长治久安的目的,必须使全邦的人民都能够参加而且怀抱着让它存在和延续的意愿。"①这就是政治合法性最普遍的解释。马克斯·韦伯指出:"任何统治都企图唤起并维持对它合法性的信仰。"②他认为合法性具有两层含义:一是被统治者对统治的接受和认同,二是统治者权力具有正当性。伊斯顿主张要从被统治者对政治系统支持的动机不同去分析合法性问题,他认为系统成员对政治系统的支持可区分为"特定支持"和"散布性支持"。特定支持是由某种特定诱因引起的,如物质利益的满足可以产生这种支持;散布性支持主要来自成员对政治系统的合法性信仰。进一步地,戴维·伊斯顿解释道:"对合法性的信仰之所以成为统治最稳定的支持是由于它不受任何特定诱因或报酬而变化。"③阿尔蒙德认为:"如果某一社会中的公民都愿意遵守当权者制定和实施的法规,而且还不仅仅是因为若不遵守就受到惩罚,而是因为他们确信遵守是应该的,那么,这个政治权威就是合法的。"④二战以后,利普塞特的合法性理论引人注目,他认为:"任何政治系统,若具有能力形成并维护一种使其成员确信现行政治制度对于该社会最为适当的信念,即具有统治的合法性。"⑤

---

① 亚里士多德. 政治学[M]. 吴寿彭译. 商务印书馆,1996:188.

② [德]马克斯·韦伯. 经济与社会(上卷)[M]. 林荣远译. 北京:商务印书馆,2006:239.

③ [美]戴维·伊斯顿. 政治生活的系统分析[M]. 王浦劬译. 北京:华夏出版社,1998:335.

④ [美]阿尔蒙德. 比较政治学:体系、过程和政策[M]. 上海:上海译文出版社,1987:35-36.

⑤ [美]利普塞特. 政治人[M]. 张绍宗译. 上海人民出版社,1997:55.

　　上述以韦伯为代表的合法性理论是将合法性构筑在单纯的经验分析和心理认同的基础之上,哈贝马斯将此称为经验主义合法性理论。在西方马克思主义学派中,哈贝马斯对合法性理论研究的贡献最大,尤其是他关于晚期资本主义国家的合法性危机理论在当代西方政治学界颇有影响。哈贝马斯将历史上的合法性理论分为两种类型:经验主义合法性理论和规范主义合法性理论。经验主义的合法性概念是"一种统治规则的合法性仍是根据那些隶属于该系统的人对其合法性的相信来衡量,这是一个'相信结构、程序、行为、决定、政策的正确性和适宜性,相信官员或国家的政治领导人具有在道德上的良好品质,并且应该借此得到承认'的问题。"①这种经验性的合法性概念主要是从关于有效性的系统论根基中抽象出来的。规范主义的合法性概念是建立在价值判断基础之上的,苏格拉底的正义理论就是一种规范主义的合法性概念。规范主义的合法性概念具有价值绝对主义的性质,即把某种永恒的美德、正义、公意等价值规范作为合法性的基础,而不是建立在权力客体认同和服从的基础上。哈贝马斯认为上述两种合法性概念都有其片面性。经验主义的合法性概念实际上将有效性作为合法性基础,但缺乏对有效性基础的说明,陷入了"历史解释的无标准性";而规范主义的合法性概念,完全排斥了权力客体的认同,仅仅寻求一种合法性的永恒的正义基础和标准,陷入了"价值上的绝对主义"。② 因此,哈贝马斯试图把两者有机结合起来,形成自己的"重建性"的合法性概念,他的合法性理论被称为重建主义合法性理论。哈贝马斯认为合法性意味着某种政治秩序被认可的价

---

　　① 陈炳辉.试析哈贝马斯的重建性的合法性理论[J].政治学研究,1998(2):82-85.

　　② 陈炳辉.试析哈贝马斯的重建性的合法性理论[J].政治学研究,1998(2):82-85.

值。① 哈贝马斯的合法性概念坚持了经验性和规范性的统一。

我国学者杨光斌总结了西方语境中合法性所包含的内容:法律性(政权来源)、有效性(政府政绩)、人民性(政权主体)和正义性(道义)。② 但是赵鼎新对此提出质疑,认为法律性和人民性这两点值得商榷,他认为需要补充"潜规则"程序,虽然"潜规则"并没有明文的法律保障,他认为对一些官员的选拔与任命会有些不成文的潜规则,"人民"从头到尾也没有加入这一政治过程,但是在走程序的过程中合法化了。如美国总统任命大法官。

综上所述,合法性是政治学领域的核心议题,但围绕合法性的理论争议一直存在,也很难准确界定其概念,对此,亨廷顿曾坦言合法性是政治分析家们极力避免的含混概念。但是,合法性概念还是莫衷一是,原因是学者们试图从分析纷繁的合法性依据中去理解合法性。尽管如此,本书认为合法性的实质早已在学界达成共识,即合法性意味着被统治者对统治者权力的价值认同和服从,如果结合各类合法性的依据来看,合法性是一个融合了价值理性和工具理性的综合概念体系。

二、合法性的基础

合法性的实质是价值认同问题,不仅需要探讨政治统治所依据的原则、理念等问题,而且要探讨政治统治如何更好体现原则、理念和价值的问题。韦伯认为合法性不存在有无问题,任何统治权力都有合法性。因此,合法性只存在强弱问题。如果被统治者内心高度认同、积极支持,就表明政治统治的合法性很强,反之,被统治者被迫接受、不予支持甚至加以抗拒,就表明政治统治的合法性很弱,政治统治面临合法性危机。合法性危机是哈贝马斯研究

---

① [德]尤尔根·哈贝马斯.合法化危机[M].刘北成等译.上海:上海人民出版社,2000:92-93.

② 杨光斌.合法性概念的滥用与重述[J].社会科学文摘,2016(10):39-41.

晚期资本主义时提出的概念。一旦遭遇合法性危机,就会导致政局动荡,甚至遭受颠覆的命运。因此,任何政府都十分重视合法性建设,使民众相信其统治的正当性和合理性。正如阿尔蒙德所说:"事实上所有的政府,甚至最野蛮、最专制的政府,都试图让公民相信,他们应当服从政治法规,而且当权者可以合法地运用强制手段来实施这些法规。"①合法性是政治统治的核心议题。那么如何才能使民众真正心悦诚服地服从政治权威,以达到政治秩序的稳定和谐呢? 这涉及合法性的来源问题,即合法性的基础究竟是什么。

率先对政治统治的合法性基础进行研究的是卢梭,在其《社会契约论》中有一段名言:"人是生而自由的,但却无往不在枷锁之中。自以为是其他一切主人的人,反而比其他一切更是奴隶。这种变化是怎样形成的? 是什么才使这种变化成为合法的?"②卢梭此意是要解决政治统治的合法性基础问题。按照他的理解,人民的公意是政治统治合法性的唯一基础,也就是说,唯有人民才能决定由谁来统治他们,即所谓他的著名论断——"主权在民"。主权是公意的具体表现,最高权力就是人民的公意。对于什么是公意,卢梭的解释是:"公意只着眼于公共的利益,而众意则着眼于私人的利益,众意只是个别意志的总和。"③公意如何产生,它是在共同体中个别意志正负相互抵消的基础上形成的,公意永远是正确的,公意指导着国家的各种力量。谁不服从公意,共同体就要强迫他服从。在实践中,公意就是大多数人的利益,是对有冲突的少数人利益的剥夺,也就是说公意的产生是通过强制实现的,是对个人自由空间的毁灭。显然,这里出现了理论上的悖论:强制的合法性。卢梭的强制合法性不仅在理论上是自相矛盾的,而且在实践中导致了法国大革命激进的恐怖,即多数人对少数人的暴政。于是,人

---

① [美]阿尔蒙德. 比较政治学:体系、过程和政策[M].曹沛霖等译.上海:上海译文出版社,1987:184.

② [法]卢梭. 社会契约论[M].何兆武译.北京:商务印书馆1996:8.

③ [法]卢梭. 社会契约论[M].何兆武译.北京:商务印书馆1996:39.

们开始对卢梭的合法性理论进行反思，结果是完全否定了他的公意理论。所以，尽管当今人们使用"合法性"一词最初源于卢梭，但合法性的内涵和基础已与卢梭的阐释相去甚远。

卢梭之后，韦伯系统地阐明了合法性的基础并上升为理论高度。他认为，统治的合法性通过两种基本方式得以获得：一是纯粹主观的方式，如感情、信仰等；二是对特定外部效用的期望，也就是客观利害关系状态的影响，包括习俗和法律的作用等。在此基础上，韦伯将统治的合法性基础归结为三类：传统基础、超凡魅力基础和法理基础。与此相适应，产生三种权威类型：传统型权威、超凡魅力型权威和法理型权威。韦伯进一步指出，这三种合法统治的基础都属于纯粹的类型，它们从来没有在国家发展的任何历史阶段以纯粹的形态出现过，所有现实中的统治形式都是几种权威类型交织在一起。韦伯的合法性理论是最受研究者关注的，中西方学者在探讨合法性理论时往往从引用韦伯开始，韦伯关于合法性的分类对后来学者有很多启迪。但是，也有学者从不同角度质疑韦伯对合法性的分类存在问题。哈贝马斯批评了韦伯的经验主义的合法性概念只是将民众的相信、赞同与否的经验依据作为合法性的基础，缺乏对民众赞同、认可依据的说明，拒绝价值追问，从而陷入了"历史解释的无标准性"。赵鼎新认为韦伯的合法性分类体系不完全符合正交性和完备性两个特征，从正交性来看，传统合法性与魅力合法性同属于特殊类型的价值观和信仰；从完备性来看，韦伯的分类体系中缺少人们对更广义的意识形态的信仰和服从，韦伯的法理合法性定义忽视了在法律和行政原则之外的被广为遵循的潜规则，以及国家提供公共物品的能力也应该是合法性的一个重要来源。[①]

当代政治学家戴维·伊斯顿继承和发展了韦伯的合法性理论。他把合法性的来源归结于意识形态、结构和个人品质三个方

---

① 赵鼎新.国家合法性和国家社会关系[J].学术月刊,2016:10-12.

面。意识形态是具有符号意义的信仰和观点的表达形式,它以表现、解释和评价现实世界的方法来形成、动员、指导、组织和证明一定的行为模式或方式,并否定其他一些行为模式或方式。[①] 正因为如此,意识形态的灌输或说服往往成为政治权力取得合法性的有力工具,它解释历史,说明现实,并设想未来。意识形态既可能是关于政治生活的骗人神话,也可能是现实的估价和真诚的渴求,无论哪种形式都有助于培养人们对于政治权威和体制的合法性情感。[②] 结构作为合法性的源泉意味着通过一定的政治制度和规范使掌权者的统治获得合法性,也就是合法的政治结构能够赋予其统治者合法的地位。个人品质作为合法性的基础是指统治者个人能赢得大众的信任和支持。统治者本人之所以会得到人们的认可,按照韦伯的解释是因为统治者具备超凡魅力,即领导者有一种真正的召唤感,而被领导者之所以服从是因为他们对领袖人物具有的特殊品质和为社稷造福的能力的信任。但是伊斯顿认为个人合法性所包含的内容要多于韦伯的超凡魅力的范围。因为并非所有的领导者都具有真正的超凡魅力,实际情况是许多有权势的领袖只是表现了一种被称之为虚假的超凡魅力。他们之所以能操纵大批的追随者,恰恰是由于他们能表现出他们实际并不具备的东西。他们甚至使用欺诈,通过伪造的公开影像所产生的情感和诱人的感染力,来赢得大量的忠诚。[③] 从这一点看,伊斯顿的合法性理论在某些方面更具有现实意义,而韦伯的理论过于理想化、抽象化。

卡尔·弗里德里奇认为,构成合法性的基础有五个方面:一是宗教信仰,如基督教、儒教、伊斯兰教等对统治的不同方面;二是哲

---

① 毛寿龙.政治社会学[M].北京:中国社会科学出版社,2001:133.

② 戴维·伊斯顿.政治生活的系统分析[M].王浦劬译.北京:华夏出版社,1999:349－350.

③ 戴维·伊斯顿.政治生活的系统分析[M].王浦劬译.北京:华夏出版社,1999:336.

学的正义观点,如不同的哲学正义观对政府形式和统治类型的理解;三是传统观念,如根据不同风俗习惯对政府与统治的理解;四是程序观念,如对各种不同选举形式的看法,尤其是与多数票相关的民主观点;五是成就偏好,如战争的成功、繁荣的保持、秩序与和平的维持等对于人们观点的影响。[①] 弗里德里奇的理论发展了韦伯的合法性分类体系,在韦伯理论的基础上加入了合法性的正义性、绩效基础。

关于合法性基础的研究成果是非常丰富的。自韦伯之后,以韦伯为代表的经验主义合法性理论便成为合法性分析的主流话语,许多著名学者如帕森斯、艾森斯塔德、阿尔蒙德、亨廷顿等人对合法性基础的研究成果基本上在韦伯的框架基础上加以修正、扩展和超越。他们关注合法性与政治制度化的关系,而且阿尔蒙德将合法性和政治文化结合起来进行研究,使合法性概念具有了更加具体的分析意义,更能使人们看清合法性在政治发展过程中的变化,说明它是与政治文化的变迁相关的。西方马克思主义学派以葛兰西、波朗查斯、密利本德、哈贝马斯等为代表,他们关注的重点是意识形态对于合法性的意义。利普塞特、卡尔·弗里德里奇、戴卫·海尔德等学者关注制度化的程序和成就对于合法性的影响,尤其是利普塞特对于合法性与有效性问题的研究值得重视。

综观韦伯以及各学派的研究成果,可以将政治权力合法性的基础归结为如下三个方面:首先是意识形态的基础。统治者正是通过将有利于自身合法性的意识形态政治社会化于社会中,来影响人们的信仰和价值观,从而达到对政治权力的信任和支持。其次是制度基础。韦伯认为法理型统治的基础在于合乎法律规定,也就是说权力合法性的制度基础仅局限于法律制度层次。如果仅从这一点去考察政治权力合法性的制度基础容易使人们将合法性

---

① 时和兴.关系、限度、制度:政治发展过程中的国家与社会[M].北京:北京大学出版社,1996:207.

理解为法律性。虽然法律具有合法性的功能,但如果立法的程序和内容得不到社会的普遍认可,那么法律本身也会缺乏合法性。所以,不能将合法性与法律性等同起来。再次是有效性基础。对合法性与有效性关系研究得最为透彻的是利普塞特,在他看来,合法性和有效性是相关的概念,合法性是评价性的,而有效性则是工具性的。任何一种具体的政治制度,都包含着合法性与有效性之间不同程度的关系,这种关系决定了政治制度的稳定程度。李普塞特写道:"一再地或长时期地缺乏有效性,也将危及合法制度的稳定。"①当代德国学者卢曼指出政治体系要获得真正的合法性,就需要用实践功能去建构合法性。

意识形态、制度和有效性三者在为政治统治的合法性提供支撑时作用各异,孰轻孰重,不能一概而论,不同时代、不同政体对于合法性基础的要求是不同的,但是,任何政治统治都不可能把合法性完全建立在单一基础上,或者说任何一个政治统治合法性的来源都是这三种类型的组合。不过,在特定时期,政治统治的合法性来源会更加倚重某一类型,由此也可以看出政体的性质和民众所秉持的价值、信仰和行为特征。随着时代的变化,原有的合法性基础的组合会发生变化,每一类合法性基础的侧重随之改变。

第三节　权力、合法性与合法性危机

从合法性概念和合法性基础的理论梳理与分析中可以看出,合法性是政治统治的本质规定性,直接关系政权的稳定和社会的长治久安。在非政治的其他领域,权力也会面临合法性挑战。合法性取决于权力客体的价值判断,虽然权力主体可以凭借其在权力关系中的优势地位,利用所掌控和支配的资源对客体施加影响,

---

① 〔美〕西摩·马丁·李普塞特.政治人[M].上海:上海人民出版社,1997:58.

来赢得合法性,但是合法性的获得不是权力主体的一厢情愿,离不开双方关系的互动。

一、权力与合法性的关系

关于权力与合法性的关系可以从前人的合法性理论的研究中得到有益的启示。

第一,合法性是权力的应有之义。合法性为权力实施提供有力支撑,关于这一点可以从合法性研究的历史以及学者们对合法性的理论阐释中知晓。对合法性的关注由来已久,从古希腊的城邦时期就开始了,一直延续到当代。合法性是权力的核心议题,尤其是政治统治领域。每一任统治者都需要证明他的权力名正言顺,从古代的君权神授、血缘政治,近代的契约原则,到现代的合理合法基础,因为只有这样统治者才可以获得权力的正当性,得到民众的广泛拥护,合法性是保证统治稳定的基础。哈贝马斯将前人关于国家合法性概念的阐释归为两种类型:一是经验主义的观点,即以民众是否赞成、支持某种统治作为经验依据;二是规范主义的观点,即不以民众的意志为标准,只要满足了正义、美德原则的权力就具备合法性。而哈贝马斯本人在界定合法性时,综合了上述两种观点。因此,从完整意义上讲合法性的概念涵盖了上述三个观点。由此可以看出,合法性可以体现权力的有效性和正当性。因此,合法性是政治统治的应有之义。在政治领域之外,究竟有没有合法性的问题?有学者认为合法性是政治统治的本质规定性,是一个只能用于政治系统的概念,其他领域绝不会有合法性问题,本文认为这一点值得商榷。因为合法性是派生于权力的,是权力的规定性之一,在非政治的其他领域权力也是无处不在的,只要权力存在的地方,就会面临合法性问题。在一般性的组织中,为了组织的正常运作,离不开管理者的协调与控制,对被管理者而言,为什么要听命于管理者,管理者的指挥权从何而来,有哪些权力,这些都需要做出回应,这就涉及合法性的问题。从广义上讲,国家权力也是组织权力,只不过国家这个庞大的组织有着鲜明的特点,决定了国家权力的强制性特征更明显,表现为命令服从关系,行使权力可以运用的手段更多、更具权威性,影响面广泛,一旦出了问题,负面影响会波及全社会,影响政权稳定,因此政治权力合法性是合法性理论中的核心问题,但是也不能由此否定其他领域权力同样面临合法性问题。

第二,合法性需要依赖权力主体去论证和建构。韦伯说过,任何统治都企图唤起并维持对它的"合法性"的信仰。这句话有两层含义:一是统治的合法性是既定的,不存在有无问题,也就是说只要是现存的统治系统,它一定都是得到民众认可的,没有"不合法的统治系统"存在,合法统治是统治的本质规定性。但是合法性有强弱之分,民众主动接受、积极支持、心悦诚服,就表明政治统治的合法性强,反之,则合法性弱。二是"合法性"是需要维护的和建构的。正是因为"合法性"有强弱之别,并且会在强弱之间出现波动,合法性强弱波动形成的区间正是为合法性论证和建构提供了关键空间,"合法化"说明合法性是需要论证的,"合法性危机"说明原有的合法性基础出现了问题,需要建构新的合法性基础。从韦伯的权威理论体系就是论证了政治统治合法性的基础以及随着时代变迁合法性基础的演变。前工业化社会通过宣扬君权神授、天命观来影响民众的信念,证明政权的正当性。工业化社会来临,理性主义思维取代了传统的神话、宗教对政治活动的影响,基于技术、制度和效率逻辑建构的统治权力获得了合法性。哈贝马斯在韦伯理论的基础上,用"合法性危机"来描述合法性由强到弱的状况,提出了他的重建合法性理论,哈贝马斯是在考察晚期资本主义时提出这一概念的。在哈贝马斯看来,从自由资本主义阶段过渡到有组织的资本主义阶段,合法性的基础发生了变化,资本主义制度面临合法性危机。自由资本主义时期的合法性来自经济系统,是以市场制度保证公平竞争、等价交换为基础的,但是随着自由竞争时期的结束,垄断的形成,破坏了市场规则,原有的合法性丧失。为了获得新的合法性,国家介入经济系统进行干预,缓和经济矛盾。但是由于国家干预职能的增强,难以平衡政府与市场关系,促使危机从经济系统转移到了政治、社会文化领域,民众对政府的执政能力持怀疑态度,由此导致合法性危机。因此,哈贝马斯提出了重建合法性理论。在政治系统以外的其他领域也可能面临组织权力合法性危机。大公司的官僚制结构备受诟病,过度追求工具理性至上,而忽略了人的情感等价值因素,权力异化,导致被管理者的认同度下降,管理者权力面临合法性挑战。

二、合法性与权力关系的演变

合法性虽然取决于权力客体的价值认同,但是权力主体可以通过一定的举措影响权力客体的主观评价,因此,合法性的获得是权力双方互动的结果。权力客体对合法性的评价主要取决于两个方面的因素:一是权力客体对现有的权力安排的认可程度;二是权力客体对权力主体的认同程度。与此相适应,权力主体需要适时性地调整权力配置,不可将权力高度集中,甚至产生权力异化问题。下面将给出较为具体的分析。

第一,从权力安排看合法性状况。如前所述,权力产生于人与人的相互关系中,因此权力就其本质而言是一种社会关系,在宏观层面就形成了统治者与被统治者的权力关系,在微观层面就形成了上级与下级的关系。显然,无论哪一层面的权力关系都是一种不平衡的关系,权力主体在权力关系中处于支配地位,这种不平衡的权力关系始于地位的不平等。在传统农业社会,整个社会结构就是一个严格的金字塔体系,越是接近塔顶,权力越大。统治者的合法性源自传统,君权神授,这就是韦伯权威理论中的传统型权威。但是合法性基础不是一层不变的,随着时代变迁,合法性基础会发生相应变化。在现代工业社会,无论是国家统治权,还是一般组织中的领导权,均按照官僚制结构模式重塑权力关系:从角色认知,到服从命令、听从指挥均以制度形式固化下来,目的是为了确保组织的稳定性和效率。现代社会的权力关系合法性不再来源于传统,而是因为合理合法,这就是韦伯的法理型权威关系。法理型权力关系呈现了处于不同层级的组织成员的权力体系,越是高层,掌控的资源和手段越多,权力越大。下级之所以认可上级的权威,主要是因为下级认为这是按照合理合法的规则体系来建构的权力关系,在价值层面产生心理认同,因此心甘情愿地接受上级的指挥和控制。除此之外,还因为上级掌控资源分配权和拥有控制手段,形成了下级对上级的依赖关系,这也影响着来自下级对上级权力合法性的评判。韦伯合法性理论中的权力内涵是作为官僚制所建构的制度权力,是组织结构的产物,但是这样的权力形态在后工业化社会受到了挑战,制度逻辑下建构的结构权力是为了实施监督和控制,减少不确定性行为。但是当组织面临后现代社会高度复杂性与不确定性的环境时,需要的不再是行动上的循规蹈矩,而是灵活性和创造性,严格的控制是催生不了灵活性和创造性的。因此,领导者需要放松管制,给下级更多的授权或放权。授权或放权的依据在于组织中的知识和信息分布发生了变化,互联网技术的发展让与决策相关的信息资源随处可以获取,不再像过去那样由高层垄断,而且下级拥有的专业知识水平也在不断提高,因此为了提高决策的正确性和效率,需要向下进行授权和分权,此时权力与知识的结合弥补了传统制度权力运作的缺口,有助于提升合法性。除此之外,授权和分权有助于克服上层决策时的有限理性,减少权力集中在上层对组织运作所造成的负面影响。

　　第二,从权力客体对权力主体的认同程度看合法性状况。国家权力与组织权力都是一个抽象概念,在权力实施过程中需要实现人格化。国家权力主体是官员群体,组织权力主体是管理者群体。因为权力关系中存在着权力双方的力量对比明显的不平衡,容易导致权力主体滥用其优势地位,在行使公共权力时出现个人化倾向,也就是服务于个人意志,将扭曲权力的"公共性"特征,使权力异化为个人谋取私利的工具,这就是通常人们说的权力腐败现象。权力腐败的原因主观上是因为权力主体作为"经济人"的利己主义动机,客观上是权力主体权力太大,不受约束和监督,易出现滥用。虽然有相应的制度安排对领导者的权力进行约束,但是因为信息不对称,导致监督成本高昂,监督不完全,因此现实社会中权力异化现象屡见不鲜。权力异化的后果主要表现为:引起权力运行过程中偏离公共利益的目标,损公肥私,造成对资源的浪费,有违公平、正义,恶化组织氛围,最终导致组织效能低下。有效性是合法性的基础之一,有效性的缺失影响权力客体对合法性的评价。领导者以权谋私,也引发权力客体对权力主体心生反感,导致信任危机。如果要避免在权力实施过程中由于权力主体的"人格化"所造成的权力异化现象,由此引起的合法性危机,就必须做到:一是用规则约束领导者权力,同时加强伦理、道德建设,强化领导者自我约束;二是降低权力客体对权力主体的依赖程度。随着后工业化社会的来临,一定程度上消解了领导者的权力根基。当信息取代传统要素成为后工业化时代最重要的资源时,谁拥有信息优势,谁就拥有主动权。互联网技术的日趋成熟促进信息资源分布的均等化,这样增强权力客体与权力主体博弈的能力,原先权力主体的支配性特征被削弱,权力关系中的不平衡性被打破。三是权力客体可以通过用脚投票的方式选择脱离原先的权力关系。因为互联网时代突出个体的价值性,形成一种"人人为我,我为人人"的网络化关系,颠覆了传统的等级观念,同时岗位的流动性大大增强,自主选择性大大增强,权力客体不再被原有的权力关系束缚。

综上所述,合法性与权力关系不是一成不变的,随着时代的变迁,权力关系中权力主体与权力客体的力量对比会发生变化,由此引起合法性基础发生变化,出现合法性危机。为了摆脱危机,需要重建合法性,伴随权力关系的调整,合法性得以重建。

三、合法性危机

合法性危机这一概念最早出自哈贝马斯的著作《合法化危机》。马克思最先将危机概念引入社会科学的研究中,并用于批判资本主义制度,这就是我们所熟悉的资本主义经济危机理论。在此基础上哈贝马斯提出了自己的危机理论,在他看来,合法性危机是晚期资本主义社会最主要的危机。哈贝马斯是从整个社会系统来考察晚期资本主义危机的。他将晚期资本主义的危机倾向分为三类:经济危机倾向、政治危机倾向和社会文化危机倾向。晚期资本主义的危机发端于经济领域,正如马克思经济危机理论所阐释的那样。哈贝马斯指出,资本主义国家为了摆脱危机,加强了政府对经济的干预,经济危机得到缓和。但正是由于国家干预职能的增强,危机从经济系统转嫁到了政治和社会文化系统,表现为一种全面的、普遍的危机,即合法性危机。合法性危机就是指政治系统的输入危机,即政府的行为逐渐丧失了群众的信任和认同,因此不能获得民众支持。哈贝马斯的危机理论是基于整个社会系统而言的。"从这个意义上说,危机就是系统整合的持续失调。"整个社会系统的危机倾向如下表所示:①

表 3-1 晚期资本主义的危机倾向

发源地	系统危机	认同危机
经济系统	经济危机	
政治系统	合理性危机	合法化危机
社会文化系统		动机危机

与经济危机一样,合理性危机把非普遍利益而进行的社会化生产的矛盾表现为控制命令之间的矛盾。也就是说受制于资本运

---

① [德]尤尔根·哈贝马斯.合法化危机[M].刘北成等译.上海:上海人民出版社,2000:63.

作要求的经济系统所产生的各种问题是无法全部纳入行政手段控制的领域，系统的整合受到威胁，为了继续生存而产生了与系统异质的结构，于是经济危机的结果必然导致政治系统合理性危机的产生。合法化危机属于投入危机，为了缓和危机，政治系统需要尽可能投入各种不同的大众忠诚，然而当政治系统在贯彻来自经济系统的控制命令时，无法用行政手段将大众的忠诚维持在必要的水平上，即认同某种政治秩序的价值，因为对于合法化具有重要意义的各种社会文化传统是不可能用行政手段制造出来的，于是就会出现认同危机。此外，用行政手段控制文化会产生副作用，并且使文化传统受到损害和削弱。[①]

从哈贝马斯对合法化危机的解释可以清楚地看到，政治系统本身不会为自身的合法性提供解释，哈贝马斯的结论是政治系统的合法化危机源于社会文化系统的动机危机，当政治系统所需要的动机与社会文化系统所能提供的动机之间存在差异，就会出现动机危机，并由此转化为政治系统合法性的丧失。哈贝马斯过分强调了社会文化系统的输出是导致合法化危机的唯一原因，其观点似乎有点舍本逐末。为什么社会文化系统会产生动机危机？原因还是在于经济系统和政治系统危机向社会文化系统的输入，所以政治系统出现合法性危机的实质是经济系统、政治系统和社会文化系统三者相互影响、相互作用的结果。另外，在哈贝马斯的通篇论述中，交替地使用了"合法性"与"合法化"两个概念，这两个概念是密切相关的，虽无本质的区别，但是两个概念对同一问题强调的侧重点不同，"合法性"强调的是结果，而"合法化"强调的是过程。如果没有合法化过程，合法性是很难保证的。用他自己的话来说："在不求助于合法化的情况下，没有一种政治系统能成功地

---

① 哈贝马斯.合法化危机[M].刘北成等译.上海：上海人民出版社，2000：92-93.

保证大众的持久性忠诚,即保证其成员意志服从。"①

　　由于经济、政治和文化方面的原因,导致政治权力出现合法性危机。同样,组织中的权力也会由于种种原因出现合法性危机。因为权力合法性是建立在一定的基础之上的,无论是意识形态或是文化基础,还是制度基础、有效性基础,不同的历史时期都有民众不同的诉求,不存在永恒的意识形态、文化、制度和有效性,随着时代的变化,原有的合法性基础不能再为权力合法性提供支持,这必然会引起原有权力的合法性危机。

---

① 时和兴.关系、限度、制度:政治发展过程中的国家与社会[M].北京:北京大学出版社,1996:206.

第四章

企业权力及合法性

将权力置于企业范围内进行考察和研究,就有了企业权力的概念。企业权力不同于政治权力,无论从内涵和外延方面都与政治权力存在明显差异。尽管如此,对企业权力的研究不能脱离政治学的基本权力理论,政治学关于权力理论的研究成果已经形成了权力研究的话语霸权。因此,企业权力的研究需要在借鉴与比较的基础上进行,前文关于权力及合法性的一般理论阐释给本章的研究提供了理论前提。

第一节　企业权力的内涵及类型

企业权力是进行企业管理、有效配置资源、实现企业目标不可或缺的力量。因此,对企业权力的研究在企业组织理论中理应备受关注。从古典企业组织理论、行为科学组织理论、现代组织理论,到后现代组织理论,都有涉及企业权力的研究。前人的研究成果有助于理解和进一步分析企业权力的内涵、特征和分类。

一、企业权力的内涵和特征

1. 企业权力的内涵

对企业权力的关注可以追溯到科学管理时代的泰罗。泰罗提出要用科学理性的方法来行使权力,以取代那种凭企业主主观意志办事的做法,这样就可以缓解劳资矛盾。同时代的亨利·法约尔则从理论上对企业权力进行了科学的界定。法约尔将企业权力定义为"下达命令的权利和强迫别人服从的职权"。进一步地,法约尔又把权力区分为制度权力和个人权力。这一点已在前面关于权力的分类中提及,不再赘述。继古典组织管理理论之后,行为科学学派出现,他们关注的是组织成员的情感诉求,引入以情感为纽带的非正式组织。非正式组织存在于正式组织之中,非正式组织中的领导者凭个人魅力影响其成员的行为。非正式组织中不存在正式权力关系,有的只是影响力。

对企业中正式权力的研究有所突破的是福莱特和巴纳德。福莱特试图以"共享的权力"来代替"统治的权力",用"共同行动"来代替同意和强制。她的这一提议的目的是消除组织中存在的"上司"和"下属"的角色障碍,创建组织成员利益共同性的认识。福莱特将服从"非人称化"的命令,变为服从"情景规律",也就是说,"不应由一个人给另一个人下命令,而应该是双方都从情景接受命令。"①情景规律的存在是以科学管理为依据的,福莱特写道:"既然权威是由职能产生的,那就同等级地位无关……我们发现一位工作调度员在工作调度方面比总经理更有权威……权威应该同知识和经验相联系……"这种把"统治的权力"和服从转变为情景规律,把权威转向知识的做法,有助于在权力行使过程中得到被管理者的认同,因为每个人都感到自己的行动是由客观形势需要决定的,不是由管理者的主观意志所决定。福莱特希望消除权力关系中管理者与被管理者的不平等关系。在巴纳德看来,"权限是正式组织传达命令以支配组织成员行动的,它具有被组织的成员接受的性格。"也就是说,权力来自下级的接受,而不取决于发出命令的人。尽管巴纳德的观点与福莱特的观点貌似不同,福莱特将权威转化为服从情景规律,而巴纳德则认为权威来源于下级的认可,但

① [美]丹尼尔·雷恩.管理思想的演变[M].赵睿译.北京:中国社会科学出版社,2000:340.

是两者存在殊途同归,那就是两位学者都希望权力行使得到被管理者的认同,从而权力被自觉地接受。显然,福莱特和巴纳德对权力的理解接近权力合法性的内涵。

达夫特通过对一些大公司如英特尔、微软的考察,指出:"权力是一个组织中个人或部门影响他人以达到预期结果的能力。"[①]并在此基础上区分了权力与权威,认为权威有三大属性:一是因职位所拥有,二是被下属所接受,三是依附正式的命令链,随纵向层级递减。[②] 达夫特对权威的界定,其实就说明了权威是具有合法性的权力。

上述对企业权力的界定,归结起来有四方面的内容:一是企业权力的来源:权力源于职位、知识;二是企业权力的运行:权力有效运作的关键在于被管理者的接受,也就是拥有权力的合法性;三是企业权力的目的:达到预期结果;四是企业权力使用的手段:强制与非强制的手段。在定义企业权力时,如果同时兼顾四个方面,其实是很困难的,因此只能从最广义的层面给出概要性的定义:企业权力就是管理者个人或群体为了达到预期结果对于被管理者个人或群体施加的影响力。

2. 企业权力的特性

企业权力既有权力一般的特性,又有特殊的规定性。具体而言,首先,企业权力具有不平衡性。权力是一种相互关系,不平衡性反映的是企业权力关系中的管理者与被管理者的影响力不对等,这种不对等是因为企业组织结构的等级关系,随着纵向层级自上而下递减。其次,企业权力的交换性。企业权力的运行过程就是权力关系双方的互动过程,被管理者并不是处在完全被动的地位,可以凭借其拥有的资源优势与管理者进行博弈,因此,权力关

---

① 〔美〕李查德·L.达夫特.组织理论与设计精要[M].李维安等译.北京:机械工业出版社,1999:214.

② 〔美〕李查德·L.达夫特.组织理论与设计精要[M].李维安等译.北京:机械工业出版社,1999:214.

系意味着协商、交换,在讨价还价的过程中削弱了权力的强制性。第三,企业权力具有工具性。企业权力的行使服从于企业自身的利益,这是企业权力建构的目的所在。第四,企业权力具有合法性,企业权力的行使可能更多地诉诸合法性的权力,因为如果被管理者不认可的管理者权力,他可以选择退出权力关系,转而加入其他企业。第五,企业权力来源的多元性。企业组织的正式结构形成了企业的权力关系,除此之外,企业权力还来源于资本、知识、信息等资源。当这些资源是稀缺性资源或是对决策起着关键作用,拥有了这些资源的个体或群体就削弱了企业的正式权力。

二、企业权力的类型

企业权力是驱动企业进行有效管理的核心力量,不同类型的权力在企业运行中发挥着不同的作用,因此有必要了解权力的类型。纵观现有研究对企业权力的分类,有比较多的分类标准,而且各种类型之间也相互交叉。如有制度权力、个人权力、奖惩权力、专家权力、纵向权力、横向权力、参谋权力等众多权力表现形式,有些类型相互重叠。因此,有必要进行重新梳理整合,突出更为重要的、且与本书研究密切相关的权力类型。

1. 制度权力与个人权力

这是古典企业组织理论代表人物法约尔最先提出来的,他的划分依据为是否是组织结构的产物,前者派生于结构,后者源自个人魅力。制度权力与个人权力的划分有助于明确企业中正式的权力关系,制度权力在企业管理中发挥主导作用,个人权力作为管理者权力的补充,弥补制度权力的缺口,有助于增强管理者权威。制度权力又分为纵向权力与横向权力,纵向权力形成企业中的等级关系,有助于实现统一指挥。横向权力反映的是部门间的力量对比的差异,说明了一些部门比另一些部门在实现组织战略目标时作用更大。此外,制度权力包含了奖惩权力。

2. 传统型权威、魅力型权威与法理型权威

这是韦伯建构的权威体系,权威就是合法化的权力,不同的基础形成了不同类型的合法性权力。合法性权力是权力关系中对来自权力客体的价值评价的重视,有助于约束权力主体的行为,保障权力客体的权利。无论是宏观的国家权力,还是微观的组织权力,都寻求权力的合法性,因为只有获得较高程度的合法性,权力主体才能得到权力客体的支持。韦伯的权威体系理论基于政治统治的合法性考察,企业权力的合法性与之存在相似之处,如家族企业权力的传承来自血缘关系,现代企业权力拥有合理合法的基础。

3. 资本权力、制度权力、专家权力

这是从权力产生的内在逻辑不同进行的分类。三种权力分类的内在逻辑依次为资本的逻辑、制度的逻辑和知识的逻辑。资本和知识都是企业经营所倚重的稀缺的生产要素,掌握了这些资源,就产生了依赖关系。比如张维迎说过是资本雇佣劳动,而不是劳动雇佣资本,掌握资本的人就对提供劳动的人拥有支配权,因为资本是稀缺资源,有了资本才可以购置其他生产要素,开始企业经营活动,工人才有了工作机会。在现代企业中,资本的权力体现为剩余索取权,资本所有者作为企业创始人也是企业最高管理者。专家权力属于企业中的参谋权力,为企业决策提供科学依据。在现代企业管理中越来越重视企业决策与知识的结合,从而提高决策的科学性、准确性,因此需要尊重专家权力,给专业人士进行授权。

从企业权力内涵、特性和分类的系统阐释,有助于较为深入地把握企业权力的内在规定性,为后面分析企业权力合法性、企业权力的安排、企业权力的运行特点以及企业权力与组织结构的互动关系提供理论基础。

第二节 企业权力与合法性

在很多人看来,只有政治系统才会涉及合法性的问题。哈贝马斯直接提出合法性只与政治系统相关的观点。正因为如此,现有的合法性理论研究,从合法性概念到关于合法性基础的讨论,几乎都是从政治统治的角度展开的。那么,能否将合法性的讨论延伸至政治统治的领域之外,其依据是什么? 如果可以的话,那么企业权力的合法性与政治合法性之间有无区别和联系?

一、合法性成为企业权力内在规定性的依据

1. 合法性对于统治权力的必要性

合法性一直被当作政治统治权力的特殊规定性,究其原因,主要是统治权力与其他权力相比具有两个重要特征:一是高度的不平等性,二是广泛的公共性。高度的不平等性是指统治权力的强制性特征在特定条件下可以达到极端状态,因为只有统治权力可以合法地使用暴力迫使被统治者服从。广泛的公共性表现为统治权力的行使目的是满足全社会所有成员的公共利益。统治权力所具备的高度的不平等性和广泛的公共性有助于它更好地维持公共秩序、提供公共产品。但是如果运用不当,强有力的统治权力对社会和个人所造成的危害也是其他形式的权力无法可比的,政治权力的消极作用也更容易被感知。所以为了维持政治统治的稳定性和持久性,应该首先将合法性作为统治权力的基本规定性。

2. 合法性成为企业权力内在规定性的原因

与统治权力相比,企业权力并不具备上述的特点,能否因此否定合法性不适用于企业权力,著名的政治学学者戴卫·比瑟姆提出了不同的看法。他认为合法性不是一个特别的政治概念,对合法性的讨论也就不应该仅仅被限制在政治系统之内。巴纳德、达夫特在研究企业权力时都先后关注了合法性问题。巴纳德提出企

业权力具有被下属接受的特征,这其实是合法性的不同表述而已。达夫特认为管理者一旦拥有了合法性权力,就可以施展其最大的影响力。除此之外,达夫特认为企业中存在政治活动,政治性行为就是运用权力去解决冲突和不确定性,取得期望的结果,并将增强合法性作为使用权力的政治性技巧之一。上述学者们的观点都说明了合法性并不局限于政治权力,只要存在权力运作的领域,就会关注合法性问题,因为合法性是维持任何形式的权力有效运作的前提。

企业权力不可避免地会遇到合法性问题,职位的产生可以有助于企业员工对企业权力的服从,但不能使这种服从遍及企业的每一个员工,也不能保证这种服从的持久性。大量事实表明,一个人占有企业中的职位并不一定就真正获得这一职位所规定的权力。因为企业权力归根到底来源于企业成员自愿的或不自愿的服从。一旦企业取消了对不服从权力的惩罚,任何职位都不能保障拥有这一职位的人任意发号施令,而且任何人都可以比较容易地选择用脚投票,所以,对企业管理者而言,重要的是拥有合法性的企业权力。管理者在行使正式权力时,无时无刻不处在合法性的压力之下,实际上管理者的行为是由合法性驱动而不仅仅由经济理性的效率驱动。合法性不同于效率,效率只是基于经济单方面的考虑,而合法性涉及信任和价值判断,用合法性考量权力更具有全面性。由此可见,用合法性而不是效率来思考企业权力问题可以避免研究的表面化和简单化。

二、企业权力合法性的内涵与基础

1. 企业权力合法性的内涵

根据前述政治合法性的定义,并结合企业权力的内涵和特征,可以归结出企业权力合法性的内涵。企业权力的合法性是指在权力关系中被管理者对管理者权力的价值认同。考虑到企业权力的来源和权力运作过程,企业权力合法性的内涵应体现在两个层面:

对结构安排所赋予管理者权力的认同,和对管理者本人的认同。企业中的权力安排通常是结构性特征的结果,权力被分配给了不同的职位,由此形成了正式的权力结构、权力的等级链,包括高层管理者、中层管理者和底层管理者。高层管理者的权力合法性最为重要,因为其位高权重,对下属和企业的管理起决定性作用。强调对管理者本人的认同是因为在现代企业中,管理者所拥有的职位所赋予他的权力正面临严峻的挑战,对管理者而言仅仅拥有职位权力还不足以更有效地开展管理工作,职权的缺口越来越大,这一点早在 20 世纪 80 年代就被哈佛大学的约翰·科特教授注意到,他提出管理者越来越需要用个人权力去弥补制度权力的缺口,来建立与维持管理者的权威。

2. 企业权力合法性的来源

可以结合政治合法性理论以及企业权力的来源来分析其合法性的基础。政治合法性的基础包括了三个方面:意识形态基础、制度基础和有效性基础。意识形态的宣传旨在唤起民众对于某种主流价值观或信仰的认可和接受,制度基础的合法性源自民众是对于规则和程序的广泛认可和接受,有效性基础的合法性来自在现代社会国家为民众提供基本公共物品的能力,满足民众对公共物品的需求而赢得合法性。政治合法性基础的建构契合了现代社会人们对于理性的追求和价值取向。在西方,社会理性是检验和评判一切存在合理性和合法性的标准和尺度。韦伯将理性区分为价值理性和工具理性,价值理性属于主观合理性,表现为人们的认知和行为纯粹由信仰决定,而工具理性属于客观合理性,表现为人们的认知与行为只考虑效率、功用,只关注达成目的的手段。合法性基础涵盖了价值理性和工具理性,其中意识形态基础属于价值理性,有效性基础属于工具理性,制度基础兼具价值理性和工具理性。制度基础之所以兼具价值理性和工具理性,是因为价值理性是制度建构的基础,制度在制定时要考虑是否符合公平、正义的原则,同时制度设计也要考虑效率原则,通过制度设计发挥激励和约束作用。

基于政治合法性理论和韦伯理性思想的启示,企业权力合法性的建构同样需要迎合企业员工对工具理性和价值理性的追求。企业文化被认为是有助于激发员工的情感认同,产生凝聚力和归属感,因此企业文化是企业权力获得合法性的价值前提;企业制度一方面提供了各种约束规范和激励措施,有助于企业效率提高,另一方面企业制度也在不断改进中融入员工的物质和精神诉求,追求规则制定的公平、正义原则,因此,企业制度是企业权力获得合法性的根本保证。企业经营的有效性满足了包括企业员工在内的利益相关者的利益诉求,因此有效性基础是企业权力获得合法性的诱导力量。需要强调的是,任何单个的合法性基础对合法性的支撑发挥的作用是不同的,也存在一定程度的局限性,因此企业权力合法性是三者的混合体,企业文化、企业制度和企业经营的有效性相互联系、相互支持,共同决定着企业权力合法性水平的高低。

除此之外,在论及企业权力合法性的内涵时,对管理者本人的认同也是必不可少的,因为权力的行使过程需要依托于人格化的管理者,管理者的个人特质自然会融入职位权力之中,共同影响对权力的合法性评价,因此在韦伯与伊斯顿的合法性理论中都提到了合法性的个人基础。对企业权力而言,管理者的个人特质也是很重要的。本书建构的合法性框架体系之所以没有将管理者个人魅力列出作为一个独立的维度,一是因为来自对管理者个人的评价已经融入企业文化和企业经营的有效性中。企业文化往往由领导者创建,企业的价值观很大程度上就是领导者本人的价值观,这在企业文化研究领域已达成共识。企业经营的有效性也很大程度上取决于企业领导者个人的经营理念和经营才能。比如,通用电气的韦尔奇被业界誉为全球第一 CEO,他执掌通用的 20 年使通用电器的市值增长 30 多倍,排名跻身于全球第二。苹果的股价在乔布斯 1997 回归之后的 13 年内增长了 70 倍。二是建立在个人魅力基础之上合法性是一种非常态、不稳定、非理性化的,个人魅力对于合法性的支撑是不确定的,既可能创造辉煌,也可能带来灾难,引发合法性危机,因为管理者的决策存在有限理性的约束和管理者个人喜好的影响,而且随着管理者频繁的更替,合法性基础也会消失。

第三节　权力、合法性与企业组织结构

企业的组织结构建构了组织中的权力关系,规范和约束企业成员的权力和职责,以及彼此的相互合作、相互制约的关系,权力有效运作保证了企业结构的稳定性。但是权力关系不是一成不变的,企业组织正面临快速变化的发展环境,互联网技术的发展,企业经营依赖的核心要素发生变化,平等价值观深入人心,传统企业权威受到挑战,从传统的层级结构转向网络结构,重建新的权威形式。因此,权力、合法性与组织结构密切相关,相互影响作用。

一、企业权力与组织结构

第一,权力与组织结构是相互建构的。克罗齐耶与费埃德伯格将组织中权力的生成归为自然逻辑,他们认为组织存在于复杂和不确定的环境中,而且组织自身的运行也会产生复杂性和不确定性的问题,因此就会促成组织自然去考虑创建一种协调和控制的力量面对环境的挑战,这种力量就是权力。如果从权力生成的自然过程去认识权力并做出相应的结构安排,权力就成为组织结构化的力量和源泉。但是,克罗齐耶与费埃德伯格并没有止步于对权力生成的自然过程的认识,他们提出要把组织权力的自然生成过程改造为可以控制的自觉过程,从而有意识地控制组织运行的复杂性和稳定性。因为如果权力仅仅是凌驾于组织之上的一种支配力量,就会弱化组织自身应对复杂性和不确定性挑战的能力,也就是人类更需要通过"人为的"去抵御"自然的"不确定因素。因此,权力与组织结构是相互建构的,相辅相成,甚至可以看作一

体的。

第二，企业权力是促成组织结构形成和发挥作用的关键力量。没有权力穿行于组织结构间的运作，组织结构设计所形成的分工—协作体系只能停留在组织图的静态框架中，不能发挥作用，只有通过纵向和横向的权力运作才能激活组织结构，发挥组织效能。纵向权力运动勾画出管理者在不同层级和不同部门承担的相应职责，协调和控制组织活动，配置资源，实现组织预期目标。横向权力运动通过促进各部门的沟通、合作，建立面向市场需求的价值链，赋予组织动力和效能，满足客户需求。纵向权力运动着眼于组织的上下协调，有助于组织的统一指挥、稳定发展；横向权力运动有利于整合企业资源，弥补纵向权力在同层级沟通和业务能力方面的短板。面对快速变化的外部环境，企业需要协同纵向权力和横向权力来应对复杂性和不确定性，共同将企业打造成有竞争力的经济实体。

第三，企业组织结构创建了纵向权力和横向权力。现代企业组织结构总是或多或少地包含官僚制组织结构特征，因为官僚制是从现代社会所有组织中抽象出的理论模型，因此，官僚制理论可以帮助研究者认识组织的共性。从组织结构特征看，现代企业是按照劳动分工、等级制、专业化、非人格化、制度化原则建构起来的，正是这些原则和规范为企业提供了长期稳定的、合理合法的权威基础。正是这些组织结构的设计原则形成了企业的纵向权力关系和横向权力关系。纵向权力是自上而下的命令服从关系，位于不同等级上的管理者权力大小不同，原因在于对资源的控制力不同，对信息的占有程度也不同，于是权力呈自上而下的递减关系。横向权力反映的是跨部门之间的权力关系，部门之间的权力是不均等的，通常有些部门有较大的发言权，比如销售部门、研发部门。虽然横向权力的差异不像纵向权力那样在组织图中有着明确的规定，看上去一目了然，但是部门间权力的差异也是可以通过横向权力的来源加以判断。达夫特认为，横向权力大小取决于部门间相互依赖度,对别的部门依赖度越小,权力越大;财务资源,"掌握金子的人就能制定规则";中心性,对组织最终产出的影响程度;不可替代性;处理不确定性的能力。[①]

第四,企业组织结构的设计形成对权力的约束。企业组织结构不仅建立了纵向权力和横向权力,而且形成一整套对权力的基本约束机制。管理者权力受到严格的限制,每个管理者只负责特定的工作,拥有执行自己职能所必要的权力,实施管理时需要严格遵守制度规定。用制度规范和约束权力,目的是为了防止出现权力异化现象,也就是权力沦为管理者谋取私利的工具,以及对被管理者的压制。当然,现实中因为信息不对称和约束成本的高昂,对管理者权力的约束是不完全的,甚至有时是失效的。尽管如此,以制度为核心的权力约束机制是不可或缺的,并且依旧是主要手段。因此,组织结构本身成为权力关系形成和权力持续增长的源泉。

二、合法性与企业中的权力安排

就现实中的组织运行而言,结构和规则不是组织中唯一的决定因素,而是更多地取决于组织权力关系的状况。在某种意义上,不是组织结构和规则,而是组织中的权力关系对行动者有更为直接的影响。[②] 企业组织结构提供了组织活动的基本框架,必须依靠权力运作去配置企业资源,协调控制组织成员活动,从而实现预期目标。因此,企业中的权力安排和运行方式至关重要,而且随着外部环境的复杂性和不确定性的增加,企业权力的安排会出现变化,需及时回应外部挑战,否则组织出现失控,管理者会面临权力合法性危机。

---

① 李查德·L.达夫特.组织理论与设计精要[M].北京:机械工业出版社,1999:223.

② 张康之.公共行政的行动主义[M].南京:凤凰出版传媒集团,2014:290.

　　分析企业权力的运行方式时,学者们常用集权、分权、授权等政治术语进行解释,毕竟企业生态类似于政治生态,达夫特在研究企业权力时说过,权力总是通过个人化的政治活动行为得以使用。管理者可以通过增加权力基础的技巧,如进入高不确定性区域、创造依赖关系、提供资源等,以及使用权力的政治性技巧,如扩展网络、隐蔽权力、增强合法性等策略帮助他们获取并使用权力。无论管理者通过何种策略增强权力,最为关键的一点还是他们的权力能够被下属接受,否则会影响权力的实施效果。

　　集权和分权一直被用于描述和分析企业权力结构安排的两种模式。集权是指企业权力相对集中在高层,集权是为了实现管理者统一指挥,统筹全局,但会降低企业成员工作的积极性、主动性。分权是指企业权力从高层向中、基层管理者甚至操作者分配,分权有助于集思广益,充分发挥下级的积极性,但可能形成各自为政,影响整体利益。现实中集权和分权只是一个相对的概念,没有绝对的集权与分权。由于种种原因,极少有企业没有管理层级,所以集权中有适当的分权;同样也没有任何完全分散的权力,分权中也有集权,因为企业组织首先是一个统一的整体,组织成员有着共同的目标和由此而导致的协作的意愿,所以企业的各项活动必须以企业目标为导向进行整合,一定程度上的统一指挥不可缺少,否则各个部门和个人各行其是将导致企业陷入混乱状态。授权不同于集权与分权,集权与分权属于制度化的权力安排,而授权更像管理者行使权力的技巧,管理者掌握主动权,权力可收可放。具体而言,授权是指高层管理者为了改善企业权力的运作方式,把属于自己的某些权力不定期地委派给下属。授权有利于实现企业内部的权力共享,鼓励下属积极参与组织管理,发挥下属的聪明才智,更好地完成工作任务。

　　集权、分权和授权与很多因素有关,包括企业的发展阶段、规模、行业特点、管理者风格、外部环境等,企业可根据不同的情况选择采用集权、分权或是授权,但是当今总体的发展趋势是企业权力的运作越来越倾向于分权与授权。因为环境的变化导致组织决策面临的复杂性越来越高,相应地,进行准确而高效的决策越来越依赖于对更多知识和信息的掌握。哈耶克(F. A. Hayek)指出决策过程中所需要用到的知识和信息往往不是以集中和整合的形式出现,而是以知识碎片的形式存在于管理者、专家和员工中,这是关于特定时间、特定地点的知识,不是知识的一般规则。鉴于此,大多数人都具有一些别人不具备的知识和信息优势,当某种特定的与决策有关的信息和知识被下级所垄断时,权力下放成为必然。因为,关于特定时间、特定地点的知识是无法及时传递给决策者的,只有将权力下放给垄断着特定知识和信息的下属才能得到他的积极配合,才能利用到相关的信息和知识,使企业快速地决策以应对环境的变化。一些大公司的首席执行官坚信:管理者最强大的权力来自那些认可他们的工人们。[①] 这其实一直是本书所强调的权力合法性问题。

随着企业权力布局从集权到分权、授权的过程,纵向的管理层级变少,企业组织结构趋于扁平化。互联网时代的到来,企业管理者与下属的关系、企业与企业的关系都发生了深刻变化,形成"人人为我,我为人人"的共享、共赢思维模式,颠覆了原有的权力观,呈现出明显的"去中心化"特征,存在对原有权力合法性的消解倾向。因为企业权力主要来源于其对关键资源的掌控、对各类资源的整合能力和创新能力,在资源、知识和信息被高层管理者所掌握时,集权模式成为合理合法的结构模式。互联网技术的迅猛发展大大削弱了企业高层对信息的垄断权,企业员工的自身知识水平也有了很大程度的提高,知识的拥有者也不再仅限于高层管理者,企业员工从操作工逐渐向知识工作者转变。所以为了使权力与分散的知识和信息相匹配,分权与授权大势所趋。企业权力关系从

---

①　李查德·L·达夫特.组织理论与设计精要[M].李维安等译.北京:机械工业出版社,1999:219.

命令服从模式转向协商合作模式,随着权力关系的改变,企业组织结构也发生相应变化。

三、合法性与企业组织结构形态

企业中的集权与分权是透过不同的组织形态来体现的。锥形结构代表着集权模式,扁平结构代表了分权模式。锥形结构与扁平结构的形成主要取决于组织结构设计的管理跨度原则。在组织设计时首先要考虑管理跨度的大小,管理跨度是上级能够有效控制下属的人数。管理跨度的宽窄反映了上级能够有效控制下级人数的多少,并由此决定了管理层级的多少。管理跨度与管理层级的关系表现为呈相反方向变动:在组织规模既定的条件下,管理幅度越宽,管理层级越少;相反,管理幅度越窄,管理层级越多。管理层级与管理幅度的逆向变动关系决定了企业组织结构呈现两种基本形态:锥形结构和扁平结构。锥形结构是指管理跨度窄而管理层级多的高耸式金字塔结构,这种结构是一种高度控制的组织结构,高度控制的原因是组织知识、信息相对集中于高层管理者,为了使下属能够顺利地开展工作,需要尽可能地对每一位下属的工作进行较为详细的指导。又由于存在管理者理性的约束,就会导致更窄的管理幅度和更多的管理层级。扁平结构是指管理幅度较宽而管理层级较少的一种组织结构形态。扁平结构的特点正好与锥形结构相反,这是一种建立在自主管理基础上的统一协调的宽松组织结构,扁平结构的原因是多方面的,如果与锥形结构的特点相对照的话,那就是扁平结构中的知识、信息分布与锥形结构不同,知识、信息不仅仅分布于管理层,而且企业员工由于受过良好的培训,也具备了相关的专业技术知识,他们具有较强的独立工作能力,管理人员只要对其工作结果进行控制即可,无需对整个工作过程进行指导。因此,管理者的管理幅度变宽,管理层级变少,组织结构自然趋向扁平化。

对于合法性与企业组织结构之间关系的考察,可以结合组织的这两种基本结构进行分析。总体而言,锥形结构和扁平结构都可能满足合法性的要求,但合法性的基础因不同结构而异。合法性本身是一个动态的概念,对合法性判断的具体标准也是变化的。锥形结构的合法性来自下属愿意接受管理者的集中控制。锥形结构的类似形态就是现代官僚制结构,官僚制结构的合法性在于权力分配的理性原则,理性的观念将企业组织视为这样一种场所:在这里,技术、知识、效率、资源分配等成了关注的重点,管理人员通过在技术理性的框架内制定一切计划而处于支配地位。同时技术理性本身就构成意识形态为现存的权力结构得以维持提供合法性支持。除此之外,现代官僚制结构还通过纷繁的各项规章制度实行层层控制,使企业员工在不知不觉中成为甘愿服从的对象。扁平结构的合法性在于分权化给了下属宽松的工作环境、工作的自主性,符合专业人士对宽松管理的要求。扁平结构的具体形态体现在后官僚制组织和网络组织中。无论是后官僚制组织还是网络组织,都是对现代官僚制组织的结构化改造,其中最为明显的特点是管理层级大量减少,减少的原因是随着企业员工素质的提高,使得企业无需通过更多外在的强制和更多规章制度来约束员工的行为,因为很多规范已经内在化了,成为员工的自觉行为。同时任务的特点也发生了变化,工作的完成要求员工有更多的主动性和创新精神,过多的控制和约束将会窒息创造力,不利于任完成任务。因此,伴随着放松管制,管理幅度变宽,管理层级自然减少,结构趋于扁平化。

　　锥形结构和扁平结构的出现都与相应的时代的技术特点相关联。锥形结构适应了以机械技术为基础的机器大工业的要求,通过集中控制实现标准化、规范化和高效率,因而获得了合法性。扁平结构在以信息技术为核心的网络时代显示出强大生命力,通过弹性管理实现了灵活性、创新性和适应性,因而获得了合法性。总之,从工业化社会到后工业化社会,企业权力关系从高度控制模式转向放松管制模式,相应的组织结构也随着调整,这是对合法性的回应。

第五章

企业权力的合法性基础

本书前一章的分析已经明确指出影响企业权力合法性的三大基础:企业文化、企业制度和企业经营的有效性,建构了企业权力合法性的理论框架体系。概括性地讲,企业文化、企业制度和企业经营的有效性作为企业权力合法性基础的内在根据是:企业文化是企业权力获得合法性的价值前提;企业制度是企业权力获得合法性的根本保证;企业经营的有效性是企业权力获得合法性的驱动力量。企业文化、企业制度和企业经营的有效性正契合了人们对价值理性和工具理性的追求,因而可以影响人们对权力的认知和行为方式。本章需要对企业权力合法性的三大基础进行论证,阐释其发挥作用的内在机理以及局限性,明确企业文化、企业制度和企业经营的有效性三者既相互独立,从不同侧面为合法性提供支持,又由于各自不可避免的局限性而相互依赖、相互补充,共同构成企业权力合法性的基础。

表 5-1 企业权力的合作性基础

企业权力的合法性基础	原 因	功 能
企业文化	价值理性	价值认同
企业制度	价值理性与工具理性	外在约束
有效性	工具理性	驱动力量

第一节　企业权力合法性的文化基础

合法性的概念已明确指出合法性不是基于法学意义上的,而是指在权力关系中权力客体对权力主体统治地位以及维护这一关系的规范的认同。认同可以说是权力合法性之本质规定性。认同之所以成为合法性的标志,是因为认同在构成普遍意义上的权利与构成特别意义上的权利的这种相互关系中处于基础地位。[①]　因为如果管理者尊重被管理者的权利并回应他们的诉求,那么被管理者会为了企业利益而放弃他们的部分权利,只要存在认同,管理者权力与被管理者的权利就存在同一性。如果没有了认同,合法性将缺失。价值构成了权利的内容,权利的存在将价值作为先决条件。合法性理论自始至终都在强调价值前提是构成合法性的必要条件,无论是对传统的接受,还是对规则的认可,以及对功利主义有效性的赞同。因此,对价值的理解和重视有助于权力双方达成共识。价值认同是合法性的题中之意,给本书的研究提供了一个"最佳的逻辑起点",这就是构建企业权力合法性基础的理论框架应该从合法性的价值基础开始。

价值是属于观念性的文化,是文化的主导,因为它规范着人的行为方式和思维模式,是一种内在化的行为准则。因此构建企业权力合法性的价值基础必须从文化入手,既要考察一般性的社会文化,也要考察企业文化。虽然企业文化直接构成企业权力合法性的基础之一,但是企业文化作为社会文化的亚文化,与社会文化之间有着千丝万缕的联系,社会文化的内容和变迁决定着企业文化变革的方向。

---

① ［法］让·马克·夸克.合法性与政治［M］.佟心平等译.北京:中央编译出版社,2002:18.

一、文化与企业文化

文化是一个国家和民族文明的主要见证。文化一词最早出自古拉丁文,其本意是指耕种、培养或栽培。后来文化的含义有了一个新的发展。卢梭在《社会契约论》一书中将文化定义为风俗、习惯,特别是舆论。英国文化人类学家爱德华·泰勒在 1871 年出版的《原始文化》一书中首次将文化系统地定义为:"文化是一个复杂的总体,包括知识、信仰、艺术、道德、法律、风俗,以及人类在社会里所获得的一切能力与习惯。"[①]事实上,文化的含义是极其广泛和复杂的,难于把握和描述,因为文化的大部分内容是不可见的,只能靠人们去感知,这就好像一座冰山,人们所看到的只是暴露在水面上的部分。因此,理论上几乎不可能形成一个关于文化的完整概括。尽管如此,为了理论研究的需要,还是有必要去界定文化。据说关于文化的定义有四百多种,大多数人对于文化的普遍理解是:文化是一系列对人们的行为起着导向作用的习俗、规范和准则的总和。具体而言,文化包含了三个层面的内容:物质层面、制度层面和观念层面。物质层面的文化反映了人类对于自然界的征服和改造,创造物质产品的过程及其物质产品本身。制度层面的文化反映了人们在物质生产过程中所形成的各种组织形式和行为规则。观念层面的文化反映了人类在创造物质产品的同时而产生的各种信仰习俗、伦理道德和思维方式。文化的三个层面各有特性。物质文化处于不断的变动之中,制度文化具备相对的稳定性和权威性,观念文化既具有先导性又具有滞后性。正是因为观念文化既具有先导性又具有滞后性,决定了观念文化是文化的主导,它既可以促进物质文化和制度文化的变化和发展,也可能成为它们发展的障碍。

---

① 转引自周三多,陈传明,鲁明泓. 管理学——原理与方法[M].上海:复旦大学出版社,1999:358.

上述文化的概念是最具有广泛意义的,而且是相对于整个社会系统的广义文化。而本书所关注的则是狭义的文化,一方面从内涵上讲是指文化的观念层面,强调文化在处理人们的相互关系中所表现出的形式,这时文化被看作由认知的、感情的、美学的、直觉的和习惯的等要素共同构成的人们行为的媒介。文化与历经几个世纪发展起来的人类的集体能力相一致,这个能力是处理关系的能力,与人们一般能够做什么,能够采取什么类型的交往能力相关。另一方面从外延上把文化传统与文化创造过程置于企业范围内进行考察,这就构成了"企业文化"。企业文化作为社会文化体系中的亚文化之一,是企业组织在探索解决对外部环境的适应和内部的整合过程中形成的,是社会文化与企业管理实践融合的产物。

每个企业都有自己独特的文化,企业的任何行为都打上了文化的烙印。但是,自觉地将企业行为与企业文化联系起来加以研究则是 20 世纪 80 年代的事情。70 年代末,日本经济的崛起引起了世人的瞩目,尤其让美国人产生了危机感,于是在管理学界引发了围绕日美企业管理模式的比较研究热潮。研究发现,一直让美国企业界引以为豪的理性化管理思维在企业面临经营环境巨变时出现了困境,原因在于美国企业的理性化管理是"以物为中心"的非人格化管理模式,强调严格的制度、理性的决策和追求最大限度的利润。这种模式缺乏灵活性,不利于员工积极性和创造性的发挥,企业对员工也没有凝聚力。而日本企业则是奉行"以人为本"的管理哲学,强调和谐的人际关系,上下协商的决策制度,通过塑造一种有利于创新和将价值与心理因素整合的文化,来增强员工对企业的认同感、忠诚度和奉献精神,这就是日本企业成功的秘诀。日美企业管理的比较研究引起了人们对于文化与企业管理关系的日益关注,意识到企业文化对管理工作的推动作用,逐渐认同了以企业文化为核心的管理思维。管理大师彼得·德鲁克认为:"企业管理不仅是一门学科,还应是一种文化,即有它自己的价值观、信仰、工具和语言的一种文化。"①

对于企业文化的定义,国内外学者众说纷纭,至今仍然没有一个统一的定义。其中比较有代表性的观点有:

特雷斯·E.迪尔和阿伦·A.肯尼迪认为,企业文化是"价值观、英雄人物、习俗仪式、文化网络、企业环境"。理解企业文化的重要性,就是重视"运用价值观形成、塑造英雄人物、明确规定习俗和仪式并了解文化网络来培养其职工行为的一致性。"②

威廉·大内认为,"一个公司的文化是由传统和风气所构成。此外,文化还包含一个公司的价值观,如进取、守势、灵活性——即确定活动、意见和行为模式的价值观。"③

希恩认为,"组织文化是特定组织在适当处理外部环境和内部整合过程中出现的种种问题时,所发明、发现或发展起来的基本假说的规范。这些规范运行良好,相当有效,因此被用作教导新成员观察、思考和感受有关问题的正确方式。"

沙因认为,文化是由一些基本假设所构成的模式,这些假设是由某个团体在探索解决对外部环境的适应和内部的结合问题这一过程中所发现、创造和形成的。

尽管学者们对企业文化的定义表述各异,但本质上是一致的,即企业文化"反映了企业的共有价值观以及由此而决定的企业成员的行为准则和行为方式"。④ 首先,共有价值观是企业文化的核心内容,这与企业组织的特定内涵是一致的。按照巴纳德的定义,组织是一个相互协作的系统,既然如此,共同的目标、共同的行为规范和行为准则是组织有效运作所必须的。为了控制和协调组织成员的活动,组织一般借助于各种规章制度对组织成员的行为进

---

① 罗长海.企业文化学[M].北京:中国人民大学出版社,1999:21.

② [美]特伦斯·迪尔、艾伦·肯尼迪.企业文化:企业生活中的礼仪与仪式[M].李原等译,北京:中国人民大学出版社,2008:13-14.

③ [美]威廉·大内.Z理论[M].朱雁斌译.北京:中国社会科学出版社,1984:169.

④ 陈传明.知识经济条件下企业组织结构化调整[J].南京大学学报,2000.

行外在的、硬性的调节。但是约束员工行为的管理制度不可能无所不包,而且过多的外在强制易导致员工的反感,所以越来越多的组织已意识到引入文化管理可以弥补单纯的制度约束的不足和偏颇。这是因为文化管理强调心理认同,强调人的自主意识和主动性,通过构建共有价值观体系来引导和启发人的自觉意识达到对行为的自控和自律。其次,企业文化具有特殊性、积淀性和延续性。企业文化是基于特定企业的,不同的企业有不同的文化。企业文化的形成是一个复杂的过程,它可以从企业的不同层次中产生,但是最主要的是由企业的创始人和早期的领导者所倡导,然后通过几代经营者努力而创造的结果。"企业文化至少是企业高层管理者所共同拥有的那些企业价值观念和经营实践。"[①]企业文化反映了在相当长的时间内企业从事各种经营活动而积淀下来的并加以总结、提炼和升华的为人处事的价值观念和行为方式。企业文化一经形成,它可以通过多种途径进行传播以获得生存和发展,因此,即使企业领导者和企业成员不断更新,企业文化也会得到延续和保持,组织的生存其实就是价值观的维系和组织成员对价值观的认同。最后需要指出的是,企业文化要注意在延续中整合和发展。延续指的是企业文化在企业领导者更替过程中保持稳定,防止企业形象不稳定对企业造成的伤害;整合和发展指的是企业文化不是一层不变的,要反映不断变化着的社会环境、文化气息和企业制度,否则传统的企业文化可能将成为企业在新时期发展过程中的桎梏。当然,改变企业文化是一项长期、艰巨而有风险的工作,但是为了企业的生存和发展必须输入一些新的文化理念。

　　综上分析可以得出结论:所谓企业文化是指企业在长期经营实践过程中形成的并且得到企业成员普遍认可和遵循的价值观、思维模式和行为规范。

---

　　① 约翰·P. 科特,詹姆斯·L. 赫斯克特.企业文化与经营业绩[M].李晓涛译.北京:华夏出版社,1997:6.

二、企业文化的结构和功能

结构是指构成系统的诸要素之间相互联系、相互作用而形成的某种稳定的内在秩序。功能是系统在运作过程中所表现出的外在的作用和能力。功能与结构有着非常密切的联系，系统的功能取决于其结构，而功能则赋予了系统存在的意义。

1. 企业文化的结构

企业文化的结构是其各构成要素相互依存、相互作用的结合体。目前理论界对于企业文化的结构已形成共识，即企业文化包括了四个层面的同心圆结构，由内向外依次是：共有价值观、制度层、行为层和物质层。其中，共有价值观是企业文化结构中最核心部分，这部分难以直接被人们观察到，但是易被感知，价值观如同一发射源，可以不断向外辐射能量，以制度、行为以及一些物质符号等具象表现出来，研究者们常用一组同心圆将企业文化的结构以及结构的内在关系形象地进行描述，如图 5-1 所示。

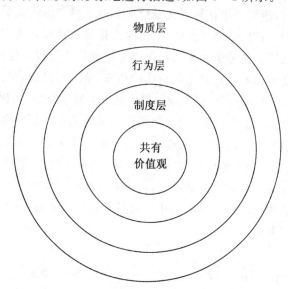

图 5-1 企业文化的结构

2. 企业文化的功能

从企业文化的结构来看,呈由内向外的发散状,这就说明企业文化的功能主要由企业共有价值观不断借助于制度、行为和物质形式向外辐射来体现的。

第一,企业文化具有导向和凝聚功能。这是因为,企业文化体现了组织成员所共享的一套认知体系,它有助于组织成员彼此达成共识,并以此为基础来引导员工的行为,做出符合企业目标的行为选择;沟通员工的思想感情,融合员工的理想、信念,培养和激发他们的群体意识,产生对企业的归属感。日本企业"内协外争,亲和一致"的"家"意识和氛围就是企业取得成功的关键。试想一下,在一个人心涣散的企业中,管理和协调的成本将是高昂的,企业甚至因此而经营失败。所以,任何明智的企业经营者都会将自己的经营理念、价值观念、行为方式等融入企业共有价值观中,潜移默化地影响员工的认知和行为,通过建立企业文化来引导员工以组织的使命为准绳,达到行为、心灵和语言的相互认同与沟通,结成"命运共同体",产生协同效应。

第二,企业文化具有激励功能。在诺思等人看来,企业文化作为秩序的伦理基础,是一种"意识形态",它不仅是减少经济秩序交易费用的重要基础,更重要的是对经济主体创新和进取精神的推动,具有和产权界定匹敌的巨大作用,是有效率的经济组织的基础。近代资本主义的兴起与日本的崛起,都证明了这一点,这也正是《新教伦理与资本主义精神》的主旨。韦伯认为,资本主义精神是一种为获取合法利润而努力的理性精神,正是在资本主义精神的激励下,推翻了经济传统主义的前资本主义社会,西方社会开始进入资本主义社会。日本的崛起也是来自企业文化的力量。在20世纪80年代,有一批研究日本企业成功之道的畅销书,得出的一致结论就是日本在20世纪70、80年代中期之前超越美国,就是在企业管理中引入了企业文化管理,企业文化可以凝心聚力。

第三,企业文化具有解释功能,为管理者的所作所为提供合理的解释。汪丁丁指出:"文化创造的意义在于通过赋予事物和生活以新的意义而增加事物和生活的价值。"尤瓦尔·赫拉利在其著作《人类简史》中指出,人类区别于动物的本质在于会讲故事。企业文化中所包含的企业使命、愿景和价值观其实都是企业领导者建构的故事。华为反复讲"以客户为中心,以奋斗者为本",也是在反复讲故事,告诉大家只有围绕着客户的需求,才能活下去,只有坚持艰苦奋斗,才能收获价值。于是,华为人围绕着价值创造、价值评价和价值分配的故事勇往直前。通用电器的韦尔奇强调 CEO首先是"首席解释官"。企业领导者需要具备会讲故事的能力,因为讲故事能唤起下属意义的共鸣,让他们趋之如鹜,追随左右。

第四,企业文化具有约束功能。企业通过许多无形的、非正式的和不成文的行为准则,使员工自觉接受文化的规范和约束,从而减少其行为的不确定性。而且,文化约束可以弥补单纯的制度约束的不足和偏颇,一方面用制度来监督契约的执行必然成本高昂,另一方面制度的监督不可能无所不包。因此企业文化作为一种内在的心理约束,一定程度上可以作为正规约束的替代。普尔指出:"最宝贵的东西常常是自觉自愿。如果对任务做出严格规定以及对管理实行官僚体制化,那么将会削弱激励因素,解决的办法是向组织成员灌输团结精神而克服掉单调无味和照章办事的情绪,凡是没有一致性的地方,就不会有干劲、智慧以及下级对上级的报告责任和服从。"①

第五,企业文化具有持续不断的延续功能。企业文化中的共有价值观形成不是一朝一夕可以完成的,它需要经过企业经营者几代人的实践、总结、倡导和精心培育,逐步形成被企业成员一致认可的价值观。因此,企业文化具有历史继承性和稳定性。企业文化一旦形成就不会因为某个领导人的更替而轻而易举地改变。

---

① [美]丹尼尔·A.雷恩.管理思想的演变[M].赵睿译.北京:中国社会科学出版社,2000:107.

企业文化是经过了长期积淀而形成的，因此，才能为企业的可持续发展提供源源不断的软实力。

三、企业文化对于企业权力合法性的意义

首先，企业文化有助于企业成员形成有利于合法性的特定价值信仰体系，而这正是构成合法性的重要基础。将企业文化作为企业权力合法性基础的考虑，是受到政治合法性理论关于合法性意识形态基础的启迪。合法性的实质表现为人们对权威的一种特定信念和情感，如李普塞特将合法性界定为"政治系统使人们产生和坚持现存政治制度是社会的最适宜制度之信仰的能力。"[①]韦伯认为，人们对既定统治秩序的服从不仅包括了习惯、自身利益，而且人们对合法性的信仰是更为重要的一个方面。那么如何来获得人们对合法性的信仰呢？在西方政治学家看来，统治者首先通过意识形态的灌输来获得被统治者对权力的信仰和赞许。意识形态是"一种理想、目标和目的的表达单位，它帮助系统成员解释历史，说明现实，并设想未来"。[②]意识形态起着价值导向的作用，有助于唤起人们对合法性的信念。伊斯顿将意识形态作为合法性的首要源泉。类似地，阿尔蒙德、利普塞特提出政治文化一词来解释政治权力获得合法性的源泉。李普塞特指出："测试合法性的主要方法，是看那个国家已经培养起一种共同的长期延续的政治文化的范围。"[③]当然利普塞特将政治文化仅仅理解为全国性的仪式和假日，未免过于狭窄。阿尔蒙德给出了政治文化的系统解释：政治文化是一个民族在特定时期流行的一套政治态度、价值观、信仰和感

① ［美］西摩·马丁·李普塞特.政治人［M］.张绍宗译.上海：上海人民出版社，1997：55.

② 戴维·伊斯顿.政治生活的系统分析［M］.王浦劬译.北京：华夏出版社，1999：349.

③ ［美］西摩·马丁·李普塞特.政治人［M］.张绍宗译.上海：上海人民出版社，1997：58.

情;政治文化体现为人们对政治权力的一套认知取向、感情取向和评价取向。① 正是一系列政治文化要素的结合,才构成了人们的特定信仰体系,成为政治统治权威的重要基础。政治文化实质上与意识形态的内涵相通。哈贝马斯也提出了社会文化系统是政治合法性的基础,指出"合法性意味着某种政治秩序被认可的价值"。

上述关于意识形态与政治合法性的经典性阐述表明:意识形态对于政治合法性的意义,关键在于意识形态提供了政治合法性的理念基础。对照前面的意识形态定义,完全可以将企业文化理解为企业的一种意识形态,因为企业文化反映的是企业在多年经营过程中积淀起来的价值观、远景、信念和情感,体现为企业员工对企业的一套认知取向、感情取向和评价取向,这些价值取向决定了企业员工对企业、企业权力、企业管理者的认同意识、支持与评价等。正是一系列企业文化要素的结合,形成了企业成员的特定信仰体系,由此成为企业权威的重要基础。企业文化对企业员工有着心理上的感召力,尤其当这些表述所承诺的内容已成为现实,那么,由此而引起的满足将进一步强化支持。这种源于情感的对合法性的信仰能力离不开企业文化的导向功能、凝聚功能和激励功能。因此,对管理者而言,重要的是在企业内部必须倡导企业文化建设,通过企业文化的有效灌输来影响被管理者的情感、价值观、认知和行为方式,形成对企业权力和管理者的正面评价,为企业权力的合法性提供观念上的支持。

其次,企业文化往往成为管理主体为获得企业权力合法性的有力工具。关于这一点可以从企业文化具有的解释功能而得到答案。企业文化的解释功能首先表现在企业文化就是领导者建构起来的虚拟故事。这个故事包括了领导者自己的价值观、愿景、经营理念,也有意识地考虑了员工的所思所想,尽可能地去唤起和激励企业员工的理想,只有如此,才能唤起企业员工意义上的共鸣,从而成为企业员工行动的指南。其次领导者要学会讲好企业故事,因为企业文化的外生性,不会自然地被员工接受,所以企业管理者需要通过开展企业文化培训对员工进行灌输,通过定期的仪式、活动,评选先进人物等方式不断强化认识,久而久之员工就被潜移默化了。最后,利用企业文化对于规则的解释力,增强企业员工自愿服从的意愿。企业文化往往与企业为追求目的而建立的企业制度联系着。每一种制度和每一条规范,都必须经过某种意义的阐释才可能被群体接受为行动的规制原则。那些长期"没有意义"的规范会因为监督成本太高而渐渐消解或演变成其他规范。换句话说,企业文化为企业制度提供解释,从而赋予其意义。企业管理者既是企业制度的执行者,同时也是制度的阐释者。在企业实施制度创新时,必须同时进行文化创新,因为旧的文化往往难以支持和容纳新的制度,企业领导者需要为每一种制度的每一次演变提供文化上的阐释,赋予其企业文化的意义,这样可以降低制度执行成本。

当然,并不是所有类型的企业文化都能持久地构成合法性的基础。约翰·科特在研究企业文化与经营业绩的关系时将企业文化分为三种类型:强力型文化、策略合理型文化和灵活适应型文化。具有强力型企业文化的企业表现为全体员工牢固地具有共同一致的价值观念,有助于员工产生为企业献身的心态,从而形成促进企业经营业绩增长的一股强大合力。策略合理型文化的特点是其价值观念的标准符合企业所在的行业特点,拥有策略合理型文化的公司在 20 世纪 40 年代至 60 年代变化较为缓慢的环境中,凭借着十分雄厚的市场实力地位,获得了十分可观的经营业绩。灵活适应型的企业文化之所以有助于企业经营业绩的提高,关键在于"灵活适应"。在当今这样一个变化迅速的市场环境中,培育灵活适应型的企业文化显得尤为重要。因为强力型文化和策略合理型文化能够有效发挥作用的前提是市场环境的相对稳定。当市场环境急剧变化时,强力型文化会以其牢固的稳定性和惯性阻止变革,这无疑会损害企业的经营业绩;策略合理型文化虽然保持了与行业环境的适应性,但是在环境变化而导致企业经营方向调整时,其静态的适应性会因变化而湮灭,结果不利于企业经营业绩的改善。由于环境变化,不同类型企业文化对经营业绩的影响不同,固守僵化的价值体系难以成功,因此也会影响到员工对企业权力合法性的评价。成功的企业文化必须在灵活应变中保持一定的稳定性,而且具有包容性。总之,通过灵活、稳定和包容的企业文化的塑造,企业权力可以被赋予合法性的新意义。

四、企业文化作为企业权力合法性基础的局限性

企业文化既可以成为获取合法性的有力工具,也可能使合法性的维持陷入困境。企业文化使合法性陷入困境的原因有三方面:一是企业文化可能传播的是虚假价值观,二是企业文化存在刚性,三是企业文化的"共性"与个体价值观"个性"的冲突,以上三点是企业文化作为企业权力合法性基础的局限性。

第一,企业文化如果传播的是虚假价值观,可能危及合法性。伊斯顿在他关于合法性的理论中进行过阐述。他认为作为政治权力取得合法性的有力工具的意识形态既可能是关于政治生活的骗人神话,也可能是现实的估价和真诚的渴求,但无论哪种形式都会对人们的信仰和价值观具有潜在的影响。[①] 政治权力主体正是将有利于自身合法性的意识形态政治社会化于社会中,来影响人们的信仰和价值观,从而达到对政治权力本身的认可和接受。进一步地,伊斯顿指出意识形态作为政治合法性的理念基础往往会导致一种虚假的意识形态的形成。也就是说,政治权力为使自身合法性取得一种理念基础,一般会对政治现实做出脱离实际的意识

---

① [美]戴维·伊斯顿.政治生活的系统分析[M].北京:华夏出版社,1999:349 - 350.

形态的描述,以期在民众中形成一种有利于自身统治或管理的理念。意识形态既可以说明思想与现实之间的真实关系,也可以是一种脱离了现实的思想,实际上体现了某个特定主体的利益。也就是说:虚假的意识形态是权力主体往往从自身利益出发而有意识制造出来的,现实中,人们经常会感受到,权力主体为了使自身获得较高的合法性,在看到实际情况不符合,往往会进行歪曲或掩饰,形成一种虚假的意识形态为自身辩护。从伊斯顿的论述中可以看出,在意识形态为政治合法性提供源泉的问题上,政治权力很可能会宣扬一种虚假的意识形态,如对自身统治政绩的脱离实际的吹捧,对未来美好前景的拔高,以求得这种意识形态在民众中获得一致的认同。这种虚假价值观的传播,在被权力客体识别以后,既可能依旧被支持,也可能被抵制,但是终究会陷入合法性的困境。哈贝马斯在分析晚期资本主义合法性危机时就是指向政治文化系统。可以看出,意识形态或政治文化至多是一种符号,至多也只能是一种符号象征而已,或者说是虚拟的故事。意识形态要成为合法性的稳定基础,需要满足的条件是:符号的象征意义与现实的一致性。两者的不一致如果是暂时的,不会危及合法性,但是两者长期处于背离状态就会危及合法性。实际上,两者的不一致是常态,但是通过权力主体的努力以及与权力客体的博弈可以得到缓解,如此一来合法性问题就变得复杂了。

　　构成企业权力合法性基础的企业文化同样可以视为一种符号象征或是一个故事,管理者通过讲好故事可以唤起下属的意义共鸣,达成和维持合法性。但是,这种建立在符号或是故事基础上的合法性,需要有实质的支撑,如果两者长期不一致,就会危及合法性。但是,管理者可以利用信息不对称和下属认知能力的差异,拆解实质和符号,使用符号隐瞒实质内容,操纵符号的能力往往在实际中成了管理者赢得合法性的重要手段。对于善于玩弄符号的管理主体,符号成了美化其行为的外衣或护身符。当然,充当护身符(合理性外衣)的符号也不是随意选择的,它们要具有对管理客体的感染力,符合主流的价值评判标准、规范和习俗等。其实,一定程度和一定时期的符号与实质的不一致是常态化,也未必会降低合法性,这主要取决于管理者是否具有为达成合法性而利用符号进行操纵的管理技巧。不过,如果符号和实质长期处于分离状态,将会导致企业文化的灌输最终无法引起企业员工的认同,更有甚者,当管理客体对管理主体这种言行不一的游戏戳穿后,就会完全丧失权力的合法性。

第二,企业文化的刚性特征是危及合法性又一个原因。企业文化刚性是指当环境变化或制度创新所产生的压力试图改变原来的企业文化时,会激发原有企业文化发挥出强大的反作用力阻止变革。企业文化的刚性特征首先是企业文化的传承性和延续性机理的体现,要想员工们放弃曾经长期引导他们行为的价值观念,会产生是非上的困惑;要员工改变已经习惯了的行为方式,会出现行为紊乱。其次对管理者而言,由于原有企业文化对企业权力结构的支持作用而担心一旦变革企业文化很可能动摇他们已树立起的权威,侵蚀到其权力的合法性,因此企业内部的权力机构必然对可能危害自身利益的变革持反对态度,这种反对力量较前者更为强大,而且是隐秘和不易察觉的,所以常常成功地阻止变革。总之,无论是管理者还是员工,都宁愿去维持旧有的文化,他们不愿意承受失去既得利益的痛苦,会坚持已经习惯的传统。由于企业文化刚性的存在,会使企业表现出不合时宜的价值观,从而导致企业采取缺乏适应性的行为,致使企业经营的有效性丧失。而如果有效性丧失,合法性也会最终难保。面对两难境地,企业也许会坚持原有的企业文化,结果是坐以待毙;也可能改变原有的企业文化,最终重获新的合法性。不过变革原有的企业文化很难,大多数企业的变革努力都失败了。因此,要想变革成功,必须制定切实有效的策略。

第三,企业文化对代表的共有价值观的"共性"与企业员工个体价值观"个性"的冲突也可能危及合法性。尽管共有价值观是企业文化的核心内容,反映了价值观的"共性"的特征,但是它不可避免地与参与企业活动的每一个人的"个性"关联着。"个性"总在努力与企业层次上文化的"共性"保持适当的距离,因为每个人都力图保护自己的私人领域,在那里人性获得基本的自由和权利。历史上没有一种制度,不论它多么集权专制,都不可以完全剥夺人们的私人领域,因为外来的控制越是深入私人领域就变得越发困难和成本高昂,最终难以为继。自由的个性与群体的共性之间的冲突成为合法性的潜在威胁。随着互联网时代的到来,个人价值越来越得到张扬和重视,个人在数字技术的帮助下变得强大,个体与组织价值的冲突会凸显,过去强调个人服从组织,个人价值被组织价值替代,但是现在需要的是协同的价值取向,如果固守传统价值,那么自由的个性与群体的共性之间的冲突会使对合法性的潜在威胁变成现实。

第二节　企业权力合法性的制度基础

企业文化为企业权力合法性的获得提供了价值前提,但这至多是获得合法性的必要条件,而不是充分条件。[①] 因为合法性意味着权力主体和权力客体的这种统治与服从关系得以有效地维持,但这种关系的维持与稳固仅仅建立在权力客体认同的价值基础之上是远远不够的,于是就引出了涉及合法性基础的第二个内容,即制度或是规范。从广义的角度讲,制度首先是诠释的标准,这些标准是评价与衡量现实的基本要素;其次,它是行动的向导。从这个意义上讲,制度也是价值的体现,但是成为制度的价值应该是最具普遍意义的,最能体现出组织同一性的价值。制度通过具有强制性质的措施将权利与义务具体化,是既能支配权力主体又能支配权力客体的规则,它有助于约束个体在共同的基础上进行

---

① ［法］让马克·夸克.合法性与政治［M］.北京:中央编译出版社,2002:18.

活动,达成谅解,保证组织的同一性。企业制度可以看作是合法性的根本性基础。

一、制度与企业制度

制度历来是社会科学中的重要研究对象。对于什么是制度,政治学、社会学和经济学均从各自的研究领域出发给出了相应的定义。政治学家戴维·伊斯顿用"典则"这一概念来说明什么是政治制度。他认为典则就是所有的系统中对政治活动的一系列制约,可以将其分解为三部分:价值(目标和原则)、规范和权威结构。价值起到对授权指导日常政策的事物予以广泛限制的作用。规范就是通过一系列的规章制度对行为加以约束。权威结构包括正式的和非正式的模式,权力正是在这些模式中得到分配和组织,从而使政策的制定和落实权威化。[①] 戴维·伊斯顿的制度定义是相当宽泛的,对此有学者表示了不同的看法,认为政治制度是指政治生活中的人类政治行为的根本性规则,这些规则一般是限于法律层次的,即宪政制度、选举制度以及与政治权力相关的一套法律制度。社会学中认为制度是非常稳定地组合在一起的一套规范、价值标准、地位和角色,它们都是围绕着某种社会需要建立起来的。诺斯认为,制度是一个社会的博弈规则,或者更规范地说,它们是一些人为设计的、型塑人们互动关系的约束。[②] 进一步地,诺斯指出制度由三个部分构成:正式约束(人为设计的规则)、非正式约束(如惯例)和实施。

综上所述,制度是为了维持人类共同的生活而约束个人行为的规范体系,而且,构成制度的规范体系既包括了正式的、明确的规则,也包括了非正式的规则。正式规则有法律、法规、合约等。

---

① [美]戴维·伊斯顿.政治生活的系统分析[M].北京:华夏出版社,1999:226 - 227.

② [美]道格拉斯·C.诺斯.制度、制度变迁与经济绩效[M].杭行译.上海:格致出版社,2014:3.

诺斯将这些规则做了如下的排序:从宪法到成文法与普通法,再到明确的细则,最终到确定约束的单个合约,从一般规则到特定的说明书。非正式的规则有价值观、伦理道德准则、习俗和习惯等。组织一方面通过正式规则的外在强制来约束组织成员的行为,使之符合组织的目标;另一方面依靠组织成员对习惯、伦理道德这些非正式的、不成文的规范体系的价值认同,产生一种内在的约束力。由此可见,现代社会对于制度的建构既包括了理性建构,又包括了非理性的建构。作为制度构成的非理性部分实际上涉及本书前面所探讨的文化内容,这说明制度与文化有着千丝万缕的联系。从制度的内容出发,可以将制度区分为正式制度和非正式制度。根据本书研究的内在逻辑,企业权力合法性的制度基础指向正式制度。在一个社会化的系统和组织中,人们的行为及其行为的后果都是社会性的,每个人行为的后果不仅取决于他自己的行动,而且还取决于他人的行动,总之,人们之间相互影响。要使人们的共同活动成为可能,并兼顾各参与者的共同利益,就需要有调整和约束各方行为方式和关系的规则,这就是正式制度最本质的内涵。

企业制度反映了围绕企业运行和实现企业目标而设计的约束和规范企业成员行为的正式规则体系。从本质上讲,企业制度的建立是对企业成员行为不确定性的一种控制和对确定性的一种规定。企业制度对企业成员行为的约束是需要嵌入到企业组织结构中实现的,制度与组织结构是互动的。企业组织结构因组织历史、规模、技术、环境、权力关系的不同,先后出现多种结构形式:简单结构、U 型结构、M 型结构、网络结构等。如果从权力关系看,简单结构和 U 型结构属于集权式结构,但集权程度存在差异。M 型结构和网络结构属于分权式结构,不过分权程度不同。简单结构没有规范的组织结构,由企业最高领导者集中管理,高度集权化。U 型结构和 M 型结构都是通过纵向管理层级制、横向部门化进行协调与控制,各项正式的规章制度是企业得以维持正常运行的基础和保证。企业制度具体表现为:严格的纪律、具体和详细的职务说明、明确规定处于不同层级的企业成员的权力和职责；规定利益分配的标准和办法；规定奖惩的尺度和程序；规定绩效考核的标准和程序等。网络结构是互联网时代的产物，属于有机结构，分权程度高，没有严格的制度控制。

二、企业制度对于企业权力合法性的意义

对制度与合法性关系的关注首先源自韦伯。韦伯关于政治统治的法理基础就是指制度是构成合法性的基础，也就是说，只要是遵循规则的政治行为，都渴望得到服从，都应当具有合法性。韦伯对此的解释有着一定的片面性，其片面性在于韦伯认为法理型统治的基础在于合乎法律规定，也就是说权力合法性的制度基础仅局限于法律制度层次。如果仅从这一点去考察政治权力合法性的制度基础容易使人们将合法性理解为法律性。虽然法律具有合法性的功能，但是法律条文并不是一种独立的合法性，因为如果立法的程序和内容得不到社会的普遍认可，那么法律本身也会缺乏合法性，这说明法律同样需要得到证明。所以，应该记住弗里德里奇的告诫，不能将合法性与法律性混淆起来。韦伯之后，帕森斯、阿尔蒙德、亨廷顿等人也不同程度地论述了制度对于合法性的重要意义。帕森斯把制度作为权威的空间，道出了制度化的重要意义。阿尔蒙德认为，"在一个现代的民主政治体系中，当权者的合法性将取决于他们在竞争性的选举中是否获胜。取决于他们在制定法律时是否遵守规定的宪法程序。选举和立法这两个程序被看作是政府对公民要求作出反应的保证。"亨廷顿认为，"制度化是组织和程序获取价值观和稳定性的一种基础。"这些学者对于制度与合法性关系的论断表明，制度对于合法性的意义在于无论是权力的获得还是权力的行使都必须受到制度的约束，也就是说制度化的权力具有合法性。为什么制度化的权力具有合法性？对这一问题的回答实际上涉及两方面的内容：一是与制度本身的形成有关；二是与制度的理性化特征有关。前者要证明的是既存的制度本身具有

合法性,而后者说明的是制度理性特征有助于获得和维持合法性。

第一,企业制度的形成过程决定了现存制度具备合法性的内在依据。首先,从一般意义上的现代社会制度来看,现代社会制度的起源一直存在着"自然演化"和"人为设计"两种观点,两种类型的制度都有相对应的客观存在。前者同特定地域中的文化观念、社会习俗和价值准则密切相关,属于"本源的制度";后者属于人们运用理性进行规划、设计和建构制度。两种关于制度形成的观点都具有现实的合理性,而且两者之间关系密切。"自然演化"的制度是"人为设计"制度的母体,是从自然制度中逐步生长、演化和发展出来的人为制度,是人类文明进步的标志。本源制度表现为观念、社会习俗、禁忌等一些约定俗成的非正式规范体系,这些非正式规范体系在人们不断的交往中逐渐得到广泛认同,最终以正式的规则、法律确定下来成为正式制度,正式制度是本源的制度和人类理性相结合的产物。人为建构的制度有助于克服自发生成的非正式制度的庞统和模糊,补充和强化非正式制度约束的有效性,降低实施成本。

本源的制度的出现是因为人的理性力量非常有限,只有依赖于亲缘系统才能获得生存下去的可能性。因此,以血缘关系为纽带的部落首领、家长和不成文的条例、习俗等非正式制度才在一段相当长的时间内拥有了合法性。当外部环境发生了变化,如人口增长以及相关的生态因素,特别是由于交换、战争和征服而带来的种族间的依赖关系,致使亲缘系统为基础的家庭认同和部落认同受到摧毁,亲缘系统的权力控制让位于国家,血缘关系被严格的等级体系所替代,礼仪和禁忌演变成正式的规则,进而成为法律法规制定的基础。在社会的微观组织层面出现的制度不再有本源的制度,完全按照社会的分工协作体系建构起来的组织要求人为创设的制度。建立制度是为了规范人们的行为和互动关系,减少不确定性,保证组织成员的相互协作,完成组织约定的目标。正式制度作用的发挥需要嵌入组织结构中,于是不同的制度安排形成了不同的组织结构。U 型结构和 M 型结构是工业化社会企业组织结构的典型模式，它们是官僚制组织在现实中的实现模式。以高度理性化为特征的官僚制组织，技术至上和效率至上，契合了工业化时代工具理性至上的思潮，所以以理性为原则的现代官僚制就具有了合法性。

第二，企业制度的理性化特征为企业制度合法性提供强有力的支撑。正式制度是人类理性建构的产物，兼具价值理性和工具理性的特征。制度建构就是在价值理性的基础上完成的，具体表现为制度的价值取向既不能背离传统，如习俗、观念、禁忌等，因为有些根深蒂固的传统观念直接影响人们的认知和行为，又要体现社会普遍认可的价值，如人人期望用公平、正义原则安排人们的地位、角色及利益关系，还要融合自身的价值取向来引导人们做出符合社会整体运行要求的行为选择，因为随着时代变迁，一些传统可能不合时宜。制度的工具理性强调的是如何工具化制度，使之成为达成目标或提升效率的有力手段。因此制度的工具理性体现为制度的安排和执行问题，确保制度的安排合理，按照既定的规则和程序落实到位，并且保证制度不被某个群体或者个人所操纵和利用，避免多数人利益受损。可以说，价值理性是制度建构的根基，它相对于工具理性来说具有优先性，因为价值理性具有规范和引领工具理性的作用，避免制度执行中迷失方向，以至于使得制度建构迷失方向。而缺乏工具理性的价值理性也难以使制度建构具有现实性、效益性和约束性，工具理性使制度作为一种公共权威可以超越任何身份、地位或财富等方面的限制，广泛地起到约束作用，减少组织运行的不确定性。

企业制度的价值理性既体现了社会普遍认可的价值，也反映了企业的共有价值观，企业规章制度的背后一定渗透着企业价值观，如《华为基本法》透射了任正非的管理哲学——"以客户为中心，以奋斗者为本，坚持艰苦奋斗"的价值观，引导华为员工做出符合华为企业目标要求的行为选择。《华为基本法》的颁布确定了华为管理合法性的基础,也就是管理者在行使权力时,大家心悦诚服。企业制度的工具理性主要体现为制度的强制约束性:通过制度一方面有助于规范管理者的行为,保证他们的权力行使符合既定的规则,防止权力被管理者用于谋取私利,损害企业和员工利益;另一方面有助于规范企业成员的行为,保证企业成员对企业管理者权力的认同和服从。因此,为了维持管理者权力的合法性,就需要有制度一方面来约束管理者权力的行使,消除或减少权力行使过程中的负面影响,因为管理者适当的行事方式即遵行现有的制度是有助于获得和维持合法性的;另一方面来敦促员工对权威的服从,因为制度建立的理性原则符合企业员工的期望和诉求,那么遵守与服从自然而然成了员工们的自觉行为。从这一点上讲,制度化的权力的合法性实质上包含了一种特定的权利义务关系,既能支配权力主体又能支配权力客体的行为,它有助于约束双方在共同的基础上进行活动、达成谅解,保证组织的同一性。这种认同既不是出自对某个人物超凡魅力的折服,也不是来自对财富的向往,或是对强制的恐惧,实质上是对理性的公共权威的认同。正如英国学者戴维·比瑟姆所言:合法性的权力或权威具有要求其部属服从的权利,甚至在其部属未必同意一项特定法律与指令内容的情况下,而且其部属也有相应的服从义务。需要说明的是,合法性中所包含的权利义务关系与法律中的权利义务关系不完全相同。合法性意义上的权利义务关系与道德判断相关。

三、企业制度作为组织权力合法性基础的局限性

上述分析表明,企业制度是企业权力合法性的重要基础,但是企业制度作为企业权力合法性的基础同样不可避免地存在一定的局限性。

第一,因为企业制度对管理者约束的有限性而导致危及合法性。由于现代企业中的经营者与股东和员工有着不同的效用函数,于是在企业经营实践中就会出现经营者利用手中的权力为自

己谋私利,甚至严重地侵占了股东和其他利益相关者的利益,这样的例子屡见不鲜,这就是经济学讲的经理人员的"道德风险"或被称为"内部人控制"。因此,通过制定规则来约束经营者的行为早已在学界和业界达成共识。但是因为种种原因导致已有制度对管理者约束是不完全的。这是因为:一是制度内容体系不完全,二是制度的实施和监督不完全。制度具有不完全性,这是由于人的有限理性和制度制定成本的高昂所致。由于人的有限理性致使制度不可能无所不包、无所不括。例如我们经常可以听到一些企业经营者在行使权力时钻政策空子的说法,这正是因为制度的不完全使得制度约束出现了真空的原因。另外,制度的内容也需要经常根据不断变化的实际进行更改和补充,这从另一方面反映了制度的内容体系不可能是完全的,当然也为制度约束的不断完善留下了余地。制度的不完全性也受制于制度制定成本的高昂,制度制定成本都涵盖在科斯的交易成本概念中了。制度制定的成本主要包括信息成本、谈判成本和拟定规则成本,制度通常是在权力双方的不断博弈中实现的。制度实施和监督的不完全,是因为信息不对称和管理者的机会主义行为造成的。企业经营的不确定性导致只有管理者本人可以掌握相关信息,因此对管理者行为的监督是不完全的,而且监督成本高昂,同时管理者的机会主义行为也会使得制度在执行过程中常常被扭曲。

第二,企业制度建构的"价值理性"与"工具理性"的内在矛盾会危及合法性。韦伯早就意识到了现代官僚制度所蕴含的理性悖论,官僚制片面追求技术理性的逻辑,因而演变为"形式的合理性和实质的非理性"。从工具理性意义上讲,官僚制是致力于效率的,因而是合理的组织制度。但是从价值理性层面而言,官僚制则是非人性的,人逐渐在官僚机器的指令下丧失个性和自我。尽管如此,因为官僚制所体现出的一种对理性化的规范性统治与管理体制的选择与追求的本质,基本上适应了工业经济社会追求经济增长和效率至上的要求,所以官僚制理性悖论并没有引发合法性危机。但是当后工业化社会到来之际,人们的价值观随着经济增长带来的物质富足而发生转变,企业管理的理念需要从"效率至上"逻辑转向"以人为本"逻辑,官僚制度蕴含的"价值理性"与"工具理性"的内在矛盾凸显出来,工具理性"只停留在解决科学和技术难题的层次上,都是一个个肤浅和狭隘的目标,很难真正吸引大多数人。它不能释放出人类最高和最广泛的能量。从短时期看,它导致了不利于生产力发展的毫无意义的活动,从长远看,它真正把人类推向自我毁灭的边缘。"①

　　第三,企业制度的不公平特征导致制度权力个人化倾向会危及对管理者本人的认同。制度的制定虽然理论上讲是权力关系双方博弈的结果,但是必须指出的是,这种讨价还价实质上是不公平的,有时甚至是虚假的,因为权力关系双方的地位不对等,权力主体凌驾于权力客体之上,权力主体拥有职位所赋予的权力,保证他能够掌握企业资源并利用手中的资源支配和控制权操控谈判过程,迫使权力客体做出巨大的让步,所以最终确立的制度内容和制度执行过程一定是服从于权力主体的利益,这说明了制度实际成为管理者获得合法性的工具。这样一来,管理者的权力就会出现个人化倾向,管理者个人意志往往成为权力意志,企业权力异化为管理者牟取个人利益的工具。因此,权力关系双方的地位势差形成的制度不公平性特征,一方面弱化了制度对管理者权力的约束作用,管理者可以为所欲为,另一方面制度的不公平性导致被管理者处于弱势地位,管理者凭借掌控的资源分配权迫使被管理者对管理者形成依赖关系,即便被管理者明知不合理也不得不屈从于权力。长此以往就会导致管理者丧失合法性。

---

　　①　常士闿.政治现代性的解构[M].天津:天津人民出版社,2001:243.

第三节　企业权力合法性的有效性基础

从权力产生资源依赖这一观点来看,权力客体的服从和认同与权力主体对资源的支配能力和经营水平有关。在企业中管理者经营的有效性既是一种带有强制特点的服从力量,更是一种诱导自愿服从的力量。因此,在探讨企业权力合法性基础时,管理者经营的有效性也构成一个重要维度,这源于人们普遍具有的工具理性的行为动机。这一点在西方合法性理论中也有专门论述,阿尔蒙德概括性地指出世俗化的出现意味着政府的实际政绩日益成为合法性的重要基础。

一、有效性的内涵

一般而言,对企业经营有效性的评价内容和标准是不断发展变化的。如果将企业作为封闭的理性系统来看待,那么企业绩效就成为企业经营有效性的中心内容,这集中反映在企业的效益指标上,如利润率、市场占有率和投资回报率等。如果将企业作为情感系统来看待,那么在企业管理中就要强调重视人、关心人,实行参与式管理,增强组织的内聚力,这时内部人员的稳定性、满意度等就成了衡量有效性的关键维度。如果将组织作为开放的系统来看待,企业经营的有效性就具备了更广泛的意义,不仅来源于企业效益、企业成员的认同度,而且要考虑其利益相关者的利益,具体包括了顾客、投资者、社区、合作者的利益。

统筹企业自身经济利益、员工利益和利益相关者利益顺应了时代的要求,是企业的生存法则。随着时代的变迁和社会经济的发展,传统的以追求利润最大化为目标的做法已经不合时宜,虽然有些企业依旧如故。企业除了是以盈利为目标的经济实体外,也是构成整个社会的基本细胞,因此企业经营就应该站在经济社会的立场上,将自身的活动纳入整个社会这个大系统之中,不仅要追求自身的经济利益,更要承担必要的社会责任。日本经营之圣稻盛和夫强调:"没有10％的销售利润率,就算不上真正的经营。"销售利润率是企业的短期利益指标,从企业的长远发展来看,企业对社会环境的依赖性越来越大,企业长期的经济利益与整个社会系统的利益息息相关,因此,企业必须摈弃传统的经营观,建立与社会、经济、环境、人口等相协调发展的利益统筹经营观。这就是罗宾斯在他的《管理学》一书中提到的现代企业应具备的社会经济观。进一步地,罗宾斯还通过统计分析得出结论:社会责任的履行和经济绩效之间存在一种正相关关系。如稻盛和夫的成功就在于他秉持了社会经济观,他白手起家,独立创立了两家进入世界500强的公司,更是在2010年以78岁高龄被日本政府临危受命执掌陷入巨亏的国企日本航空,竟在短短两年内扭亏为盈,创下令人瞠目的奇迹,其经营哲学就是:要经营好企业,一定要具备"为世人、为社会尽力"的美好意识。

综上所述,企业经营的有效性就是正确处理好企业短期利益和长期利益关系,统筹兼顾企业自身利益和其利益相关者利益,根本性的目的是促进企业的可持续发展。因此,可以将企业经营的有效性理解为企业的可持续发展。

二、有效性作为组织权力合法性基础的意义

第一,有效性作为合法性基础是世俗化的结果。将有效性作为合法性的基础进行研究世俗化起到了关键作用。关于什么是世俗化可以从帕森斯对于现代文化和传统文化的比较中看出,他认为现代文化用明确的方式而不是用笼统的方式来观察客观事物;用中立的方式而不是用感情的方式来观察客观事物;现代文化向着普遍性的标准和概念看齐,而不是与某些单一独特的概念和标准保持一致;在评定价值和录用个人担任社会角色时,现代文化注重成就而不注重世袭地位。文化的世俗化渗透到现代生活的各个方面,世俗化成为现代生活的显著特点。因此,阿尔蒙德指出:"世俗化带来了对合法性的新看法。""世俗化意味着以习惯和超凡魅力为基础的合法性标准的削弱,而政府实际作为的重要性日益成为合法性的基础。"

第二,有效性作为合法性基础的经典阐释依据。首先是韦伯在对合法性基础的论述中涉及了有效性的问题,他认为,如果超凡魅力型统治"没有带给被统治者以幸福安康,那么他的魅力型权威的机会就会消失。"这样,他就会去"寻求他的统治的物质上的辉煌,以巩固他的统治威望。"其次,利普塞特更为透彻地阐述了合法性与有效性关系,他的研究被认为是最具有意义的。在他看来,合法性和有效性是相关的概念,合法性是评价性的,而有效性则是工具性的。任何一种具体的政治制度,都包含着合法性与有效性之间不同程度的关系,这种关系决定了政治制度的稳定程度。利普塞特写道"一再地或长时期地缺乏有效性,也将危及合法制度的稳定。"除他以外,弗里德里奇也认为,构成合法性的基础之一是成就偏好,如战争的成功、繁荣的保持、秩序与和平的维持。当代德国学者卢曼指出,政治体系要获得真正的合法性,就需要用实践功能去创造。

第三,有效性作为合法性基础是基于经济理性主义的逻辑。政治统治的合法性维持需要有效性作为支撑,同样,企业权力的合法性也离不开有效性基础。企业作为一群人的集合体,首先要解决的是企业参与者的经济利益问题,为了实现共同的利益,企业成员心甘情愿地将支配权出让给企业管理者,接受了支配权的管理者必然有了追求效益的压力,如果权力的运作没有带给企业效益,那么必然会危及管理者权力的合法性。尤其在市场经济条件下,资本的逻辑渗透到经济生活的方方面面,技术—经济理性占优势,效益成了价值观念的标准和评价管理者的关键,因此,提高效益成了管理者达成合法性的主要途径。

但是合法性的有效性基础不是一成不变的。管理者将提高效率作为赢得权力合法性的前提条件是对企业成员的"理性人"假设,实际上,一个健全的人无论在心理结构上还是在认知结构上都存在两面性:理性和非理性。在管理研究中首先将人的非理性因素引入的是以梅奥为代表的"行为科学"学派,他们认为人的行为不仅受金钱的支配,同时受思想、感情、欲望等心理因素的支配,前者是理性的,而后者则是人性非理性的体现。对人性的非理性一面的重视,反映在管理方式上就是要强调重视人、关心人,实行参与式管理,满足人的其他非经济方面的需求。所以,管理者要获得和维持合法性,不仅需要基于经济理性的效益考虑,还要重视员工的非理性方面的要求。除此之外,从更广泛意义上的有效性来看,管理者权力的合法性不仅来源于企业内部,即得到企业员工的认同,而且必须被其生存的环境所接受,顾客、投资者、社区、合作者等共同构成了企业生存的外部环境。为了获得来源于环境的支持,管理者需要兼顾利益相关者的利益。"如果组织把社会化的、合法化的理性因素并入其正式结构,可以使其合法性最大化,同时可以增加其资源和生存能力。"[①]

三、有效性作为组织权力合法性基础的局限性

有效性作为企业权力合法性的基础,其局限性也是显而易见的。

第一,有效性长期作为企业权力的合法性基础是不稳定的。为了获得对企业权力的认同,企业管理者必须千方百计地提高权力运作的有效性,满足各利益相关者的利益。但是,在当今这样一个竞争尤为激烈的环境中,企业经营的不确定性越来越高,对企业经营者而言,产出往往不是与投入呈正比的,尽管其竭尽全力,但很可能收效甚微。如果企业出现了利润下降或是经营亏损,势必影响到员工和股东对企业权威的认同。这正如伊斯顿在研究政治系统合法性的维持时所指出的那样,他认为对政治系统而言,一个

---

① 钱平凡.组织转型[M].杭州:浙江人民出版社,1999:207.

成员可能由于许多不同的缘由而愿意服从当局并遵守典则的要求,然而最稳定的支持还是来源于成员对系统合法性的适度信仰。如果没有这种信仰,任何系统都不能延续,至少不能延续很久。这是因为对系统合法性的内在信任是不随任何特定诱因或报酬而变化的,即使政治系统的输出或失败行动对成员造成了不断的打击,支持仍可能继续存在。

第二,对有效性的过分追求可能会导致企业行为失范。过度追求有效性,可能导致企业做出一些违规违法和违背伦理道德方面的事情,影响对合法性的信念。在企业实际工作中,由于管理效益的最直接体现是企业本身局部利益和短期效益,而这也是企业实现其全局利益和长期利益的基础。尽管如此,常常由于各类资源的约束所表现的却是企业局部利益与全局利益、长期利益与短期利益的矛盾,在两者不能兼顾时,很多企业往往舍弃的是企业的全局利益和长远利益,片面地追求短期自身的利益最大化。当追求企业本身短期利益最大化成为管理者的经营目标时,企业很可能为了达到目的而不择手段,这就是我们常常所耳闻目睹的关于企业的假冒伪劣、坑蒙拐骗和寻租等违法违规、道德沦丧行为,这些行为产生的后果必然是企业权力合法性的丧失。

综上所述,企业文化、企业制度和有效性分别从不同角度为企业权力合法性提供支持,三者之间是相互补充的、相互促进的,这一方面从各自的功能得到说明,另一方面可以从各自所表现出的局限性得到强化。正是由于它们所具有的这些功能,才使得这三者成为企业权力合法性的基础,同时由于每一种基础的局限性的存在,才使它们共同构成合法性的基础,因为这样一来每一基础都可以由其他两方面的基础来弥补不足。同时,还应该考虑到由于企业发展所面临的环境是处于不断变化之中的,企业权力合法性的三大基础各自对合法性的支撑程度也会发生差异性变化,从而影响三者组合状态。

四、企业权力合法性水平的动态变化

企业权力合法性的文化基础、制度基础和有效性基础各自对合法性的支持程度会随环境的变化出现差异性变化,由此决定了企业权力合法性基础的组合状态常常处于动态的变化之中。为了便于分析和归纳,本文以制度化水平高低作为前提,分别探讨企业文化和有效性的变化组合情况。

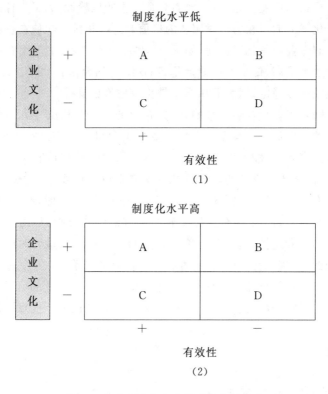

图 5-2　企业文化和有效性的变化组合

第一,图 5-2(1)反映了在制度化水平低的情况下,由文化和有效性的变化组合而导致的合法性水平的变化。在工业化的早期

阶段,企业权力的合法性表现为管理者获得了传统性权威。传统型权威是不受规则约束的,因此,这一阶段的制度化水平很低。传统性权威源于人们遵循的只是伦理的共识和功利主义的准则。从文化层面看,人们对待权力的传统观念是尊重传统的先赋权威。从有效性的角度看,由于人类社会处于从农业经济社会向工业经济社会转型的过渡时期,通过资本原始积累迫使一无所有的生产者为了生存的需要而被迫成为企业的雇佣工人,由于生产资料和生活资料的极度匮乏,造成他们对企业主的依赖性,为了生存进一步强化了人们对权力绝对服从的价值观念。传统型权威在古典的家族制企业中得到了体现,如图 5-2(1)中的 A 和 B,A 组合的合法性水平最高,传统性权威最稳定;B 组合的合法性水平次之,传统性权威较稳定,因为 B 组合中缺少有效性的支撑。

随着工业化社会的来临,古典企业的传统型权威一方面由于文化的新生而招致颠覆。人们从奴性走向自由,反对中世纪禁欲主义的宗教观,歌颂世俗,崇尚理性,不再对传统权威盲从。另一方面,由于传统管理的非理性特点使得企业在市场经济条件下出现了有效性危机,如图 5-2(1)中的 C 和 D 组合,这时传统性权威面临严重危机。C 组合虽然有较高的有效性作支撑,但由于企业经营的不确定性,这种缺乏价值认同的合法性也只是暂时的。尽管如此,在现代社会中,传统性权威还没有消失殆尽。现代家族企业在发展初期仍然保持着传统型权威。随着家族企业的不断发展壮大,传统型权威的弊端日益暴露,以至于成为阻碍企业发展的关键,这就是为什么我国的家族企业在达到巅峰之后随即又走向衰退的重要原因之一。

第二,图 5-2(2)反映了在制度化水平高的情况下,由文化和有效性的变化组合而导致的合法性水平的变化。在工业化社会中,企业权力的合法性表现为管理者获得了法理型权威。法理型权威的本质就是制度中心主义,因此,这一阶段的制度化水平很高。从价值层面看,严格地遵守规章制度和工作程序从而实现效率最大化,成为工业化社会的主流意识形态。从有效性角度看,对规则的严格服从不仅保证了个体的生产效率,而且强制性地推动了组织成员通过整体理性的追求来保证组织的效率。如图 5-2(2)所示,A 组合的合法性水平最高,法理型权威最稳定;B 和 C 组合的合法性水平次之,两者的差异是:B 组合有效性低,但可以从较高的制度化水平得到弥补,但是如果长期缺乏有效性,B 组合会转化为 D 组合。C 组合的文化水平低导致价值认同性低,这时为了维持权威,企业通常采用高压型的统治,但是如果长期获得较高的有效性,会带来价值认同性的提高,此时 C 组合会转化为 A 组合。D 组合表现为法理型权威遭遇合法性危机。尽管有高的制度化水平,但是过分强调规则,反而使固守规则由开始作为一种手段而最终却转化为目的本身了,于是文化危机和有效性危机不可避免。从价值层面看,过分强调规则就会使人们逐渐在规则面前丧失个性和自我,这是与后工业化社会的"以人为本"相违背的。从有效性来看,由于过分强调规则,反而将产出和结果忽略了,使工具价值变成了终极价值。

第六章

现代企业组织结构的合法性考察

迄今为止,国内外学者们对企业组织形态的考察基本上是沿着两条思路进行的:一是从产权角度出发,企业组织的发展经历了业主制、合伙制和公司制三种形态,这是企业组织的"制度结构";二是从管理角度出发,在现代企业组织的发展过程中先后出现了多种组织形态,有简单组织、直线制组织、直线职能制组织(U 型组织)、事业部制组织(M 型组织)、矩阵组织、网络组织等,这是企业组织的"管理结构"。综观企业组织形态的历史演变过程,可以发现企业组织的"制度结构"和"管理结构"往往是相互对应的。在业主制和合伙制企业里,企业的管理结构非常简单,甚至连基本的层级结构都未建立;而在公司制企业中,随着企业职能的不断分化以及由此而带来的层级延伸,其管理结构呈现出多样化,有直线职能制结构、事业部制结构、矩阵式结构、网络式结构等。根据本书的研究目的,对企业组织形态的考察将以企业组织的管理结构即企业组织结构作为研究对象,而将企业组织的制度结构作为历史背景纳入企业组织结构演化的研究过程之中。

第一节 企业组织结构演变的历史考察

一般而言,可以将企业组织形态演变过程中出现的种种企业的管理结构按照企业发展的历史逻辑归纳为三种类型:企业组织的简单结构、企业组织的官僚制结构和企业组织的新型结构。企业组织结构演变呈现出明显的阶段性特征,阶段性特征既有时代的烙印,也有企业自身发展的痕迹,因此可以发现在每一个时期这三种类型的结构都不同程度地并存着。一方面,环境的变化推动企业组织结构转型;另一方面,企业自身发展扩张会突破原有结构,还有时时刻刻都有新的企业诞生,企业初创阶段一般都是从简单结构开始,然后一步一步做强做大。

一、企业组织简单结构的形成及特点

企业组织的简单结构是指企业演化早期阶段中的业主制企业和合伙制企业的组织结构。这种组织结构虽然极为简单,但是它是企业组织结构进一步演化的逻辑起点,是整个企业组织结构演化过程中的有机组成部分。

简单的企业组织是指由个人或少数所有者所拥有和经营,规模较小,只具有一种经济职能,经营单一的产品系列并在一个地区经营的企业。[①] 从企业的概念出发,可以将企业组织的简单结构特征归结为以下两个方面:

第一,从组织结构的角度看,简单企业通常只包含两个层级:上层是企业的管理者或更准确地称之为老板,下层是企业员工或称为雇员,没有中间管理层。显然,这其实是没有正规组织结构的组织,是最简单的组织形态。据钱德勒考证,19世纪40年代以前,美国最大的金融公司和最有权力的经济机构、美国第二银行的全面管理,也只需要尼古拉斯·比德尔及其两名助手就已足够。在最长和运输最繁忙的运河上,只有运河工程师和勉强算在内的运河管理员可视为中层经理。1840年以前,任何从事货物分配的企业,其余全部活动只要两三个人就可胜任。[②] 由此可以看出,当

<hr>

① [美]小艾尔弗雷德·D.钱德勒.看得见的手:美国企业的管理革命[M].沈颖译.上海:商务印书馆,1994:2.
② [美]小艾尔弗雷德·D.钱德勒.看得见的手:美国企业的管理革命[M].沈颖译.上海:商务印书馆,1994:54.

时企业的规模还没有庞大到需要永久性的中间管理层级来为之服务的地步。企业出现多久,简单结构的历史就有多长。拥有简单结构的企业在今天也是普遍存在的,如广泛存在于服务行业的小微企业,理发店、书店、餐饮店、小的零售店,甚至包括一些创业阶段的高科技企业,在我们生活中比比皆是。可以说,简单结构贯穿于整个组织发展的历史。

第二,从权力配置的角度看,简单结构是绝对的集权化,企业组织的管理者集企业的所有权和经营权于一身,这样的企业通常是家族企业、夫妻店。权力派生于资本,没有财产的人就没有权力,企业等同于老板的私有财产。这样的家族企业中自然缺乏现代的升迁制度,管理者基本上是世袭的,这与他们本身是否具有管理的专业知识、他们工作绩效的好坏没有关系。企业组织的目标是力求控制企业,所有的决策均取决于家族的目标和旨趣,也就是说企业组织的目标和家族的目标是一致的。企业规模的扩大和利润的增加也是企业所希望的,但如果因此危及了家族对企业的控制权,原先的决策将会有所调整,以确保家族的地位和利益。从这一点也可以看出为什么家族企业发展得非常缓慢,当然还有权力更替遵从血缘原则,导致可能出现管理瓶颈,并不是家族的后代都具有管理才能,资本不易扩大也是重要原因之一。随着市场需求的不断增加,这些小微企业通过"在现有的工场中增加传统的劳力,采用外包工制度以及使用机器或其他的资本设备,主要是采用第一种方式以满足本地市场的需求"。[①] 于是,企业的规模随雇佣工人数的增加而有所扩大,但基本结构并没有变化。

二、企业组织的官僚制结构的形成及特点

19 世纪 40 年代,随着技术的创新与进步、工业化的成长以及

---

① [美]小艾尔弗雷德·D.钱德勒.看得见的手:美国企业的管理革命[M].沈颖译.上海:商务印书馆,1994:59.

市场容量的扩大,传统家族企业组织结构日益面临管理危机。危机主要表现为随着企业规模的扩大和经营内容的增多而导致企业管理的复杂性和难度加大,过去那种单凭企业主个人的经验管理已不合时宜,管理工作变得越来越需要专门的知识和技能,这时便出现了一批支薪经理来专门从事企业管理,同时由于存在管理者有限理性的约束而会导致管理效率低下,所以必须借助于层级结构进行管理分工以减轻有限理性的压力。正如西蒙所指出的,当工作环境变得比管理者具有的解决问题的能力和传递信息的能力更为复杂的时候,组织有采取层级结构形态的倾向。层级结构是理性有限的人在复杂事物面前采取的最适形态。于是,传统家族企业的简单结构被突破了,出现了结构规范化的企业组织,如标准石油公司、西尔斯公司、通用电气公司等大型企业,这些公司在结构上具有相似性,具有工作标准化、权力等级化、控制精准化等特点,这些特点最接近于韦伯所描述的官僚制组织结构。因为韦伯关于官僚制组织结构的理论设想和分析完全是一种理想类型,一种"纯粹形式",这是一种方法的建构,韦伯用这种工具来概念化组织的官僚制类型。韦伯的官僚制并不代表现存官僚制组织的一般情况,只代表一种从所有组织具有的最主要官僚制特征中抽象出来的纯粹类型。虽然韦伯的官僚制组织在现实中没有完全相对应的组织形态,但是现实中的企业又或多或少地存在官僚制结构的特点,因此可以将这些大型企业的组织结构统称为官僚制结构或科层制结构,科层制结构是现代企业的主流模式,这在学界早已达成共识。下面具体分析和归纳企业组织的科层制结构的特征。

1. 企业组织的官僚制结构的总体特点

不同企业组织由于所从事的行业、利用的技术、面向的市场不同,因而在具体的结构上存在差异,尽管如此,但不乏共性,这些共性主要体现在:

第一,企业组织的官僚制基本结构特点是管理层级制,钱德勒认为"管理层级制"的存在是现代企业区别于传统家族企业的一个显著特征。钱德勒指出,现代企业组织是指规模较大、具有多种经济职能、经营多个系列产品、在不同的地区经营并"由一支支薪中、高层经理人员所管理的多单位企业"。① 现代企业组织基本结构的形成是由于传统小微家族企业在规模不断扩大的基础上而导致企业经营职能的水平分化与垂直分化的结果:一方面,企业经营职能的水平分化产生出不同的职能部门;另一方面,企业经营职能的垂直分化导致了企业内部中间管理层级和基层管理层级的产生。于是,现代企业组织从横向看包括了若干不同的职能部门,从纵向看包含了两个以上的管理层级,形成了较为复杂的管理分工体系,企业内部的生产和分配活动由中层和基层管理人员进行控制和协调,高层管理人员负责取代市场而为未来的生产和分配调配资源,并且协调和监督中层管理人员的工作。而古典企业的各项活动往往是由市场和价格机制来协调和控制的。在钱德勒看来,当管理上的协调比市场机制的协调能带来更大的生产力、较低的成本和较高的利润时,现代多单位的工商企业就会取代传统的小微企业。现代工商企业比传统小微企业更具经济性的原因是,随着生产、采购和分配活动的内部化可以降低信息收集传递费用,降低相互讨价还价的交易费用,降低各单位之间联系的协调费用。另外,管理层级制一旦形成,并有效地实现它的协调功能后,层级制本身也变成了持久性、权力和持续增长的源泉。因为管理层级制超越了工作于其间的个人和集团的限制,随着经理人员的不断更替,其结构和职能却保持不变。

第二,企业权力的安排不再是企业所有者的绝对集权,因为在企业经营中出现了所有权与经营权相分离的这一现代企业的又一重要特点。在现代企业中,无论是高层管理人员还是中层管理人员,都不再兼有资本所有者的身份,而是专门的"支薪管理人员",

---

① [美]小艾尔弗雷德·D.钱德勒.看得见的手:美国企业的管理革命[M].沈颖译.上海:商务印书馆,1994:3.

这是因为随着环境的变化而导致企业在规模上的扩大和经营上的多样化,这就使得企业经营管理的工作变得越来越技术化和职业化,也就是说需要具有专门管理知识的人来管理企业,于是资本所有者将企业的经营权委托给具有专门管理知识的人来经营,出现了所有权和经营权的分离,企业中的实际控制权和对最终成果的利益分配权逐渐转移到了企业经营者手中,这不同于传统企业,钱德勒将之称为"经理式的企业"。而传统家族企业由于规模不大,对企业的经营和管理没有成为专门的技术,企业的所有者完全有可能对企业的各个方面直接负责,因此决定了企业所有者对企业拥有至高无上的地位和权力。在现代企业中,公司制取代了业主制和合伙制而成为企业财产的组织形式,公司资本所有权实现社会化和分散化,同时公司规模大型化和管理复杂化,因此现代企业打破了传统家族企业所有权和经营权合一的管理体制,创立了所有权和经营权相分离的管理体制和管理组织。这样一来,现代企业中人员的晋升不再像传统家族企业那样完全是世袭的,而是依据于个人所受的教育程度、经历、能力和工作绩效。

第三,企业组织依靠一套完整的制度体系实施分工、协调和控制。企业的制度体系通过规范的组织结构设计、权力等级链条和一系列具体的规章制度来发挥其作用。通过劳动分工形成组织的纵向层级和横向部门。纵向层级划分权力等级,形成自上而下的指挥链,权力相对集中于高层;横向部门按职能划分,明确每个部门的职能和成员的职责;通过考核和培训进行人员的选拔和任用;操作的规则体系实现工作流程的程序化、标准化和专业化;正式沟通渠道贯穿整个企业,自上而下的发布命令,自下而上的信息反馈,保证了统一指挥;奖惩制度严明,形成对企业人员行为的有力约束。企业组织的运转正是因为有了完善精细的组织结构、自上而下的权力运行机制、正式的人员选拔机制、规范化的管理制度和严格的控制体系,适应了工业化社会的技术特点,与相对低度不确定性和低度复杂性的外部环境相匹配,所以取得了高效率。因此,官僚制组织结构以其效率优势获得企业的普遍青睐,并超越其他组织形式成为工业化社会企业组织结构的主流模式。

2. 企业组织的官僚制结构的具体形态

官僚制结构在现代企业中的运用先后出现了三种基本的组织结构:第一种是控股结构,简称为 H 型结构;第二种是直线职能制组织结构,简称为 U 型结构;第三种是事业部制组织结构,简称为 M 型结构。

(1) 现代企业组织的 H 型结构

现代企业组织 H 型结构即控股公司结构,它的出现是伴随着 19 世纪末 20 世纪初企业横向合并而形成的,规模经济和规避竞争的内在冲动是许多小的单一功能企业实施合并的直接动因。诸多单一功能的中小企业合并后并没有融合为一个独立的单体企业,而是组成一个庞大的企业集团。企业集团是通过参与并购的主体企业作为母公司控股被并购企业,即各子公司而达到对整个集团运作的协调和控制,由此形成 H 型结构的企业。H 型结构中母公司对各子公司的控制仅仅限于母公司估价各子公司的财务绩效,调配资金,以及通过买进或卖出子公司的股票调整总体的业务规模,所以在这种结构中,各子公司一般都具有较大的独立性。H 型结构的典型代表是美国的标准石油公司,"标准石油公司创立了一种后来被称为功能性控股公司形式的管理组织结构。各子公司执行不同的经济职能,采用委员会和职能部门以协调并控制这些子公司的活动。"[①]这种管理结构在欧洲得到了广泛的发展,而在美国却极少被仿效。因为控股公司尽管是一种对范围广泛的经营活动进行合法控制的重要工具,但利用控股公司来管理企业容易发生财务困难,控股公司的松散结构也难以有效地实施控制以促进合并的最终成功。与此同时,实践证明了铁路公司作为"一个单

---

① 〔美〕小艾尔弗雷德·D. 钱德勒. 看得见的手:美国企业的管理革命〔M〕. 沈颖译. 上海:商务印书馆,1994:499.

一的、高度集中化的管理结构"①的组织比庞大的、独立的地区分部的分权式的企业集团能够具有长期的赢利性。H型结构的实质就是通过股权控制对整个集团进行管理,在具体的日常管理中各个子公司具有较大的自主性,因此从这个意义上讲,H型结构虽然兼具企业组织的管理结构和制度结构,但集团更像一个制度结构的实体,因此在本书后面的研究中不将此H型结构列入分析之中。

(2) 现代企业组织的U型结构

现代企业组织的U型结构可以看作是在企业组织中最早引入的科层制结构形式,产生于现代企业发展的早期阶段,最初在铁路公司的改组中出现端倪,之后由通用电气公司进一步发展,随后U型结构被广泛地运用于美国的制造业企业中,到1917年美国最大的236家公司中有80%以上采用这种结构。U型结构是一种中央集权式的结构,企业内部按职能(如生产、销售、财务等)划分为若干个部门,每个部门只有很小的独立性,权力集中在高层管理人员手中。这种结构的优点在于可以通过专业化的分工获得规模经济。但是在企业规模大、产品多、技术复杂、管理业务繁杂的情况下,由于各个职能部门缺乏决策权和指挥权,事事都要向高层直线管理人员请示报告,这样一来,既影响决策效率,又使高层直线管理人员因为事必躬亲而深深陷入了对日常经营的管理和协调工作之中不能自拔,因此无暇顾及企业所面临的全局性问题,难以做好长期性的资源分配工作。同时,各职能部门之间的横向壁垒致使每个部门只注重本部门利益的实现而忽视企业的整体利益,所以在制定公司政策时,各部门着眼于局部利益而相互博弈,争抢资源,结果公司"政策的制订和计划的编制,通常是有利害关系的各

① ［美］小艾尔弗雷德·D.钱德勒.看得见的手:美国企业的管理革命[M].沈颖译.上海:商务印书馆,1994:499.

方协调的结果,而不是根据公司全盘需要而做出的反应。"①

U 型结构的这些特点决定了它只能在企业规模较小、经营品种较少、外部环境相当稳定的情况下,才能发挥优势。随着企业规模的不断扩大、经营领域的不断拓展,企业经营日趋复杂,这种把企业管理权高度集中在高层的"集权式"管理的组织结构的缺点就逐渐暴露出来,并将导致企业权力的合法性危机。危机主要表现为基于管理者理性约束和高度集权化对组织成员积极性的挫伤,并因此导致效率危机,因此,在合法性的压力之下,由"高度集权式"管理结构向"适度分权式"管理结构的变革在所难免。

(3)现代企业组织的 M 型结构

现代企业组织的 M 型结构就是事业部制结构,钱德勒称之为"多分支公司结构"。对于 M 型结构的产生原因及其发展过程,钱德勒在《战略与结构》一书中进行了详细的阐述,并认为 M 型结构是现代企业最重要的组织形式创新之一,可以说 M 型结构是 H 型结构和 U 型结构进一步演化的结果。M 型结构产生的背景是19 世纪末 20 世纪初席卷美国制造业的兼并浪潮,造就了许多大型工业企业,这些大企业有的采用 H 型结构即通过控股方式对集团下辖的各子公司实施分权化管理,有的采用 U 型结构实行集中化管理。但是由于第一次世界大战后的经济衰退导致市场需求量的大幅度下降,这些大集团、巨型企业出现了严重的存货危机。为了尽快地摆脱危机阻止效益滑坡,有些企业从调整产品流量的方法发展出一套更为精确的预测产品需求量的方法来减少库存,还有些公司如通用汽车公司和杜邦公司,则采取组织创新的方式摆脱经营危机,尤其是通用汽车公司的组织创新堪称标杆,通用公司创立了为人们所熟知的事业部制结构。在组织结构变革以前,杜邦公司采用集权化的 U 型结构,而通用汽车公司则是一个 H 型

① [美]小艾尔弗雷德·D. 钱德勒. 看得见的手:美国企业的管理革命[M]. 沈颖译. 上海:商务印书馆,1994:534.

结构的控股公司。1921 年为了解决产品多样化、产品设计、信息传递和各部门决策协调问题,通用汽车公司新任总裁斯隆创立了新型的事业部制组织结构。组织结构的创新使通用汽车公司获得了巨大的成功。据统计,在 1927 年至 1937 年间,通用汽车公司的市场份额上升至 45%,赢利 20 亿美元,而同期福特汽车公司的市场份额则下降至 16%,亏损 2 亿美元。除了通用汽车公司和杜邦公司被认为是 M 型结构的先驱者,西尔斯商品邮购公司和新泽西标准石油公司紧随其后。此外,通用汽车公司不仅在实践中成功地创建了 M 型结构,而且公司的高级主管将他们的成就发表在新的管理杂志上,因此通用模式便成了其他大企业后来改造其组织结构的标准模式。

从形式上看,M 型结构是由一个中央办公室下辖多个事业部所构成的结构,它们各自的职能以及形成的相互关系是这样的:中央办公室作为一个协调和控制各个事业部的中心由高层经理所组成,并在专业人员如科研人员、财务人员和法律人员的协助下向各事业部提供专业支援。各事业部是按产品、区域或商标等来设立的,它们是相对独立的自治单位,每个事业部通过设立各职能部门来协调管理事业部的生产经营活动,事业部经理拥有充分的运营决策权,对本部门的绩效负全面责任。M 型结构实际就是由一个中央办公室将若干个 U 型结构的事业部组合的一个整体。对事业部而言,采用 U 型结构符合其单一产品系列或服务于某个特定市场的生产经营活动,而对整个公司而言,采用 M 型结构则适应了整个公司多元化经营战略的要求。

与 H 型结构和 U 结构相比,M 型结构既克服了 H 型结构的过度分权,又克服了 U 型结构的高度集权,M 型结构实现了集中控制与自主管理的相结合。在 M 型结构中,决策分为两个层次:中央办公室掌握重大决策权,进行战略决策,如企业的长期发展规划、公司的财务管理、各事业部经理及其他重要人事的安排等;事业部在总部的决策框架内,负责本部门范围内的运营决策,包括人事、产、供、销等方面的决策。这样,企业管理的战略职能和常规的经营职能实现了分离,一方面有助于高层经理从纷繁复杂的日常事务性工作中摆脱出来,专注于公司长远的战略规划;另一方面通过将日常的经营决策权下放到各事业部,有助于充分利用中层经理所掌握的市场信息优势,从而保证局部性决策的时效性和正确性,而且也有助于激励中层经理。另外,M 型结构还实现了层级制与市场机制的有机结合。M 型结构中,各事业部虽然不像 H 型结构中的子公司那样是独立的经营单位,但是也都是相对独立的利益主体,在利润分配和投资决策等方面有较大的自主权。与各事业部相对独立利益相适应,公司内部各分部之间存在着"准市场交易"或"内部转移定价"交易。企业内部定价一般有两种,即"指令性成本定价"和"指令性基础定价"。前者指按供应方的实际成本耗费制定的价格,后者指按供应方的实际成本加上合理的利润而制定的价格。二者都是由总部指令性确定、必须执行的,包括必须进行交易和必须按确定的价格交易。在一个公司内部的这种准市场交易体现了企业的层级制与市场机制的有机组合,有助于降低交易成本。价格的统一制定和指令性体现了层级制管理交易的特征,而各分部之间的定价交易又体现了市场交易的特征。M 型结构这一特征使大企业充分发挥了该组织形式的优势,实行前向、后向一体化,对供应商和客户先前可能在市场上完成的交易进行内部化,把越来越多的业务活动置于一个企业之中,从而扩大了生产线的规模和产品组合的范围。正是 M 型结构的上述优点使得它成为一种比控股公司或者把成员公司合并成为一个单一的、集中的、按职能划分部门的结构更灵活和更有效、可供选择的组织形式。①

　　不过 M 型结构在具体的运作过程中也存在一定程度上的问

---

　　① [美]小艾尔弗雷德·D. 钱德勒. 看得见的手:美国企业的管理革命[M]. 沈颖译. 上海:商务印书馆,1994:545.

题,这主要表现在:公司总部和各事业部的机构设置基本一致,服务于两级决策层次,公司总部需要一整套职能机构,各事业部也几乎需要同样的一套职能机构,从而造成机构和人员重复设置,中层管理人员膨胀,最终导致组织管理成本的上升和效率的下降。由于各事业部决策的自主性和利益的相对独立性,易滋生机会主义行为,各事业部为资源、利益发生冲突,不利于各部门的协作,以及总部对各分部的协调和控制,甚至影响到公司整体发展战略规划的实施。

4. U 型结构和 M 型结构基础上的优化结构

20 世纪 50 年代以后,在 M 型结构被广泛采用的同时,U 型结构和 M 型结构都有了进一步的发展,这可能就是钱德勒所说的"变种"或"变种混合而成的模型形式"。①

矩阵结构是对 U 型结构局部优化的产物。在原来的 U 型结构基础之上,建立一套横向的管理系统,将按职能划分的部门与按项目划分的小组结合起来,使每个执行人员既与原职能部门保持组织和业务的垂直联系,又与按项目划分的小组保持横向联系,形成一个类似于数学中的"矩阵",故称作矩阵结构。矩阵结构有利于促进各职能部门的横向业务联系,围绕某个项目可以迅速地集中资源优势,以较高的效率完成任务,及时地对外部环境做出反应。但矩阵结构也存在明显的缺点,那就是双重领导可能带来的执行人员无所适从、领导责任不清、决策延误等。矩阵结构被洛克希德飞机公司、休斯飞机公司在 20 世纪 50 年代率先采用。

超事业部结构和模拟分散管理结构都是 M 型结构的进一步演化形式,超事业部结构也称为执行部结构,就是在 M 型结构的基础上,在总办事处和事业部之间增加一个管理层级,称为执行事业部或超事业部。由于企业规模超大型化,总公司直接领导各事

---

① [美]小艾尔弗雷德·D.钱德勒.看得见的手:美国企业的管理革命[M].沈颖译.上海:商务印书馆,1994:546.

业部,管理跨度太大,难以进行有效管理,因此在事业部之上增设一级机构,对有关的几个事业部进行统一领导,实现事业部共享资源,共同开发产品、开拓市场以及服务性的管理,避免各事业部执行相同职能重复设置所造成的不经济或低效率的现象。美国通用电气公司 1978 年的组织结构就是一种超事业部结构。①

模拟分散管理结构是一种模拟的 M 型结构,这种管理组织结构人为地把企业划分为若干"流程单位",实行模拟独立经营、单独核算,借以达到改善经营管理的目的。模拟结构适应于生产过程具有连续性特点的大企业。例如大型化工企业、钢铁联合企业、铝业公司等。这些企业因规模很大,其本身的生产过程的连续性很强,不宜采用 U 型结构,又不能实行分权的事业部制结构。这样,就产生了模拟分散管理组织结构的类型,将企业按生产流程划分为许多"流程单位",这些"流程单位"相对独立,拥有相当大的生产经营自主权,它们也设有自己的职能机构,独立核算,承担盈亏责任。在各个"流程单位"之间,按内部价格进行产品和劳务的结算,并计算盈亏,以便调动各单位生产经营的积极性和主动性。这种管理组织结构的缺点是各模拟单位任务较难明确、成绩不易考核、横向信息交流较差等。②

多维结构是 M 型结构和矩阵结构的混合,实质上是将矩阵结构嵌入 M 型结构中而形成的立体组织结构。美国的道·科宁化学工业公司在 1967 年建立的管理结构被认为是多维结构的典型。这种结构包括三个方面的管理系统:按产品划分的事业部,即产品利润中心;按职能划分的专业参谋机构,即专业成本中心;按地区划分的专门机构,即地区利润中心。③ 采用这种组织管理结构,决策由三方共同协商,产品事业部经理不能单独决定。多维制结构

① 张春霖.企业组织与市场体制[M].上海:上海人民出版社,1994:89.
② 张春霖.企业组织与市场体制[M].上海:上海人民出版社,1994:89.
③ 张春霖.企业组织与市场体制[M].上海:上海人民出版社,1994:89.

把产品事业部经理、地区部门经理与参谋机构的管理协调起来,为及时沟通信息、集思广益、共同决策创造有利条件。

如前所述,企业组织结构基本上沿着简单结构、U 型结构和 M 型结构演进的,U 型结构和 M 型结构都是官僚制结构的现实版。虽然实践中企业组织结构都会进行调整和优化,但是万变不离其宗,演化往往都是在 U 型结构和 M 型结构的基础之上进行的。正如钱德勒所指出:"虽然人们在组织结构类型方面. 又发展出了许多变种,但是在大型工业企业的管理上仅仅只有两种基本的组织结构。一种是集中的、按职能划分为部门的类型,另一种类型则是多分支公司的、分权化的结构。"①

三、现代企业组织的新型结构

现代企业组织的新型结构是指在 20 世纪 80 年代以后出现的企业组织的新形态,如网络组织、虚拟组织、交响乐团式组织、阿米巴组织、无边界组织、平台型组织等,尽管这些组织名称各异,令人眼花缭乱,但是它们却有着本质的一致,那就是它们是互联网时代的产物,是为了使企业组织应对更加不确定的环境而对传统官僚制组织发起的挑战。随着社会环境的变化,官僚制组织的弊端也逐渐暴露出来,比如结构僵化、繁文缛节、缺乏人文情怀、效率低下等,新型组织是很多企业为了应对官僚制结构的种种困境而进行组织变革的产物。与集权化的、封闭的、以控制为目的金字塔官僚制组织相比,新型组织则是以协调为主的分权化的、扁平化的、开放的组织,这是因为信息技术的发展能减少组织对中层经理的上传下达的需要,导致削减中层,产生更少的管理层级的精益组织。如一线雇员通过电子邮件直接与高层管理者沟通,不同部门的团队也能以电子形式进行沟通和协作。德鲁克在《新型组织的出现》

---

① ［美］小艾尔弗雷德·D.钱德勒.看得见的手:美国企业的管理革命［M］.沈颖译.上海:商务印书馆,1994:546.

一文中指出：20年后的典型大企业，其管理层级将不及今天的一半，管理人员将不及今天的三分之一。原因在于信息技术的普及使企业的上下沟通速度更快，效果更好，无需那么多的中间管理人员。总之，信息技术对企业组织结构带来的影响是巨大的，由此导致现代企业组织结构呈现出新特点，归纳起来，新型组织至少具备以下几个特征：

1. 组织结构的弹性增强

组织结构弹性的增强一方面因为信息交流方式发生改变，不再是以纵向为主的信息流动，信息覆盖于组织各层次，组织各部门之间的横向沟通加强。横向的信息交流方式，打破了传统的部门间的封闭状况，信息在企业内部可以得到快速的传递，既加强了企业内各部门的联系和合作，又从整体上提高了企业的弹性和灵活性。另一方面，组织内部的全方位联系使内部结构变成一个类似由许多知识节点所组成的动态网络，这些知识节点既可能是许多单个的员工，也可能是一个个专业团队，或者是一个为解决特定问题而存在的临时团队。与此同时，每个成员、每个部门或以任务为导向的项目小组，都有更多的机会直接面对外部环境，也就是说企业的边界变得模糊、可渗透，这样有助于企业及时地了解市场需求，迅速采取相应的策略，积极应对市场环境的变化。在后工业化社会企业的成功来自自身结构的弹性化和灵活性。

2. 权力结构的改变

在传统的等级结构下，上级的权力主要来自对信息的控制权和对知识的拥有，越是高级经理越可以获得更多、更广泛、更全面的信息，而下级想要得到某些信息却很困难。在新型组织中，信息网络覆盖了企业内部的各个部门和岗位，信息控制权的分散和员工专业知识能力的增强使得原有的高层单独决策变成全体员工的参与决策，向员工授权，员工工作的自主性要求增强，不愿意再被动地听命于上级，企业经理人员的角色和重心发生转变，由原来的控制者变为协调者和顾问。组织有效地实现了员工自我管理和上级协调的统一：一方面保持松散、分权和差异，以激发主动和快速反应的创造能力，另一方面通过协调管理，以保持一致性，减少企业决策和行动上的时滞。

3. 基本价值观的改变

以网络结构为代表的新型组织的出现反映了企业员工对传统价值观的挑战，追求工作中的民主、平等、自由，因为这是符合人之本心，唯有如此，才能激发个体的创造性和积极性。在传统的官僚制企业中，以实施控制为目的，压抑了人的个性，这种服从于机械技术、效率之上逻辑的价值取向在以信息技术为主流的后工业化社会备受责难，要求构建企业价值观的新体系。新的价值观体系应该是：网络取代等级，上下级观念逐渐淡化，员工被定位为"人人为我，我为人人"的网络中的独立个体；影响力取代权威，高层管理者要树立为员工提供指导和服务的观念，而不是指挥命令；建立自治工作小组，尊重个人，推进人人参与决策。

实际上，对企业组织的新型结构理解不应该仅仅停留在内部组织结构的变化上，还必须看到新型结构的出现也体现在企业间相互关系的变化上，许多企业以自身的核心能力控制少数核心企业和业务部门，而将非核心业务以分包、合作、合资、联营等多种形式外包给其他公司，形成企业的业务联系网络，从而组成虚拟化组织或企业。有些管理者直接提出无边界组织，意味着与利益相关者建立最广泛联系，还有近几年流行的平台企业，如阿里巴巴、滴滴、美团等，完全突破了原有组织设计的思维、权力关系的安排。总之，最关键的是，企业组织的新型结构是灵活的、柔性化的、边界模糊的，以应对未来变幻莫测的环境。

第二节　企业组织结构的合法性考察与分析

本书前面的分析已经给出了企业权力、合法性及组织结构之间的关系：企业组织结构提供了组织的基本构架，明确了权力关系、权力运动的轨迹,组织结构只有在权力的运作中被激活。企业必须依靠管理者手中的权力去配置资源,协调和控制组织成员活动,从而实现预期目标。因此,透过组织结构设计的权力安排对企业经营至关重要,合法性是权力的内在规定性,不同的组织结构意味着不同的权力安排,两者实则一体。对企业组织结构的合法性考察其实就是对企业权力合法性的考察。本书研究的目的在于说明企业权力的合法性是企业组织结构演变的内在逻辑。以下将结合企业组织结构的具体形态——简单结构、官僚制结构和网络结构,分析三者的合法性基础及面临合法性的挑战。对企业组织结构合法性的分析框架是基于构成合法性的基础:企业文化、企业制度和企业经营的有效性而展开的。每一类型的组织结构在合法性的三个基础上都表现出差异性。

一、企业组织简单结构的合法性基础

由于市场规模、技术和资本条件的限制,简单结构是一种尚未进行管理分工的企业组织结构,企业所有者就是经营者,企业的决策层只有老板一人,老板是企业的运营核心,他决定企业的一切生产经营活动,组织内的沟通是非正式的,多数是老板与员工的沟通,企业员工唯命是从,企业权力的更替遵循世袭原则。家族企业就是这种结构的典型代表,尤其在其规模较小时普遍采用简单结构。家族企业的权威类似于韦伯合法性体系中的传统型权威,也就是说简单结构的合法性基础就是对传统的认同,这种认同既有来自价值理性的动机,也有来自工具理性的动机。在传统型权威之下,人们服从的是过去的约定、习惯,经常的情况是,传统型权威来自人们服从的是基于传统的人,如世袭的管理者。传统型权威的运作是不受规则约束的,也避免使用各种规范化手段,尽量减少对职能专家的依赖,遵循的只是伦理的共识和功利主义的准则,统治者的决策常常反映了其个人的喜怒好恶,管理的随意性很大,因而隐藏了潜在的合法性危机。

第一,传统社会的先赋权力观影响着对企业权力的价值认同。在前工业化时期,人们对待权力的传统观念与前工业化经济是一种零和体系相一致的,即一个人向上的社会流动是以其一定的付出为代价的,社会地位是世袭的而不是通过本人的努力来获取的。这种文化鼓励人们要心甘情愿地接受现世中的地位,不要寻求改变,不去追求个人成就,尊重传统的先赋权威,压制尘世的欲望以期来世得到回报。于是,阶层间的社会流动愿望受到严厉的压制,注定要成为农民的孩子一生都是农民,贵族的子孙永远是贵族。每个人在他的阶层中是平等的,并且被赋予与其生活中的地位相称的谋生手段,这样有助于整个社会结构的基本稳定。这种对权力绝对服从的价值观念在家族制企业中得到了认可和延续。

第二,家族企业管理者的权力派生于资本的逻辑成为企业权力合法性的制度基础。在工业化的早期阶段,由于人类社会处于从农业经济社会向工业经济社会转移的过渡时期,通过资本原始积累迫使生产者与生产资料相分离,分离的结果一方面是资本和生产资料集聚在少数人手中,另一方面是产生了大量的没有生产资料和生活资料的劳动者,这些劳动者为了生存的需要而成为企业的雇佣工人,资本雇佣劳动就催生了家族企业。家族企业属于私人财产,由于没有生产资料和生活资料的极度匮乏,造成工人对企业主的依赖性,资本与劳动形成了一种特定的权力义务关系,权力派生于资本,资本的所有者对劳动者拥有支配权,劳动者通过劳动获取相应报酬。家族企业权力合法性的制度基础实质是由企业的产权关系转化而来的权力安排。如果撇开人类社会历史的发展背景,从企业自身的发展历史来看,企业权力派生于资本成为现代家族企业或是小微企业权力的来源也是适用的。

第三,企业经营的有效性是企业权力合法性的诱导力量。企业组织的简单结构不依赖于规范化管理,因此结构具有有机性的特点,这可以看作是简单结构的一大优势。简单结构的另一优势是决策权的高度集中,没有管理层级,领导者既是决策者又是一线的执行者,并且通过经常性的与员工的非正式沟通与交流既获取相关经营信息,又密切了与员工的关系,这样有助于领导者决策的准确性和时效性,保证了决策的执行力。多数情况下,创业阶段的领导者常常有着敏锐的市场直觉、对不确定性的规避和对机会把握的能力,因此容易获得成功。一旦成功领导者就拥有了个人魅力型权威,魅力型权威来自员工对领导者个人特质、经营能力的认可,这带有着功利主义的评价标准。管理者个人魅力型权威并不能提供稳定的合法性基础,因为随着管理者的更替,继任者的管理能力如何有着很大的不确定性。

二、企业组织的官僚制结构的合法性基础

19 世纪末,韦伯对大型企业组织的管理进行了系统的研究,他认为有必要为大型企业建立合理的结构,使之更为有效地发挥作用。在韦伯看来,官僚集权的组织结构应该是最有效率的,因为它通过合理设置的职位而不是个人或世袭来进行理性化管理,由此决定了其运作的准确性、可靠性和规范性超越了其他组织结构形式,而且官僚集权结构最初作为政府组织的一种管理制度已经取得了成功,于是官僚制组织结构在大型工业企业中迅速地推广开来。本书前面已提及韦伯关于官僚制组织设计的思想在 U 型结构和 M 型结构的组织中的具体体现。

自 20 世纪 60 年代以来,官僚制组织结构由于对环境的适应性越来越差而受到了严厉的抨击,"官僚制"成了效率低下、体制僵化和机构臃肿的代名词,与此同时,新型组织的不断涌现对官僚制组织的存在也构成了挑战,尽管如此,官僚制组织结构仍然是现代企业组织结构的主导形态。因为至少从目前来看,新型组织虽然从灵活性和创造性方面超越了官僚制,但是对一些大型企业、技术基本已经成熟的企业而言,采取规范化的管理是必不可少的,而且现代的官僚制企业组织为了增强适应性也在不断地修正自身的过程中得到延续。因此,对现代企业组织结构的合法性进行分析,关

键在于考察官僚制企业组织的主流形态。以下具体分析官僚制企业组织结构合法性的三大基础。

第一，工具理性至上成为官僚制企业组织合法性的企业文化基础。工具理性的价值取向首先源自于由宗教改革所引起的人们价值观念的变化而出现的资本主义精神，这是官僚制组织存在和发展所依托的文化基础。在《新教伦理与资本主义精神》一书中，韦伯指出，宗教改革特别是加尔文主义、新教徒的宗教教义，除了其精神意义之外，还有其社会结果，即在世禁欲主义的兴起。在世禁欲主义认为，积极工作才是善良的人生目标，鼓励人们为追求自己使命的完成去刻苦劳作；浪费时间是万恶之源，因为浪费时间就失去了为上帝效劳的机会；新教徒不需要由教皇和神父来指导自己的精神生活和赦免自己的罪过，而主要依靠自身的意识和信仰。这种新教精神鼓励了自我约束的出现，强烈谴责贪图享受，这使人们能够自制和超脱，进而具有进取精神。正因为如此，新教主义把自制、禁欲从恪守寺院生活转而引入尘世的经济生活中，使人们遵守纪律，勤奋劳动，追求利润。虽然宗教改革的直接目的是关于彼世而非此世的，可是它带来的心理倾向产生了预想不到的结果，从而促成了这个世俗世界的革命。韦伯令人信服地论证了如果没有这种心理倾向，没有坚韧努力和理性行为这样内在的道德价值观，在那样的世界就无法产生现代的资本主义，也就无法发展出成熟的官僚制度，因为官僚制是完全建立在理性的铁的纪律之上的。新教伦理导致了人们在世俗世界对物质需求的重视，后物质主义的代表人物英格尔哈特指出："物质主义的价值体系不仅纵容经济积累，而且把它作为大加赞赏和至高无上的东西加以鼓励，它的兴起构成了一种文化的重大变革，为资本主义和工业化开辟了道路。"①

其次，工具理性之所以成为企业组织建构的核心逻辑，除了上

① 转引自常士訚.政治现代性的解构[M].天津：天津人民出版社，2001：242.

述文化的原因,还有技术的原因。工业技术革命造就了以机器大工业为核心的、社会专业化分工为特征的经济体系,与此相适应,整个社会建立了严密的等级科层式的行政体制,这正是韦伯精心建构的完全理性和充分效率的理想组织模式。非人格化的、忠实于任务的规则和既定的程序在官僚制组织中不断得到强化,严格地遵守规章制度和工作程序成为官僚制组织中的主流意识形态。因此,这一主流意识形态渗透至社会的方方面面,也成为企业组织设计的价值理念。虽然理想的官僚制组织结构基本消除了非理性因素的影响,但实际上这种理想模式本身就构成了一种意识形态,一种企业文化。官僚制企业的终极目标在于通过理性化的管理保证组织实现自身的利益目标。围绕这一目标,除了需建立理性的规则和制度以避免组织运作的正常秩序受到干扰外,官僚制企业还构建了一套价值规范内在地约束组织成员的行为,价值规范的核心内容是:效率最大化、功利主义、工具—目标取向的合理,手段和目标的确定必须是和平的,能体现责任伦理的,是理性的而不应是非理性的,接受约束,整体上要求各职位的人在工作中排除各种纯粹的个人感情,全心致力于系统的目标。可见,官僚制产生了一种更加超然的工具理性价值取向,进一步引导组织成员追求效率至上,从而实现组织目标。

第二,合理合法的权力来源构成官僚制企业组织合法性的制度基础。韦伯认为,法理型权威才是官僚集权组织的基础,因为法理型权威的运作充分体现了官僚制企业组织的理性本质。与传统型权威不同,法理型权威派生于职位,即权威是职位的权威,而非占据职位的人的权威。法理型权威是基于正式的抽象的远离个人利益而存在的法律秩序之上的,隐含于"法治"之中。然而,法理型权威不仅仅限于合乎法律的内容,法理型权威还意味着一切照章办事,权力的行使必须符合规则,任何与现有规则不一致的例外行为都必须寻求正式的裁决,这时往往会伴随着新规则的产生。相比之下,传统型权威基于维护过去的传统,回避规章和程序,一切在"人治"之下。"人治"的随意性易招致员工们的反抗,激化劳资矛盾,动摇企业的权力关系。杰弗里·费弗尔认为,官僚制企业组织通过制定各种详细的规则和规范使权力法理化,有助于将传统不稳定的权力关系转变为稳定的法理关系。另外,法理型权威对于企业模糊阶级对抗关系具有积极影响。对此,有学者指出:"官僚制控制让权力通过组织本身出现而使资本家的权力制度化。等级制关系则把不平等的人际权力关系转变为岗位关系,把特定的人际关系抽象为具体的工作任务关系。'法治'(企业规则)代替了命令监督规则……由于工人之间的相互分隔、体系之间的设定有利于老板的监督,所以劳资关系便从视线中消失了,资本家的权力有效地融进了企业组织之中。"①

法理型权威的本质就是制度中心主义,权威的产生、维持和运作始终都是以制度为基础的。首先从权威的产生过程来看,官僚制企业组织中的各个管理职位都是根据完成组织目标所必须的职能加以划分的,有了职位,也就有了与职位相对应的权力和职责,权力派生于职位,所有职位的权力都有明确的规定,按照工作能力与具体职位相匹配的原则选择选择管理者;其次从权威的维持和运作过程来看,官僚制企业组织始终坚持一贯性的规则和政策进行管理,具体表现为:职位的等级化、各种职位按等级原则排列,上级有权行使与职位规定相符合的权力,对下级实施控制和监督,下级有服从上级指挥和监督的义务。这种权威关系只限于工作范围,只能用来发布与工作有关的指令。如果管理者在工作领域之外滥用职权,那他的这种行为将不再具有合法性。工作的程序化,大量的规章制度一方面为工作的程序化提供了基础,另一方面可以保证工作结果的可预测性以及不同工作之间的可协调性。因此,在官僚制组织中都有这样的限定,即行动必须与规则一致,规

---

① 彼得·布劳.现代社会中的科层制[M].马戎等译.北京:学林出版社,2001:35.

则必须体现在每一件工作中,而且为了保证工作的连续性,规则本身必须保持连续性。管理者配备的专业化,只有进行过技术培训,具备了相关专业知识的人,才有资格担当管理者,进一步地,组织内的晋升也取决于专业技术水平和绩效。

第三,效率至上成为官僚制企业组织合法性的有效性基础。官僚制企业组织的根本目标是效率至上,因此官僚制企业组织的有效性集中地体现在通过官僚制组织结构的一系列基本特征实现了企业的高效率。这主要体现在以下几个方面:等级链指挥,分层授权,职责明确能消除冲突,确保组织工作的执行。直线制组织结构如同金字塔,在塔尖企业的最高领导者有权安排和指挥每一个企业成员的工作,这样能有效实现上令下达和上下级之间沟通。但由于理性约束的原因,管理者的有效管理幅度是受限的,因此必须把本应属于自己的部分工作及其相关的权力委托给一些部属去完成和行使。部属由于同样的原因必须将工作与权力再分解、再委托。其结果,在金字塔中的每一个层次都根据直线上级的要求完成或组织完成相应的工作任务,并行使相关的权力和履行相应的义务。这样,通过分层授权将具体的任务落实到具体的部门,有利于消除潜在冲突,极大地简化了领导者确保组织执行命令的工作。

专业化分工促进了企业劳动生产率的增长。层级结构的工业企业实行细致的劳动分工,通过分工有助于促进人们致力于组织工作的每一个小的改进,有助于组织智慧的发挥。分工原则不但体现在与产品制造过程相关的生产劳动中,而且还体现在与生产过程协调有关的管理劳动中。分工劳动使得生产者与管理者的知识和技能不断完善,相关劳动的熟练程度不断提高,组织能以巨大的智力力量和创造力,来承担每一项困难任务,从而促进了企业劳动生产率的增长。

标准化、规范化消除了人们的非理性的行为。消费需求以及影响企业经营的其他环境因素基本上稳定的,或时有变化,但变化具有连续性的特征,从而基本上是可以预测的。同时这些需求基本是无差异的,这有利于标准化、规范化和关系正式化的建立。"标准统一"首先是作业方法的标准化。其次,"标准统一"还表现为企业政策的一致性。制约管理人员行为的政策和规则是由企业最高权力机构统制定、统一推行的,层级结构中的工作人员必须严格依循这些政策和规则,来消除人们工作中的不合理的非理性的行为。

关系正式化保证了企业活动的有序性。政策和规则的一致性,不仅决定了企业组织能以整齐划一的方式表现其行为,而且使得组织中各部门、各层次的管理者之间的关系不具有个人感情的色彩:层级组织中成员之间的关系是职务或岗位所规定的角色关系,而非个人关系。企业的"组织图"和"说明书"确定了每个成员应该扮演的角色,以及每个成员之间的正式关系,由此可以看出组织的正式结构是组织成员行为的框架和限制。每个角色扮演者应该以理性而非以感情的方式来完成其职责。组织所倚重的是角色间的正式关系,而非个人间的非正式关系,从而有力地保证了企业活动的有序性。

官僚制组织所表现出来的种种特征,如果从技术的角度看是完全合理的,这是一种适应于机器大工业生产技术特点的最高级的组织形式,精确性、迅速性、明确性、连续性、统一性、严格的服从关系等特点不仅保证了个体的生产效率,而且强制性地推动了组织成员通过整体理性的追求保证了组织的效率。

第三节　企业组织结构的合法性危机

合法性危机这一概念最早出自哈贝马斯的著作《合法化危机》。危机意味着系统整合的持续失调。合法性危机实质上是一种认同危机。合法性不是一个静态的概念,它与特定的环境相联系,即便已合法化的权力也会由于环境的变化而导致原有支撑合法性的基础发生变化,不再为合法性提供支持,于是便出现合法性危机。无论是简单结构,还是官僚制结构都会随环境的变化、企业经营状况等发生变化而面临合法性危机。

一、企业组织的简单结构面临的合法性危机

简单结构因其规模有限、结构有机、管理者与员工关系密切、决策的高效性等因素促成了企业经营的成功,为企业权力提供合法性支持。但是随着环境变化、企业规模的扩大,曾经的那些促使企业成功的因素反而成为企业发展的桎梏,合法性危机在所难免。

第一,社会文化的新生引起人们价值观的改变而对传统权力观产生认同危机。启蒙运动、文艺复兴和宗教改革运动对人们的精神世界进行了彻底改造,人们从奴性走向自由,反对中世纪禁欲主义的宗教观,歌颂世俗,崇尚理性,提倡人权,争取政治和经济上的自由,不再对传统权威盲从。在这样的社会背景下,传统的权力观受到了文化的新生而招致颠覆:新教伦理打破了神学对人精神的束缚,挑战教会的中央集权,催生了资本主义精神,鼓励人们追求个人成就;自由伦理通过制宪政府重新规定人民和国家的关系,支持经济的放任主义,鼓励追求个人的报酬,保证拥有财产的权力,保护契约并且为人民提供一个公正的制度;市场伦理摈弃了中世纪鄙视资本和利润的观念,发展市场经济,鼓励发挥个人的主动性,鼓励竞争、创新和经济发展。① 社会价值观的改变影响人们对权力关系的认知和行为。在企业中,企业员工的权利意识增强,不再一味地盲从,而且随着企业规模的扩大、业务范围的增加,企业的技术水平和员工素质都在不断提高,管理者专业水平、管理水平受到挑战,他对专业人员、企业员工的依赖性增强,在企业的权力关系中,管理者的支配性权力受到削弱,如果在沿用传统的命令指

---

① [美]丹尼尔 A. 雷恩. 管理思想的演变[M]. 赵睿译. 北京:中国社会科学出版社,2000:28 - 43.

挥管理企业员工,管理者的权威必然面临挑战。

第二,企业组织结构的非规范性、管理的随意性随着企业的发展而陷入有效性危机。文化的新生为工业化社会来临创造了先决条件,科学技术的不断突破为工业化社会到来提供了必要条件。人类社会发展进入工业化社会,有力地促进了市场经济的产生和发展,企业成为市场竞争活动的主体。企业为了能够在激烈的市场竞争中处于有利的地位,除了需要拥有相应的资源条件作为保证以外,还需要发展建立一整套关于如何有效配置资源的管理知识体系来合理地和系统地管理企业,管理将成为投入企业组织的一种新资源,这就对家族企业传统管理方式的有效性提出了挑战。工业化社会的企业管理应该建立在理性管理的基础上,企业不能再沿用过去那套靠资本所有者随意的、非逻辑的管理方式了,而且随着企业规模的发展壮大,管理者的管理能力由于受到管理者个人有限理性的约束,致使其个人独断专行的管理方式面临着有效性危机。尽管如此,在现代社会中,传统型权威还没有消失殆尽。家族企业在发展初期仍然保持着传统型权威。随着家族企业的不断成长,管理者高度集权化管理的弊端日益暴露,以至于成为阻碍企业发展的关键,这就是为什么我国的家族企业在达到巅峰之后随即又走向衰退的重要原因之一。

二、企业组织的官僚制结构面临的合法性危机

企业组织的官僚制结构是人类社会进入工业化社会的产物,但是到了后工业化社会就显得格格不入了。因为企业的组织结构一定与所处时代的技术特点、价值观念相匹配。工业化社会以机械技术为核心,强调标准化、专业化、控制精准化,而后工业化社会以信息技术为核心,尤其当前又出现了以大数据、人工智能为特点的进阶版信息技术,对人类社会产生巨大冲击,官僚制组织信奉的那一套理性规则已经不合时宜。那么与工业化社会相比,后工业化社会有着怎样特殊规定性? 关于这一点可以从理论界众多的论述中归纳如下：创新是后工业化社会发展的内在驱动力；专业人才将成为社会主体；人们的价值观逐渐从工业经济社会的"物质主义"价值观转向后工业化社会的"后物质主义"价值观；生产方式从工业经济时代的标准化和集中化转向个性化和分散化；企业管理的理念将更加突出"以人为本"；竞争的方式将从传统的"零和"走向"双赢"。

正是后工业化社会的来临所产生的方方面面的变化，引起了支撑官僚制企业权力合法性的几个基本要素面临危机。

第一，官僚制组织结构在后工业化时代所遭遇的合法性危机来自价值层面。人们对官僚制的批判主要集中在两个方面：由于官僚制片面追求技术理性，在形式上采取了等级制、僵化的结构和非人化的规范和纪律进行管理而导致民主的萎缩和对人性的背离。事实上官僚制所面临的价值层面的问题早在韦伯提出官僚制构想之初就意识到了，在韦伯看来，官僚制是一种"形式的合理性和实质的非理性"。从纯功能意义上讲，官僚制是致力于效率的，因而是合理的组织结构。但是从价值层面而言，官僚制则是非人性的，人逐渐在官僚机器的指令下丧失个性和自我。随着技术理性化的片面发展，"每个工作的行动都可以准确地测量，每个人都变成机器上的一个齿轮了。"尽管如此，因为官僚制所体现出的一种对理性化的规范性统治与管理体制的选择与追求的本质，基本上适应了工业经济社会追求经济增长和效率至上的要求，所以官僚制成为 20 世纪组织制度的主导形态，并在实践中取得了令人瞩目的成功，因此官僚制备受赞赏。而当人类社会跨入后工业化时代之时，人们的价值观随着经济增长带来的物质富足而发生转变，"物质主义"价值观开始让位于"后物质主义"价值观。两种价值观区别在于：前者认为人们的幸福和自由是与物质享受的增量联系在一起的，人格的基础是建立在私有财产的基础上，经济增长成为衡量一切的标准；而后者则认为经济增长并不意味着人们幸福安康，这已被现代社会的发展所遭遇的困境所证明。经济增长是人类生存和发展的前提,但不是目的。现实生活中许多精神事物对人们来说具有更重要的意义和价值。现代的物质主义只关注物质财富数量的增长,忽略生态环境、公平正义、自由民主等关乎人类发展质量的改进。因此,从长远看,唯经济增长至上的价值观会把人类推向自我毁灭的边缘。显然,后物质主义的价值定位在发展质量方面,是对工业社会物质价值观的修正。

在后物质主义价值观的影响下,人们首先从价值层面对官僚制进行反思,官僚制原先所表现出的价值缺陷被放大,对官僚制所表现出的技术理性与价值理性相对立,并主宰价值理性的荒诞局面进行了强力的抨击。官僚制通过纪律和规范化的统治而实现对理性化秩序的追求必然导致人的异化。这是因为:官僚制结构的规范体系是依据技术理性原则确定的,技术理性所关注的只是功利和效率,而无视人的价值理性,排斥精神价值和人类情感。作为一种服从于功利主义追求的管理机制,官僚制必然要求绝对的纪律和高度的可预见性,官僚制中的人实现的是角色要求,即个体服从狭隘角色要求(满足"机器"的需要),而不是他个人的欲望,这意味着非人格化,意味着真正人性的异化,并在社会上产生一系列连带的负面效应。由此看来,官僚制作为异化根源的理由在于:官僚制追求的是工具的合理性由此而导致了价值的非理性,即官僚制中所固有的强制性规范迫使每一个本体的人的价值理性完全屈从于体制的技术理性而实现组织效率的提高。韦伯在对待官僚制与民主制关系的看法上是矛盾的,认为官僚制既是西方社会合理化民主化过程的产物,但它的发展又产生和加强了反民主的趋势,导致了民主的萎缩。一方面,官僚制倾向于民主,因为它要求"法律面前人人平等",拒绝个别问题区别对待的结果。另一方面,尽管民主产生于官僚制结构,却不可避免地要与之发生冲突。因为,只要官僚制结构存在,被统治者就无法摆脱它的权威和统治。组织中的每一个个体都只不过是官僚机器中的一个零部件,为了保证机器的正常运转和各项功能的延续,除了最上层的领导者,任何人都必须按照事先规定好的路线和任务来行事。由此看来,官僚制对人的控制是强有力的,有时甚至是独裁的。这正如雅各比所言:"官僚制往往导致对权力的妄想,这种妄想会遮蔽理性的取向,在特定的历史条件下促使其将这一点发挥到极致,则来自官僚制所固有的灵魂。"①

第二,官僚制企业组织结构的合法性危机来自制度层面。官僚制企业制度提供了一套系统而合理的方法对大量员工进行组织和协调而达到对企业有效运营的控制。劳动分工、自上而下的等级制度、固定的行事规则和程序等企业制度的设计满足了工业经济时代技术的特点,充分体现了技术上的优越性,而技术上的优越性恰恰是官僚制得以制胜的根本。"传统的官僚制模式是随着羽毛笔和其后的打字机技术而产生并发展壮大的,严格的等级制度对这种技术而言是较理想的。"②但是,20世纪初设计的官僚制"完全不能在20世纪90年代变化迅速、信息丰富、知识密集的社会和经济中正常发挥功能。"③在大多数人看来,"官僚制"已经从一个中性词变成了机构臃肿、僵化、低效率和繁文缛节的代名词,这是因为官僚制的每一个制度特征在实践中都导致一系列的弊端:过细的专业化分工导致协调变通的困难;等级制原则导致臃肿的组织结构;照章办事导致僵化、缺乏创新和适应能力;信息的书面传递导致文牍主义等。官僚制企业制度暴露出的种种弊端说明,在后工业化时代,随着信息技术的发展,官僚制技术上的优越性已经无法发挥,官僚制与机械技术相吻合,但与信息技术的要求格格不入。

信息技术不同于传统机械工业技术,传统机械技术体现技术

---

① [澳]欧文·E.休斯.公共管理导论[M].彭和平等译.北京:中国人民大学出版社,2001:48.

② [美]B.盖伊·彼得斯.政府未来的治理模式[M].吴爱明等译.北京:中国人民大学出版社,2001:20-21.

③ [美]戴维·奥斯本,特德·盖布勒.改革政府——企业家精神如何改革着公共部门[M].上海:上海译文出版社,2006:10.

目标的单一性、功能的预定性和操作的程序性,由此决定了技术的操作者在技术面前是被动的,只能严格地按照既定的操作规程去完成特定的功能。与传统机械技术相比,信息技术的使用效果是不确定的,效果的好坏不仅取决于技术本身,更重要的是操作者自身的专业水平,操作者没有现成的操作规程可循,只能依靠自身的专业水平进行合理的规划和设计,才能发挥出技术的潜能。因此,信息技术的发展必然导致企业员工职业化特性的提高。大多数企业员工都受到过正规的教育培训,培训有助于形成一套更具有社会性和专业性行为规范来约束知识型员工的行为,这时企业无需再制定特定的内部规则来强制规范员工的行为,否则将制约员工积极性和创造性,不利于发挥信息技术的优越性。

第三,官僚制企业组织结构也遭遇有效性危机。有效性危机表现为效率危机。官僚制的实际运作效果与韦伯的理论设想不可能是一致的,这主要是因为官僚制在人事制度实践中所产生的形式主义、僵化较之于韦伯的设想是有过之而无不及,而其精英主义的特征又远不能达到韦伯所设想的程度,导致了整个组织效率下降。[①] 工作变成了乏味的例行公事,狭隘的求同现象,对个人进取心和创造性的限制,难以忍受的一致服从。机构变得无比臃肿,这是因为实践中对等级制原则的贯彻简直到了登峰造极的程度,资历原则非常普遍,单纯地由服务年限的长短就可以决定升迁与否,升职往往取决于任职时间的长短,经常出现无能的领导者而真正有才能的人无用武之地。而且,每个组织中都有一套复杂的非正式网络关系,这与组织图所阐明的原则往往是不一致的,个人在组织内寻求发展的政治行为使其将大量的时间和精力耗费在寻求个人发展上,而非用来完成指定任务。因此,官僚制组织的效率低下是必然的。

---

① [美]欧文·E.休斯.《公共管理导论》[M].北京:中国人民大学出版社,2007:41.

　　官僚制实质是一种投入控制结构,而产出却反而成了副产品。官僚制组织采用固定的运作程序试图进行全方位的控制投入,认为令人满意的结果将随着组织行为而自然产生。结果由于过分关注了对投入的控制,反而将产出和结果忽略了。官僚制预设各项规章制度自身就会自动产生满意的产出结果,但实际是它所产生的成效相对于维持程序和规则而言,似乎不那么重要了。罗伯特·莫顿指出:固守规则开始作为一种手段而出现,但最终却转化为目的本身了,从而出现目标移位现象,也就是工具价值变成了终极价值。除此之外,官僚制强调控制是对创新的遏止。当今企业经营的有效性取决于对环境的快速反应能力,而反应迅速是以创新为核心的,官僚制结构提供的是秩序和精确性,与速度和创新的要求是背道而驰的。

　　正是由于后工业化社会的冲击引起了官僚制企业面临文化危机、制度危机和有效性危机,于是原有的支撑权力合法性的基础不再为合法性提供支持。李普塞特说得好,合法性危机是变革的转折点。① 因为要摆脱危机,就必须重建新的合法性,这必然会涉及对原有的企业组织权力进行重新调整,于是,在企业权力的重新安排过程中组织结构就会发生相应变革。

---

　　① [美]西摩·马丁·李普塞特.政治人:政治的社会基础[M].张绍宗译.上海:上海人民出版社,1997:55.

第七章

重建权力合法性与
企业组织结构变革

既然企业文化、企业制度和企业经营的有效性是企业权力合法性的源泉和基础,那么随着时代变迁,原本成功的企业面临经营危机,因为原先成功的那些因素反而成为今天企业营运的障碍,没有什么一成不变的因素,唯一不变的就是变化。正因为如此,支撑原有企业权力合法性的基础发生变化,由此引起企业权力合法性危机,因此必须重建合法性,在重建合法性的过程中企业组织结构随之发生变革。

第一节　基于重建合法性的企业文化重构

企业文化作为整个社会文化的亚文化而存在,深受社会主流价值观念的影响,它的变化必然蕴涵于社会文化的变迁之中。因此,要进行企业文化重构,必须首先把握社会文化在当代发生的新变化。

一、社会文化的时代烙印

文化是人类社会长期积淀起来的传统,但是不能因此断言文化的内容是一成不变的,这是有客观事实可以证明的。虽然人类的行为模式和思维方式深受文化传统影响,但是人类具有主观能动性,人类也是文化的创造者和主体。文化反映了人的存在,而人的存在又被限定在一定的时间范畴中,我们知道时间分分秒秒都在变化,人的存在也会随着时间的流动而发生变化,因此,作为人类创造活动的产物之一的文化也必然打上了时代的烙印。综观人类文化的历时形态,先后经历了神话、宗教、世俗文化三个典型时代,在当代又出现了新的文化意向,如何进行表述说法不一,有人称之家园文化,还有人称之生态文化等。①

神话是最原始的人类文化,人已经开始萌发初步的自我意识,试图在此基础上逐步地认识世界,但又由于原始人的表象意识和想象意识的初步性和模糊性,致使人对于世界的理解是混沌不清的,世界对于人而言是"非人之人",就是"神"。神既具有同人一样的某些特性,又作为一种外在的功能性力量超越于人,于是就产生了人对神的崇拜,这种状况是与当时自然界力量的无比强大而人的本身力量极其弱小相一致的。神话的时代是十分漫长的,但是人的神话意识也处在不断进化之中,本质性的变化是人在长时间的自我成长和自我教化中,形成了关于自己与外部世界的区分意识,而神话体现了人与外部世界的共在意识,于是人类文化由神话向宗教文化转变。

人们之所以需要宗教,是因为宗教以理想主义的激情震撼人心,向人们提供了解决人类生存困境及各种生命存在难题的答案,指出了通往幸福彼岸的生活方式。当然这只是宗教所表现出的积极性的一面,另一方面也应看到,宗教在发展过程中必然会从纯粹的意识性向复杂的社会实体性的转化。中世纪时期教会的实体性功能已经超越了宗教的意识内容,宗教便成为一种披着宗教教义的外衣,对人们进行欺骗和残酷压迫的邪恶力量,宗教也就丧失了其作为精神维护着的职能和信誉,于是引发宗教改革。宗教改革形成了新的宗教伦理,如新教伦理对世俗活动进行道德辩护,上帝希望人们积极地工作,创造利润,强调理性、科学、知识、勤劳、节约

---

① 李鹏程.当代文化哲学沉思[M].北京:人民出版社,1994:94.

和财富积累,这就是后来被韦伯所称之的由新教伦理所孕育的资本主义精神。与此同时,文艺复兴和启蒙运动唤醒了人们的自主意识,反对神权,提倡人权,人被置于世界最高者的地位。在批判宗教文化的基础上,以及由于人们思想的解放推动了自然科学的大发展,由此使西方文化逐渐转变成一种世俗文化。

世俗文化成为工业化社会的主流价值观,强调人的绝对中心地位和人的理性。人利用自己的理性完全可以达到认识自然、征服自然和改造自然的目的。自然科学构成人类理性的基本内容,人们利用自然科学的成果来处理人与自然的关系,结果是人类物质生活状况得到极大改观,由此更加强化了人对物质生活的贪婪,物质主义至上成为社会文化的核心内容。以技术理性逻辑建构的官僚制组织以其产出效率的高效正好满足了人类对物质的贪婪,因此在工业化社会备受赞扬。但是当这种对物的意向性发展到极致,就出现了我们今天所遭遇到的困境:环境污染、生态平衡的破坏和许多物种的灭绝等,人类在肆无忌惮地征服自然的同时也成了被征服对象的战利品。于是人类重新审视人类与自然的关系,如果任由工具理性主义膨胀将会自掘坟墓。有学者断言 2020 年伊始的新冠病毒在全球肆虐就是大自然启动的自身免疫系统,要为人类活动按下暂停键。虽然这一论断的科学性有待证明,但至少可以看作大自然又在向人类发出警告。因此,现在人们越来越频繁提及人与自然合一、人与自然是命运共同体的生态文化观。

除了对人与自然关系的反思形成的生态价值观,还有信息技术发展带来的人类价值观的演变。尤其在当代基于信息技术基础之上发展起来的移动互联网、大数据、人工智能等高科技技术,改变了人们的工作生活方式、信息分布和传递方式以及人与人、人与物之间的关系。通过网络和应用软件的结合拉近了人们的距离,密切了人与人之间的关系,使地球人变成了彼此的邻居。随着信息传递的全覆盖,人们获得信息的成本和信息不对称的程度大大降低,每个个体的潜力被激发,个体价值崛起,人与人关系趋于平等化,个体与组织的关系不再紧密,个体依靠软件和网络获得更多机会参与全球范围内的竞争和合作,传统的雇佣关系被颠覆。这一系列的变化引发了人们在价值观念上的重大转向:人类命运共同体意识的兴起、个人主体性意识增强、由竞争走向合作共赢。

二、企业文化的重构

企业文化作为社会文化的亚文化,必然受到当今社会主流价值观的浸染,同时也保持着自身的特殊规定性。适应移动互联时代要求的企业文化至少在以下几个方面发生了转向。

第一,由技术理性至上的文化向崇尚人本主义价值的文化转变。工业化社会的企业文化打上了技术理性的烙印,它把技术的、无机的模式转用于对人自身的理解以及人对世界和他者的关系,力求以技术的理性原则来塑造人和社会。从近代以来,资本主义的一个主题就是征服自然,从自然中获取财富。由此决定了文化必然反映技术的或物质的规则,在这样的逻辑下导致了人的异化。当今社会技术发展以信息技术取代工业化社会的机械技术,相应地,与信息技术相匹配的是个体的创造性,而创造性是不能够产生于严格的规则约束之下的,需要的是宽松的环境氛围,因此需要在企业内部摆脱技术理性的思维倾向,营造以人为本的企业文化,唯有如此,才能激发员工的积极性和创造性。

第二,由传统的等级文化向平等的团队文化转变。等级文化的产生是与企业的等级结构相联系的,官僚制结构就是典型的等级结构,大部分的企业都有许多的管理层级,管理者和员工之间存在着严格的界限,等级文化提倡下级对上级的服从,这有助于对员工实施管理和控制。但在互联网时代,信息和知识的分布有了新变化,拥有知识和信息的员工成为企业的大多数,他们所具备的专业素质有助于决策的准确性和时效性,企业领导者需要向他们分权或授权,企业的管理界限和等级界限被逐渐淡化,为了应付市场不断变化的需求,企业内部组织了以任务为导向的团队,实现横向跨部门的合作。为了调动一线员工的积极性和促进团队合作,需要建立一种协作的团队文化,在企业内部创造平等的氛围,激发员工的认同感。

第三,由同质性的一元文化向异质性的多元文化转变。按照传统企业文化定义,企业文化是指企业的共有价值观,一元性体现在文化的"共有价值观"上。共有价值观最初表现为企业创始人所拥有的价值观念和经营实践的总结,然后代际传承,并且通过多种途径向企业成员灌输。凡是顺应企业文化规范者得到赞赏,而逆行者则受到惩罚,由此强化了所谓的一元文化。实际上,每个企业的文化都可能存在着不同层次、多种形式,这种文化的内部差异通常与企业内不同的职能部门、不同部门所处的地理、经营环境有关。因此,企业中普遍存在的亚文化:部门文化和种族文化。Martin 将企业文化分为三类:整合文化、差别文化和零碎文化。整合文化强调一致性,差别文化是指相互冲突的亚文化,零碎文化的特征是模棱两可和复杂性的。Harris 和 Ogbonna 认为高层管理者拥有整合文化,中层拥有差别文化,而底层的工人拥有零碎文化。所以,国外一些学者认为企业文化应该是多元的。一元型企业文化意味着与企业共有价值观冲突的个别价值观是不允许存在的,因为企业领导人认为价值观的冲突是危险的。而在互联网时代强调创新,没有思想的碰撞就闪不出创新的火花。文化变革往往从冲突开始,最后再到求同存异的一致性,所以对不同层次文化的包容,尤其是个体价值的接纳,有利于企业文化的创新。对于异质性的文化要采取宽容的态度和政策,力求各美其美、美人之美、美美与共、天下大同。

第四,由零和型文化向共赢型文化转变。从企业内部来讲,零和型企业文化强调竞争,提倡个人奋斗,追求个人成功;从企业外部来讲,商场如战场,市场竞争不是你死就是我活,为了成为赢家,有的企业甚至不择手段,破坏市场的竞争秩序。显然,纯粹追求竞争的价值观念可能已不符合时代潮流,业务外包、战略联盟、跨界合作已成为当今时代企业营运的主流方式,利益共享、风险共担,而且这种组织形式已被很多的实践所证明是一条成功的道路。从企业内部而言,为了适应市场的急剧变化,在企业中常常出现跨部门的任务团队或项目小组,团队或项目小组的存在一方面要求员工自我设计、自己创造和自我优化,另一方面由于受到任务的制约,个人还需要不断调整自己以适应整体的需要,如与他人进行交流、相互支撑、相互配合,以便能够使其自身和整体组织以最优的方式来运转。在这种工作环境与方式中,既要充分发挥自己的能力和创造性;又要学会充分发挥他人的能力和创造性,并使两者优势互补,形成更强的创造力。没有协作精神是很难发挥自己的才能、实现自身价值的。这种协作精神是竞争机制下形成的,这是一种竞争合作。因此,无论从企业内部还是外部来看,都需要建立竞争合作的双赢型企业文化为企业的战略转变提供支撑。另外,双赢型的观念还体现在企业与其生存环境即各利益相关者之间的共存共荣。

第二节 基于重建合法性的企业制度重构

企业制度的功能是在运行中体现的,而制度的有效运行又离不开一定的环境,环境的变化必然会导致制度的变化。企业制度从广义上讲包括了从企业产权制度、企业组织制度到企业内部的管理制度。一般而言,产权制度以及由此而产生的公司法人治理结构并不是企业可以任意改变的,因为这些已有法律将其固定化;而企业内部的管理制度即控制和协调企业日常经营的各项具体规则的总称,内容涉及方方面面,如人事制度、财务制度、生产管理制度和厂纪厂规等,是可以根据情况的变化而加以调整和创新的。本书所指的企业制度重构是指向后者。

一、企业制度变迁的时代因素

企业制度作为约束企业员工的行为规范会因情境的变化而变化。早期的科学管理将员工当作"经济人"看待，而且认为懒惰是人的本性，因此采用严格的制度监督。行为科学理论将人当作"社会人"对待，就有了将人性化管理的理念融入制度建设中去。当今时代，企业管理中更加重视对员工的人文关怀，因为后工业化时代知识和信息作为一种独特而又无限的资源已经成为经济发展的核心要素，企业的发展逐渐从传统依靠资本积累转向依赖于知识和信息积累与更新，而企业员工通常是知识和信息的载体，因此出于对知识和人才的尊重，将知识管理作为企业管理的主流模式已经广泛地付诸企业管理实践中。美国德尔福集团创始人卡尔·弗拉保罗的见解则更直截了当："知识管理就是运用集体的智慧提高应变和创新能力。"知识管理作为一种以知识为载体的全新管理模式，更加突出了人的知识化、专业化，最大限度地发挥人的聪明才智和创新能力。于是通过制度创新对人力资源进行有效管理，发挥人力资源的优势是企业制度重构的核心。

企业制度创新的目的在于从知识性员工的特点出发建立适合于知识型员工的激励机制和约束机制。知识型员工已不同于传统上听从命令或规定程序操作的员工。首先，他们具备专门的知识和技能，是相关领域的专业人士，因此，工作的独立性强，自主性要求较高。其次，知识工作者知道自己的知识对于公司营运的重要性，所以他们不再从传统的职位角度上去评判个人的价值和能力，他们可以独立于组织之外而获得聘用，实现个人价值，建立个人的声誉和地位，因此，知识工作者可能对组织的忠诚度较低，而更多地忠诚于他们的专业。最后，知识工作者为了保持其能力和价值，需要不断地学习，与他人互相交流信息。这一点不仅对知识工作者是重要的，而且对企业也是至关重要的，因为信息交流理论指出，知识和信息的共享将导致知识成指数化地增长，这种指数化增长将有助于企业获得基于知识的持续竞争优势。显然,传统的对于员工以监督为目标的管理制度已经不适合于知识工作者的管理。因为传统管理是建立在员工的工作是一连串可预测和可重复的基础之上的,所以更多地采用控制方法;而在当今时代,企业的工作性质发生了变化,工作不再是按既定程序重复操作,而是强调创新,如果仍然沿用传统的方法,将制约知识工作者的发明和创新能力。管理知识工作者的关键不在于如何通过制度设计对其进行更好地外在监管,而是应当利用知识工作者的内在动力进行激励和约束以充分发挥他们的创造力。白莉在她有关研发部技术专家管理方法的研究课题中,集中研究了项目经理在管理方式上所面临的一个两难问题:要么进行严格控制,要么授权员工进行创造和革新。绍绍基论及日本如何加速新车的开发周期时指出:若太多的官僚作风强加在设计人员身上,会限制他们创造力的发挥,那样公司中新产品的概念将会消亡。

二、企业制度重构

鉴于知识工作者已经成为企业员工中的大多数,对知识工作者进行管理的制度需要因人而异、因时而变、因事而化。

第一,建立有效的知识工作者的激励机制。在激励方面,管理者应尝试设计多样化的激励方法:薪酬的分配,来自工作本身的激励;参与式管理;双向沟通;员工的培训和个人发展计划等。具体而言:

改革薪酬分配制度使其具有激励功能。1998年11月在里昂举行的八国(美、英、法、德、日等)经济管理研究会议上,专家们一致认为,人在工作中的表现取决于三大因素:利益、信念和心理状态。在这三要素中,利益占首位。由此可见,在当今人力资源管理中,物质激励仍是一种重要手段。但是,利益的分配要从原有的体现资本和劳动的价值转向体现知识的价值,知识作为价值创造的源泉应该通过有效的分配方式加以体现。引入员工持股计划是很多西方企业成功激励员工努力工作，吸引人才，留住人才，提高企业人力资源竞争力的分配机制。据调查，美国500强中90％的企业实行员工持股，美国上市企业有90％实行员工持股计划。把员工持股企业和非员工持股企业进行比较，员工持股企业比非员工持股企业劳动生产率高了1/3，利润高了50％，员工收入高了25％～60％。针对不同的情况可以设计不同的员工持股形式，知识经济时代企业分配机制应该使员工感觉到有创造力就有回报。股权的分配将不再是按资分配，而是按知分配，它解决的是知识劳动的回报，这样就从分配制度上初步实现了知识向资本的转化。另外，企业还需要加大给技术革新者提供报酬的比例。只有分配关系理顺了，员工才会把精力集中在工作上，发挥创造性和主动性，真正实现个人与企业的共同发展。我国的华为集团率先开启了国内企业按知分配的先河，助力华为成为高科技企业的领头羊。

从传统重视工作中的专业化劳动分工转向对工作本身的重新设计。后工业化时代强调工作的整体性、复杂性和动态性，它要求对员工工作的重新设计，体现技能的多样性，工作的完整性，任务的重要性、主动性和反馈性。这是因为知识型员工更注重自身价值的实现，并不满足于被动地完成一般性事务，而是尽力追求适合自身的有挑战性的工作。这种来自工作本身的激励对知识型员工显得尤为重要。企业应尽可能为员工提供实现自我的环境与机会。企业可以采用工作轮换方式，内部公开招募制度，让专业人员接受多方面的锻炼，培养跨专业解决问题的能力，并发现最适合自己发展的工作岗位，提高专业人员的工作满意程度。

重视员工的个体成长和职业生涯设计。现代人力资源管理的一个重要理念就是把人看作组织最重要的资源，而且是一种可以不断开发利用的资源，对"人力资本"的投资是边际收益不断递增。同时，在当今急剧变化的环境中，需要"协调一致"共同解决问题和"命运共同体"的心理责任感来共同面对挑战。信息技术的动态性也决定了企业应该特别重视对现有人才的培训和开发，使他们的技术与知识的更新速度走在行业前列,以长期保持企业的人才优势,进而形成并保持企业的整体竞争优势。若企业能重视员工职业生涯设计,充分了解员工的个人需求和职业发展意愿,为其提供适合其要求的上升通道,使员工的个人发展与企业的可持续发展得到最佳的结合,员工才有动力为企业尽心尽力地贡献自己的力量,与组织结成长期合作、荣辱与共的伙伴关系。因此,重视雇员开发和培训也应该成为企业制度重构的重要内容。终身雇佣制度曾经是日本企业取得成功的三大法宝之一,而今企业为了保证其竞争力,必须不断地为雇员提供培训和教育,扩展其知识技能,在任何时候都具备在其他企业找到理想工作的能力。提供最好的训练和发展的资源,提供个人的专业成长机会,又能为其创造发展提供所必需的资源,这种工作环境就会有吸引力,就能换来员工队伍的稳定和忠诚。并建立"可雇性"的心理契约。因此,企业应注重对员工的人力资本投资,健全人才培养机制,为员工提供受教育和不断提高自身技能的学习机会,从而具备一种终身就业的能力。重视对雇员开发和培训,而且是从雇员发展的角度来设计培训的方案。传统的对员工的培训,往往是从组织的单方面需要来培训雇员。在人力资源管理中,开发和培训被置于管理的核心地位,在具体的操作层面,无论是确定接受培训的人选还是确定培训内容,更多地需要从雇员发展的角度来进行,具体做法是重视雇员个人学习计划和职业生涯发展规划。

第二,建立体现放松管制、弹性管理和结果控制的管理协调机制。企业的有效运作有赖于内部的控制和协调。官僚制企业组织利用一套规范体系和纪律进行控制和协调。这种控制方式以相对稳定的环境—组织目标和任务—部门层级任务为前提。一旦组织不断面临新的挑战,这种以控制为出发点的遵守固定程序和规章的管理模式必然遭致失败。迅速变动的环境不仅要求解除不必要的规制,从而放松管制,赋予企业员工更多的自主权,实行弹性管理,注重结果控制,以便使企业对环境变化迅速做出适应性的反应。

放松管制的原因在于，一方面知识经济时代的企业是以信息技术和专业技术为基础，它要求完全不同的制度设置，集中表现为正式规则的减少，这是因为信息技术的效率在很大程度上依赖于员工的创造力，而"没有关于创造力的明确规则……创造力是存在于预期及未预期的事件之间的交叉点上。"知识工作者不接受独裁式的管理方式，他们通常不愿受太多的规则约束、喜欢独立工作，企业必须创造出一种民主的环境机制。因此，技术的变革不仅要求建立尽可能少的规则，以便员工能自由地发挥创造力，而且规则的内容将更多强调的是专业规范，而非企业内部的规章制度。另一方面迅速变化的环境也要求解除不必要的规制，赋予下属更多的权力，以便迅速做出适应性的反应。

弹性管理意味着给予员工自由发挥的空间，允许员工自主决定完成任务的方式。管理人员的任务在于为员工设置明确而稳定的工作目标，至于采用何种方式去实现这一目标，则应由员工自己来决定。企业通过赋予员工在解决问题方面的自主权能有效地激发他们的内在动机，使他们产生对企业的归属感，并使他们能最大限度地利用所掌握的专业知识、技术和创造性思维的能力。知识型员工更多从事思维性工作，固定的工作场所和工作时间对他们没有多大的意义，而更喜欢独自工作的自由和刺激以及更具张力的工作安排。因此，组织中的工作设计应体现员工的个人意愿和特性，避免僵硬的工作规则，采取弹性的工作时间和灵活多变的工作地点。事实上，现代信息技术的发展和办公手段的完善，为人们远距离办公及住所交流提供了便利条件。灵活的工作方式使员工能更有效地安排工作与闲暇，从而可以达到时间的合理配置，这显然符合高科技员工的实际需要。今年年初突发新冠疫情，为了减少不必要的聚集，很多互联网公司开启在家线上办公模式，虽说这是被动的选择，但也说明实行弹性办公的可行性。

结果控制意味着管理的重心将从控制投入转向重视结果和产

出控制。西方企业对于绩效评估制度的强调就是注重对结果负责,结果测评取代了过程监控。绩效评估既包括了对雇员的行政性评估,也包括了对雇员未来的发展性评估。行政性评估的目的是为薪酬分配、奖惩和晋升提供依据;发展性评估则是确认和发掘被评估者的潜力,以此作为确立雇员个人职业生涯发展计划和培训计划的依据。绩效评估制度要有效地发挥作用,必须做到评估结果是客观公正的,而客观公正的绩效评估有赖于一系列相关性因素,如科学的绩效评估体系、适当的绩效评估方法、完备的信息系统和评估视角的全方位和绩效反馈制度。

放松管制、弹性管理和结果控制是以员工的高素质、任务的性质和对员工的信任为前提的,即他们不仅具备专业技能,而且诚实正直,具备良好的职业道德,对自己的行为自律,只有在这样的情况下才有可能去掉官僚制中为防止员工出现偷懒等机会主义行为降低工作效率而设计的各种规章和控制措施。

第三节　基于重建合法性的企业经营有效性重构

现代官僚制企业经营的有效性集中体现为利润至上。对利润的过分追求一方面导致了非人格化的企业管理对人性的背离,人成为机器的附庸;另一方面导致了企业唯利是图,对消费者利益的损害、对自然的过分掠夺和对生态环境的破坏。在新的社会文化观念影响下,当今企业经营的理念发生了重大变化,从而影响到对企业经营有效性的价值判断。对有效性的衡量标准不再局限于利润目标的实现程度,更重要的是考察企业是否兼顾到了利益相关者的利益,而且企业还应该承担着诸如人权、环保、慈善等各种社会责任。以往企业赚钱是第一位的,其他责任的履行要建立在盈利的基础上,但是从企业可持续发展的角度出发,如果不重视企业与其生存环境的互利共赢,企业的长期利润、可持续发展将难以为继。因此,有学者提出企业需要具有社会经济观。

美国学者达夫特直接从对有效性的界定人手，认为有效性不仅仅是一个效率的问题，而是一个更广义的概念。有效性表明的是组织实现其目标的程度，而组织目标是多重的，既包括了经营目标，也包括了其他目标，所以对组织有效性的衡量是全方位的和复杂的。利益相关者方法就是用来衡量组织经营的有效性。利益相关者是指包括了组织内外所有与组织有利害关系的法人和自然人，他们是股东、债权人、供应商、企业员工、消费者和企业所在社区，甚至包括了政府。不同的利益相关者都有特定的有效性标准，达夫特在其《组织理论与设计精要》一书中做了较为全面的概括。

表 6 - 1　利益相关者的有效性标准 ①

利益相关者	有效性标准
1. 所有者	财务收益率
2. 雇员	工人的满足、薪水、监督
3. 顾客	产品或服务的质量
4. 债权人	信用的可靠性
5. 社区	对社区事务的贡献
6. 供应商	满意的交易
7. 政府	法律规章的遵循

利益相关者方法的优点就在于它涵盖了有效性的广泛内容，将有效性的评价置于企业所面临的内外环境中，有助于企业在其发展过程中能够以一种全局的、高瞻远瞩的眼光处理问题，避免了过去那种只追求企业自身经济利益的短视做法，从而有利于企业的行为得到社会的认可和接受，使企业获得更广泛意义上的合法性。

---

①　[美]理查德·L.达夫特.组织理论与设计精要[M].李维安译.北京:机械工业出版社,1999:30.

由此可以看出,当今时代对企业经营有效性的评价包括两个方面:一是企业内部的绩效,二是外部的正效应,而且外部利益相关者的影响力变得更大,正如陈春花教授说过:影响组织的绩效从内部移到外部。外部的利益相关者众多,其利益诉求也是千差万别,尤其随着时代变迁出现消费者需求的变化,更加追求个性化、便捷化、智能化等,竞争者往往是意想不道的跨界者。现在企业界有一个词很流行——跨界打劫。跨业洗牌已经成为移动互联时代的竞争新形式。横空出世的阿里、腾讯开了跨界打劫之先河,谁也没有想到移动公司的对手居然是腾讯,而阿里的余额宝打劫银行。阿里、腾讯只是开了头,接下来跨业竞争会变得常态化。大数据、云计算时代,传统固守自身能力、零和博弈的经营思维会被彻底颠覆,游戏规则被改写,需要重构商业模式,企业间关系从竞争转向竞合模式。企业通过建立广泛的合作关系,就会获得新的发展机会。新机会不仅有助于企业做好原有的业务,而且会进一步拓展企业的业务范围,或者进一步提升企业市场价值。

第四节　基于重建合法性的企业组织重构

企业组织结构重构是企业权力配置的最终表达形式,能够满足企业文化、企业制度和有效性重构要求的组织结构设计能够消解合法性危机,重建合法性。

一、企业组织重构的基本理念

服从于合法性逻辑的新型组织结构必须体现如下的设计理念:

第一,新型组织设计首先应体现人性化管理的新理念。人性化管理的新理念是对官僚制组织结构的非人性化管理理念的颠覆。专业化、等级制、规范化、集权化和非人化的组织结构特征保证了组织效率的提高,充分地展示了官僚制工具理性的本质。强调工具理性是工业化时代的管理理念,但不符合后工业化时代的

要求,对情感等非理性因素的重视是新时代管理理念变化的重要
内容。尽管对非理性管理的倡导始于 20 世纪 30 年代,当时管理
学界掀起了一场"人际关系"运动,管理学家们注意到员工士气的
高低也影响着组织效率的提高,员工不仅仅是"经济人",而且是
"社会人"。但是,非理性管理在工业经济社会时代的企业管理中
仅仅作为一种非主流话语,高度理性化管理成为工业化社会的话
语霸权,因此官僚制组织结构成为工业化社会的代表。尽管在企
业实践中出现了一些改善,如矩阵组织、虚拟组织,但并没有发生
本质性的变化。因为工业社会人类面临的挑战首先是要解决物质
资料匮乏问题,这是人类社会获得生存和安全感的基础。在前工
业化社会人类通过神、超人、家族得到庇护,而在工业社会则寄希
望于经济增长,科学、理性等因素因为其可以有效促进效率和经济
增长而取得了合法性地位,官僚制企业就是这一背景下的产物。
随着社会经济的发展,物质短缺的状态基本消失,人们的价值观念
由工业社会的"物质价值观"发展为后工业社会的"自我实现价值
观"[1],所有缓解短缺的手段均或多或少地失去了合法性,官僚制
所设计的激励与控制机制也必然失效。企业管理的核心理念从控
制人转向激励人,于是员工自主管理代替了对员工的层层控制,工
作设计的丰富化代替了单一的工作模式,不再把员工看作企业运
作的成本,而是企业最重要的财富和资源,对人的投资收益最大。
"以人为本"取代"以效率为本"成为企业管理的核心,员工与企业
之间不再是控制与服从的关系,随着员工个体价值崛起,员工跟企
业的关系发生变化,因为个体的流动性增强,强大的个体与组织的
博弈能力增强,员工对企业的依赖性降低,忠诚度也随之下降。因
此,企业领导者需要以一种更加积极的态度看待人性,转变角色,
不要总以领导者自居,要与员工结为伙伴关系,也就是要跟企业所

---

① ［美］罗纳德·英格尔哈特.变化中的价值观:经济发展与政治变迁[J].国际社
会科学(中文版),1996(8):7-31.

有人平等对话,在工作方面给予员工自主决策的权力,只有集聚个体智慧,才能有力应对挑战。因此,"以人为本"不仅是作为企业管理的一种话语,更要渗透到组织结构的变革中去,让人性化管理成为制度化、常态化的保证。

第二,新型组织设计应体现与外部环境的共生关系。外部环境这一概念包括了极其丰富的内容,凡是在企业边界以外的各要素、各种力量都构成企业的外部环境。事实上,环境因素一直以来都被作为组织结构设计的重要变量而加以重视,对企业而言,没有一成不变的结构可以保证在任何可能出现的环境中都产生积极的效果,所以在任何时候都需要考虑组织结构与环境的适应性问题。现代企业组织理论将组织结构区分为机械结构和有机结构就是企业对所面临环境的不同而采取的适应性结构。普遍认为机械结构与确定的环境相匹配,有机结构与不确定的环境相匹配。这种用简单的权变原则把环境条件和结构联系起来的观点过于笼统和简单化了。实际上,管理当局在环境改变的情况下既要保持总体的机械结构,又要获得有机式结构的灵活性,这时可以考虑将有机结构单位附加于机械结构之中,如任务小组结构、矩阵组织等就是这种附加结构的例子。西方很多企业组织中临时组建的任务小组给原有机械的、僵化的组织结构和停滞的组织关系带来了新的活力,它为企业在复杂的环境中处理复杂的问题提供了帮助,使组织变得更具适应性。在今天,企业组织结构如何适应环境的变化,同样可以借鉴这一思想来变革企业的传统结构。除此之外,在企业与环境的关系上需要有认识上的突破。企业与环境本为一体,企业不应该超然于环境之上,与环境呈分殊之势,甚至分庭抗礼,企业需要具备与环境的共同体意识。企业的共同体既有竞争环境、自然环境,也包括社会环境。在这个复杂多变的时代,企业需要与环境协同,集中资源和智慧,获取整体力量。

二、企业组织结构重构的新特点

从 20 世纪 80 年代开始,企业界就开始围绕官僚制企业组织结构进行变革,出现了学习型组织、网络组织、虚拟组织、交响乐团型组织等新型组织形式,尽管名称各异,但这些新型组织的内在规律和特点有着本质的一致性,即它们都具备了弹性和灵活性,以适应急剧变化的环境,因此在一定程度上取得了成功,但是这些新型组织能否从根本上取代具有 100 多年历史的官僚制组织形态,实现组织形态的根本性变革还得拭目以待。从目前的情况看,对官僚制结构的变革一直在进行中,近几年一些发展迅猛的国内外企业,如阿里巴巴、腾讯、亚马逊、脸书等平台企业倍受瞩目,它们一方面拓展网络合作关系,提升企业网络治理能力,让所有合作者共赢,另一方面仍保持自身复杂的事业部制组织构架,可以说,现在的平台企业是在直线职能制或事业部结构基础上不断多维度拓展网络空间的复合型结构的企业。因此,新型的组织结构实质是对现代官僚制结构进行改造过的后现代组织,并不可能完全解构官僚制,后现代组织实际是在组织结构设计的集权化与分权化、规范化与灵活性、边界的固定性与模糊性方面取得平衡。

第一,企业组织结构的集中化控制转向在自治合作基础上的协调。企业控制模式发生转换的根本原因有三:一是在于企业组织中信息的分布发生了变化:在传统的等级结构下,上级掌握着对信息的控制权,越是高级经理越可以获得更多、更广泛、更全面的信息,而下级想要得到某些信息却很困难。而在互联网条件下,以信息技术为支撑的信息网络覆盖了企业内部的各个部门和岗位,实现了信息的高度共享,信息的均匀分布使管理层失去了原来的信息优势,由此导致对管理层权威的削弱。二是随着员工受教育水平的普遍提高,专业型员工的比例越来越高,他们工作的自主性增强,不会盲目地接受来自上面的命令,企业管理者在决策时需要同员工进行沟通,达成共识,而不能像过去一样独断专行。三是专业型员工成为企业的大多数,必然引起组织中的知识分布发生变化,由原来的知识主要集中于高层转向分散于企业各个层次,为了保证决策的准确性,决策与需要的专业知识相匹配,降低决策偏差和成本,企业内部的分权或授权势在必行。从整个企业的有效运作来看,分权、向下授权是至关重要的,但是也不能够只注重员工自治而忽视组织的权威原则,否则会造成人人各行其是,甚至出现自由主义的泛滥,企业一盘散沙,缺乏整体性和凝聚力。同时,只遵循严格的上下级关系,会导致权力关系的紧张,下属不认可管理者权威,面临合法性危机,不利于发挥行政效率和有效领导。因此,集权与分权、整合和分化是相互平衡和密不可分的关系。

第二,企业组织结构的规范化转向减少规制、实施弹性管理和结果控制。组织结构的规范化是指组织中书面文件的数量,包括工作程序、工作描述、规章制度和政策规定等。官僚制企业中,高度的规范化是组织关系的主要特征,个人日益将自己寓于组织利益之中,坚信组织利益高于自身利益,组织中的管理者权威也将员工纳入权威体系统治之下,组织成员按事先的规则行事,缺少创新精神。今天的企业员工从事的大多数是知识性工作,包括知识的收集、生产、积累和创造,知识性工作的最大特点就是需要依赖员工的创造性,而创造性是不能给它以明确规则的,规范只会窒息员工的创造性。知识性工作往往通过组建跨部门的项目小组或是自我管理的团队等形式而有效展开,很多企业已经将这种形式付诸实施并取得成效。任务小组的出现冲击着传统组织中的等级关系和各种既定的组织关系,人们日益感到只有冲出狭隘的纪律范围才能解决突然出现在他们面前的新问题。此外,由于组织中的很多项目小组是基于任务而临时组建的特点,这便使得组织中的成员往往忠实于自己的专业,具有较强的自主意识,组织成员间的平等意识关系较强,对组织的权威感较弱,这种情况决定了弹性管理、结果控制在企业中比刚性管理、过程控制具有更现实的意义。

第三,企业组织结构的边界从清晰、封闭变为模糊、可渗透。

企业边界有四种类型:在企业内部按层级和职务划分为垂直边界,按职能、业务单位划分为水平边界,企业与供应商、客户、社区等外部利益相关者的界限形成了外部边界,大型企业、跨国公司还有地理、文化的边界。边界的划分,对于现代企业而言有利于明确职责范围,有助于维护秩序和稳定。但是边界的存在也是一把双刃剑,比如会不利于信息沟通,部门间合作困难,部门本位主义,导致企业运行效率不高。在低度不确定性和低度复杂性的环境下,明确的、封闭的边界有助于实施控制,保证企业效率。但是,在高度不确定性和高度复杂性的时代,需要企业的灵活性和快速反应能力。为了做到这一点,企业必须突破各类边界,整合和动员各类资源,应对环境挑战。网络技术的发展改变着已有的官僚等级秩序,促进人们彼此交换思想,分享信息和资源,使人们日益从等级的关系中解放出来,表现为企业分权化和授权,纵向权力关系的改变就是对纵向边界的突破,使得纵向层级减少,增加管理幅度,推动信息的快速流动,提高决策效率。网络化的主要特征是注重建立相互交流的横向合作关系,以对等交流为特征,不断挑战企业的横向边界。事实上越来越多的任务超越了企业原有职能部门的界限和能力,甚至可以说没有一个部门可以独立完成任务,因为需要解决的问题通常需要涉及一系列的活动和合作以及交叉知识的运用,这就需要突破原有严格的部门界限的约束,建立一种横向的合作关系。无边界组织的出现就是突破企业的外部边界,形成开放与合作的组织结构,与环境融合,形成共生关系,利用网络效应,提高企业的快速反应能力、创新能力、整合资源的能力和灵活性。对企业内外边界的突破并不意味着完全取消边界,即便是一些被称为无边界的组织如亚马逊、苹果公司等,也不是没有法律、物理的边界,无边界强调的是组织间密切的、广泛的联系突破了时空、地域和文化限制。其实任何企业都是有边界的,否则会导致企业的瓦解。当今市场竞争日益激烈,产品创新周期越来越短,速度和创新成为决定产品成功与否的关键因素,竞争越来越表现为一种时间的竞争、创新能力的竞争,起决定作用的不再是企业的传统要素,而是信息和专业人才。在大数据时代,企业需要跨越外部边界去获取更多信息,需要有专业人才加工处理信息,为科学决策提供前提条件。同时,企业需要与外部供应商、专家、客户保持着密切联系,创建网络式的价值链共同体,以更好地服务于客户。由此看来,网络化时代,对企业外部边界的突破是最为重要的,一方面可以通过网络效应让企业实现快速价值增值;另一方面外部边界是最具有弹性的,可以将其看作是企业与环境的一个不确定的中介,随着任务、环境的变化而变化,或者说企业的外部边界是在特定的秩序中建构的。正是因为外部边界的弹性,使企业具备了相当的灵活性。

三、企业组织结构重构的具体形态

上述关于基于合法性重建逻辑基础上的企业组织结构重构的讨论只是从总体上给出一般性的指导思想。实际上随着环境的变化,企业的组织结构一直在渐进调整,从开始的局部调整,到后来的与网络融合,每一种结构的改变都给企业带来了不同程度的成功。为了能够清晰地描述从传统的层级制控制到现在的网络化治理的转变过程,本书用四象限分析法勾画出企业组织结构演变的谱系(如图 7-1 所示),分别以网络全方位扩展程度和企业合作程度为横向和纵向两个维度,结合两者所表现出的程度高低,两两组合形成了平面上四个不同区域,每个区域代表不同类型的组织结构,以下结合实例具体分析从官僚制向网络结构演变过程中所出现的协同结构、外包结构和网络结构三种组织结构类型的特点和合法性逻辑。

1. 协同结构

协同结构的出现源自企业间的横向合作关系,协同的特点是通过企业间的横向合作,实现资源共享,获取知识,降低成本,降低进入新市场的障碍,分担风险,获得竞争优势。协同概念最早由安索夫在 20 个世纪 60 年代提出,这一概念的实质就是产生"1+1>

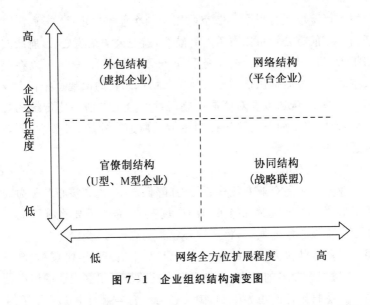

图 7-1 企业组织结构演变图

2"的效应,协同理论成为很多大公司为了拓展业务而建立战略联盟所依据的基本原则。20 世纪 80 年代,随着全球经济一体化的进程不断加快,原有企业相对封闭的组织结构、业务单元和管理制度日益暴露出弱点,于是,一种超乎于单个企业的企业间战略联盟应运而生。企业间的协同表现在不同的方面,包括销售协同、运营协同、投资协同和管理协同。通用汽车与丰田汽车的联盟有助于两家公司实现优势互补,通用公司可以获得丰田小型车的生产技术和学习丰田管理模式,丰田公司通过与通用合作,可以获得在美国开展业务所需要的公共关系知识和技巧,从而降低日本企业进入美国市场的门槛。航空联盟也是各家航空公司实现协同的典型案例。通过航空公司之间的代码共享形成庞大的航空网络,航空联盟给联盟中的企业带来的协同效应包括:通过代码共享,可提供更大的航空网络;共用维修设施、运作设备、职员,相互支援地勤与空厨作业以减低运营成本;创造更多的顾客价值,如廉价购买机票、航班时间更具灵活性、转机次数减少、同一账户乘搭不同航空公司均可赚取飞行里数。航空联盟中的企业抱团取暖,毕竟没有任何一家航空公司可以覆盖所有航线,航空公司结盟之后,航线网络扩大、贵宾候机室、值机服务和票务等服务融为一体,可以在更大空间上为客服提供优质旅行体验。协同结构的出现意味着企业间合作关系、沟通以及对资源的临时性组合的灵活性比传统的规范化管理、自上而下的等级控制更能适应追求速度、灵活性、顾客满意度的时代要求。

2. 外包结构

业务外包是企业专注核心能力、降低成本、提高核心竞争力的重要战略。为了应对日趋激烈的市场竞争,企业需要将有限的资源专注于核心业务发展,将非核心业务剥离出去,交给专业化的公司。以业务外包为核心的虚拟公司从 20 世纪 90 年代兴起,已成为 21 世纪企业界的基本运作模式,由此改变了很多企业的组织结构。企业打破外部边界限制,围绕核心业务重新建构边界。企业将非核心业务以契约为纽带外包给专业化公司实现虚拟化经营。通过虚拟化运作,企业与专业化公司建立网络合作关系,网络合作中的公司因其拥有的专业化优势助力企业形成独一无二的、有价值的、难以模仿的产品和服务,最终在激烈的市场竞争中赢得竞争优势。通过虚拟化运作,企业的生产销售网络遍布全球,涵盖了从简单的日用品,到复杂的工业品,形成了各产业业务外包的全球网络。最典型的就是苹果手机,品牌、设计、系统这些核心业务由美国公司负责,关键元器件或组件由日韩负责,管理由中国台湾负责,低端部件和组装由中国大陆负责。航空联盟既反映出企业通过战略联盟获取协同效应,又是通过业务外包赢得核心竞争力的典型案例。航空公司的核心业务是直接为乘客和货物提供运输服务,包括专业性飞行服务、舱位管理和空中服务,这些业务关系到航空运输安全、航空企业的社会评价、品牌效应,是航空企业的生命线。航空公司的非核心业务是地面服务和后勤保障,如航空食品、部分 IT 业务、货站、候机楼保障等,非核心业务通常外包给专业公司完成,非核心业务辅助核心业务顺利实现。

3. 网络结构

网络结构其实是一个很宽泛的概念,网络组织从 20 世纪 80 年代中后期开始兴起,至今已有三十多年的发展历史,如果当时的网络组织是 1.0、2.0 版本,今天的网络组织已经进化至 3.0 版本。官僚制企业内部的矩阵结构、临时任务团队结构可以看作是网络组织的雏形 1.0 版本,这是在企业内部的网络化改造。企业间的战略联盟、以业务外包为核心的虚拟公司都不同程度地实现网络化运作,这些网络形式可以称作网络组织的 2.0 版本。虽然同处互联网时代,但互联网技术的发展已经今非昔比。《世界是平的》一书的作者托马斯·弗里德曼近期发文形象地描述到:2004 年,当他刚开始动笔写《世界是平的》这本书的时候,Facebook 刚刚上线,twitter 不过是一个发音,4G 是一个停车场,Skype 是一个错别字,Big Data 是一个说唱明星,而 iPhone 也不过是乔布斯的秘密项目,"云"飘于空中。今天,智能手机、社交平台、大数据、云计算、5G 已经向我们走来了,并且已经深深地嵌入了我们的一切之中,如果离开了这些平台和技术,我们今天的工作学习生活简直是不可想象的。在目前新冠病毒肆虐全球的至暗时刻,全球都在进行在线办公、在线学习、在线购物、在线社交。移动互联、大数据、云计算技术再一次改变了许多企业的组织结构和经营模式,将企业的网络化运作推进到一个更高层次。近几年愈演愈烈的平台化浪潮将企业的网络化推向高潮,我们耳熟能详的阿里、腾讯、京东、亚马逊、脸书、推特等发展势头迅猛的企业都被称之为平台型企业,它们有一个共同的特别的名字叫"独角兽",就是市场估值超过 10 亿美元的优秀创业公司。平台企业的特点就是为众多的买家、卖家提供达成交易的平台机制。世界上最大的零售商阿里巴巴没有库存,世界上最大的出租车公司 Uber 没有汽车,世界上最大的住宿供应商 Airbnb 没有房地产,平台型企业靠着强大的资源整合能力而实现赢家通吃。

综上所述,企业间的合作程度和企业网络化拓展的程度沿着企业的联盟结构、外包结构和网络结构的不断升级,涌现各种新型组织:以横向合作为核心的战略联盟、以业务外包为核心的虚拟公司、以整合各类资源为核心的平台企业。虽然出发点不同,形态各异,但是这些企业存在共通之处:在企业文化方面,企业追求"人人为我,我为人人"的价值取向;在企业制度方面,企业追求放松管制,最大程度激活个体或是业务单元;在经营的有效性方面,追求与利益相关者的合作共赢。文化、制度和有效性三方面的转向必然引起了企业权力关系的变化,原先的以控制为目标的权威结构被颠覆,集权逐渐被分权、授权削弱,或是被市场化的关系取代,权威关系演变为在协调与自治中取得平衡,这正实现了数字化时代企业组织结构变革的合法性重建逻辑。

第八章

企业组织结构变革的中国实践

　　企业组织结构的变革既有时代背景的影响,也有企业自身发展内在规律的要求。中国企业组织变革的时代背景比较复杂,是多重因素共同作用的结果。中国企业的发展壮大与改革开放是密不可分的,并且伴随着经济体制改革的深化、全球化的进程、互联网技术的发展而获得长足发展。对中国企业的研究需要结合改革开放的大背景,正是因为改革开放,中国企业经历了从计划经济体制下的单纯生产单位,转变为适应市场经济体制的真正意义上的企业,企业原有的管理思维和管理模式被彻底颠覆。中国企业通常将所有制作为划分标志,分为国有企业和民营企业。国有企业掌控国计民生,国有企业因为其特殊的产权背景、地位和职能,基本结构相对稳定。民营企业在改革开放后从无到有,然后迅速发展起来。早期的民营企业规模小、结构简单,如同西方早期企业,企业所有者就是企业管理者,随着企业发展壮大,企业的组织结构也随之复杂化,企业的组织结构经历了类似西方企业的从简单结构、直线职能制、事业部制、矩阵结构,到平台企业的演化过程。民营企业组织结构的演变从模仿西方到自主创新,从落后于西方企业到与西方企业并驾齐驱。本章选取了近些年在组织变革领域卓有成效、堪称典范的三家民营企业案例进行分析,他们的变革之道昭示着中国企业在数字化时代组织变革的方向。

第一节　海尔集团"人单合一"模式的变革之道

海尔从传统家电制造企业起步,到今天跃升为一个无边界的平台生态型组织,获得了普遍的赞誉,来自国内外学者对海尔的组织变革给予了极高评价。井润田等学者认为,海尔是"中国企业界组织平台化的最佳实践者"。加里·哈默认为,全球范围内类似海尔打破科层制的实验企业不在少数,但拥有如此规模且成功颠覆创新的仅此一家。海尔的成功转型可以为国内家电企业乃至传统制造业企业在移动互联、大数据、云计算时代的组织变革提供有益的借鉴。

一、海尔集团组织结构的演变过程

海尔集团公司创立于 1984 年,从生产冰箱起步,目前业务领域从白色家电、黑色家电,已拓展到通讯、IT 数码、家居、金融、房地产、文化、医药等众多领域,是一家致力于全球领先的美好生活解决方案服务商。海尔集团自出道以来,一直以持续管理创新而得到广泛关注,从早期的"日清日高、日事日毕"管理法、"休克鱼"企业文化、跨国经营管理中的入乡随俗管理模式,到 2005 年为应对互联网的挑战,首席执行官张瑞敏提出"人单合一"的经营模式,2013 年提出"小微"的概念,并在此基础上推行一系列的组织变革,使企业成功转型为今天的无边界平台型生态组织。海尔从 30多年前的一个资不抵债、濒临倒闭的集体小厂发展成为如今引领物联网时代的生态系统,成为 BrandZ 全球百强品牌中第一个且唯一一个物联网生态品牌。2018 年海尔集团全球营业额达 2 661亿元,同比增长 10%;全球利税总额突破 331 亿元,同比增长10%;生态收入达 151 亿元,同比增长 75%。海尔平台上有 4 000多个小微,涉足各个领域。海尔在不断消弭行业的界限,成为无边界组织。海尔集团的成功是因为一直在践行"没有成功的企业,只有时代的企业"。海尔的持续创新、变革做到了与时代同步。纵观三十多年的发展,海尔先后进行了四次大规模的组织结构调整,几乎涵盖了企业组织结构的全部典型形态。

1. 直线职能制阶段

1984 年之前,海尔的前身是青岛电冰箱总厂,一家负债 147 万元的集体企业。1984 年张瑞敏接管该厂,上任伊始就着手进行改革。针对企业员工普遍缺乏质量意识、工作自由散漫的状态,张瑞敏以带头当众砸毁 76 台有质量问题的冰箱为突破口,树立员工质量意识,建立严格的企业规章制度和全面质量管理体系,这就是海尔独创的"日清日高、日事日毕"管理模式。与此同时,海尔通过引进德国冰箱品牌利勃海尔的技术正式开启追求卓越质量的"名牌战略"。在引进西方企业技术的同时,海尔又引进了西方的科学管理模式,建立了与当时企业规范化管理要求相匹配的直线职能制组织结构。

2. 事业部制阶段

20 世纪 90 年代中期,家电行业竞争白热化,单一产品生产已不能适应市场竞争需要,于是海尔开始采取多元化战略,通过并购、激活"休克鱼"的办法盘活了多家国企。"休克鱼"是指硬件设施良好,软件匮乏如缺乏管理制度、文化的企业,海尔通过向这些被兼并企业输入海尔文化激活它们。1999 年,海尔启动国际化战略,在欧美推行研发、生产与销售"三位一体"的经营模式。为配合海尔多元化与国际化战略,海尔集团组建冰箱、空调、洗衣机、电子等产品事业部,以及北美、欧洲、华北、东北等区域事业部,随着规模扩大和经营区域拓展,企业组织结构随之由直线职能制向事业部制转型。如同当年的通用和杜邦公司那样,组建事业部制企业集团。事业部制是一种相对分权的纵向一体化组织架构,其本质是集团总部下辖各个产品和区域事业部,总部与各事业部形成集中控制与分权自治相结合,集团总部是强有力的控制中心,这样可以避免"各自为政",每个事业部内部保持着直线职能制结构。集团总部向事业部放权,初步呈现出分权化、扁平化的组织结构特点,适应了多元化经营的需要。

3. 网络结构阶段

张瑞敏说过企业的生产从订单开始,也就是形成以定单信息流为中心带动商流、物流、资金流的业务流程。海尔于 1999 年 8 月启动流程再造工作:首先,把原来各事业部的财务、采购、销售业务全部剥离出来,整合成独立经营的商流推进本部、物流本部、资金流推进本部,实行集团范围内统一营销、统一采购、统一结算,然后将集团原来的职能部门进行整合,如人力资源、技术质量管理、信息管理、设备管理等职能部门从各事业部抽离出来,成立独立经营的服务公司,整合之后使整个企业从原来分散的采购、制造、销售过程转变为统一面向市场客户的环环相扣、运行有序的新业务流程。经过流程再造,原来的职能型结构转变成流程型网络结构,垂直业务结构转变成水平业务流程结构。通过流程再造把外部市场定单转变成一系列内部市场定单,流程运转不再依靠行政指令,而是平等的交易关系,每一个人都与客户保持零距离。流程再造的目的就是创造有价值的订单。

4. 平台型生态结构阶段

2005 年,海尔提出"人单合一"的互联网(物联网)管理理念和管理模式,"人"即创客,而非仅仅科层制下的员工,"单"即用户体验增值,而非仅仅市场订单,"合一"即创客在为用户创造超值体验的同时实现自身价值。为了践行这一理念,海尔开始了长达 10 余年的探索。经过 10 多年的发展,海尔"人单合一"模式获得了良好的市场反馈。"人单合一"模式的提出契合了互联网时代的"零距离"、"去中心化"、"去中介化"的时代特征,表现在组织结构方面,海尔将传统的职能管理关系变为市场关系,每一"单"都是经由员工筛选,每一个员工的利益都直接与市场对接,"人单合一"的本质是员工价值的实现与其所创造的用户价值融合在一起。"人单合一"实施的载体则是自主经营体,从 2007 年起,海尔开始建立自主经营体,自主经营体分为三类:一线自主经营体,主要包括研发、生产和市场,直接面对顾客提供价值创造活动;平台经营体,主要从事财务、企业文化、人力资源和供应链管理等支撑性活动;战略经营体,由高层决策者组成,负责塑造和掌控海尔价值观与战略设计,整合和创造全球各种用户资源。自主经营体的建立打破了旧有的职能分割,聚焦于外部顾客需求的变化,按照流程进行重新组织,小组经理及成员被赋予更大的资源整合和决策权力,将规模庞大的"正三角"组织颠覆为面向市场灵活运转的"倒三角"组织。2012年12月,为更好地满足客户需求和提升企业的运营效率,海尔宣布实施网络化战略,树立"企业无边界、管理无领导、供应链无尺度"的发展观,打破企业原有边界,转变成以自主经营体为基本单元的平台型企业。海尔面临大数据、智能制造、移动互联网及"云计算"等技术的发展态势,改进了自主经营体存在的契约过多、内容繁琐、个体本位、目标分歧等问题,建设战略自主经营体、市场一线自主经营体和研发、制造等资源部门共同面向客户通力协作的"利共体"。2014年底,聚集于物联网技术特性,推动自主经营体进一步向孵化创业的"小微"企业转型。"小微"是海尔的"在线员工"与"在册员工"共同结成的合作组织,是对用户负责的独立运营主体,充分享有决策权、用人权和分配权。2019年,海尔进一步探索"链群共赢进化生态",这是"人单合一"模式下的新范式。链群,就是小微或是与小微的合作资源方通过共同创造市场机会,共同创造用户最佳体验,形成一个开放的以自组织为核心的生态系统,也就是生态链。至此,海尔真正成为内外部资源互动、组织无边界的平台型企业(如图8-1所示)。链群是生态链小微群的简称,小微是海尔创业平台上生长出来的创业团队,或者可以说海尔分散为4 000多个小微。链群则把研发、制造跨部门跨区域联合起来。海尔认为,链群能自适应"一切皆有可能"的变化,即动态的用户体验需求,以实现边际收益递增,从而打破企业边际收益递减的魔咒。2018年诺贝尔经济奖获得者保罗·罗默给予"人单合一"很高的评价:"它创建生态,让不同小微去尝试,有人成功,有人失败,这是一种非常健康的模式,类似生物学中的生态系统。"①

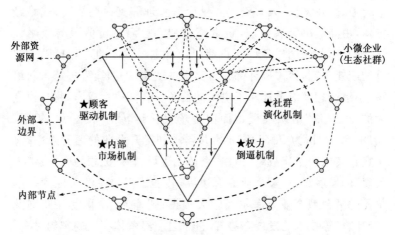

图 8 - 1　海尔内外部资源互动、组织无边界的平台型结构

二、海尔组织结构变革的合法性逻辑

海尔的组织结构经历四次大变革,从最初的科层结构到如今的平台型组织,每一次结构创新必然引起企业权力的调整,权力变化映射到企业组织结构领域,就是改变纵向分层、横向设科、实施分类分级管理的科层结构,从集权走向分权,分权化是顺势而为。互联网时代个人价值崛起,权力下放符合员工的内在诉求,必然赢得员工支持,这正是海尔成功的关键。海尔彻底颠覆了原有的集权模式,打破层级,去掉一万多名中层管理者,让人人都是自己的CEO。在这一过程中,海尔的企业文化、企业制度和有效性得到重构,重建合法性,组织结构随之调整。

第一,海尔一以贯之的"人的价值第一"顺应了互联网时代追

---

①　胡国栋,王晓杰.平台型企业的演化逻辑及自组织机制:基于海尔集团的案例研究[J].中国软科学,2019(3):143 - 152.

求个人价值至上的要求。海尔集团首席执行官张瑞敏认为,"企业文化是企业的灵魂,是企业的价值观,是企业的基因。"海尔的发展壮大与海尔强大的企业文化体系密不可分。海尔坚持"人的价值第一",就是倡导在管理实践中以文化人,凝心聚力。在企业文化建设和管理实践方面,海尔一直堪称典范。"休克鱼"文化在20世纪90年代末被编入哈佛商学院案例教材,张瑞敏成为第一位走上哈佛讲台的中国企业家。2005年张瑞敏提出的"人单合一"理论已进入哈佛商学院、斯坦福商学院、麻省理工斯隆商学院、瑞士IMD商学院等国际顶级商学院作为案例讲述。通过输入海尔企业文化成功激活被并购企业,即"休克鱼"。"人单合一"双赢模式体现了"人人都是自己的CEO,人人皆创客"。为了彰显员工个人价值,海尔倡导"管理无领导",通过建立"小微组织",让每位员工成为创客,员工通过为客户创造价值而实现自身价值。始终"以人的价值为第一",增强了员工主人翁意识、工作责任感和对企业的认同感。

　　第二,海尔"主体归位,利益内嵌"的企业制度是企业成功的基石。"主体归位"就是责任到人,"利益内嵌"就是让员工从"要我做"转化为"我要做",提高员工的主体性和责任感。张瑞敏曾说过:"海尔集团的最大成功就是建立了一套独特的、战斗力极强的管理体系。"OEC管理制度、"赛马不相马"、"斜坡球体理论"和"人单合一"都是融合了海尔文化的独具特色的企业制度,可圈可点。OEC管理制度即"日事日毕、日清日高",这是海尔的全面质量管理制度,这一制度有助于树立和强化员工的产品质量意识,为企业产品的"以质取胜"提供了制度保证。"赛马"是把命运掌握在自己手中,而"相马"则是把命运交给别人,海尔强调员工要通过努力工作来自己掌握命运。"斜坡球体理论"是将员工比作斜坡上的球体,球周围代表员工发展的舞台,斜坡代表着企业发展规模和商场竞争程度。员工行为的动力来自两方面:内在动力是个人素质的提高,外在动力是企业的激励机制。同时,也存在两种阻力:内在阻力是员工的惰性,外在阻力是发展中的困难。作为企业,就需要根据员工不同层次的需求,分别给予不同的动力,完善用人机制和激励机制。作为企业员工不进则退,只有不断提高自己的素质,克服阻力和惰性,才能发展自我、实现自我。"赛马不相马"与"斜坡球体理论"是一致的。"人单合一"在战略、组织和薪酬三方面进行了颠覆性改变,目的是为了打造出一个动态循环体系和共享式创业平台,变传统封闭科层体系为网络化节点组织。在薪酬上,由企业定薪转为用户付薪,员工价值与创造用户价值对应。"人单合一"就是每个人充分发挥自主作用。海尔的企业制度释放出"以人为本"的价值取向,以唤醒员工的积极性和创造力。

第三,聚焦平台生态系统价值创造最大化成为海尔追求企业经营有效性的最好诠释。首先,海尔集团围绕"人单合一"模式持续地探索实践,持续进行组织结构创新,构建"企业无边界、管理无领导、供应链无尺度"的平台生态系统,依托物联网建设衣食住行康养医教等海尔生态的"雨林"圈。海尔已实现在国际标准、生态品牌方面的引领,在 2019 年全球权威品牌机构 BrandZ 发布的全球最具价值品牌百强榜中,海尔更被列为全球首个且唯一的一个"物联网生态"品牌。其次,海尔聚焦"人的价值第一"搭建组织平台。海尔将员工转为小微创客的动态合伙人,充分放权,驱动小微用海尔平台自创业,直面用户,颠覆原有薪酬模式,建立用户付薪与投资平台,倒逼小微以用户需求为导向,通过创造用户价值来更好地实现自我价值。海尔通过全面平台化,实现与互联网特点相契合的去中心、零距离、去中介、自组织,彻底释放人性,最终形成小微创客、用户和资源的最大化匹配。海尔已成功孵化上市公司 4 家,独角兽企业 2 家,准独角兽及瞪羚企业 12 家,在全球设立十大研发中心、25 个工业园、122 个制造中心,拥有海尔、卡萨帝、统帅、美国 GE Appliances、新西兰 Fisher & Paykel、日本 AQUA、意大利 Candy 等智能家电品牌,日日顺、盈康一生、卡奥斯 COSMOPlat 等服务品牌，海尔兄弟等文化创意品牌。海尔真正实现了共创、共享、共赢的平台生态系统利益相关者价值最大化。

现阶段，海尔依旧在努力探索和建构基于"人单合一"理念的共创共赢生态圈。海尔几十年来对企业组织结构顺时而变的思考和开创性实践，成就了传统制造业企业组织变革的典范。

第二节　华为"铁三角"模式的变革之道

华为已经成为中国制造的一面旗帜，中国科技企业的标杆，特别是今天华为作为全球 5G 技术的引领者而倍受世人瞩目。华为创立于 1987 年，从一个民营贸易型小公司，发展成为全球领先的信息与通信基础设施和智能终端提供商，目前华为约有 19.4 万名员工，业务遍及 170 多个国家和地区，服务 30 多亿人口。纵观华为三十多年的发展历程，其组织结构一直随着环境、企业规模、战略等因素持续变革，以此为华为应对各种挑战提供强有力的支撑。华为从一个直线型管理的企业，蜕变为面向区域、客户、产品的以平台为支撑的多元矩阵式复合型组织。任何的组织变革都涉及权力改变，华为的组织变革是为了避免官僚主义，增强作战能力。用任正非的话说："把权力的改革倒过来，让基层更有权力，如果这点稳定下来，后继者无法重新改回中央集权，可以保证公司的稳定性。"华为三十年来从小公司走向大公司，走的是中央集权管理的道路，机关总部越来越庞大、官僚主义严重，如果不进行公司组织变革迟早会由于行政成本过高而垮掉。

1. 直线型/直线职能型组织结构

华为成立之初，只有包括任正非在内的 6 个合伙人，还没有所谓的组织结构。到 1991 年，公司发展为 20 余人，采取的是小微企业普遍采用的直线型组织结构，直线型结构的特点就是结构简单、权力高度集中。到 1992 年，公司销售收入突破亿元，公司规模扩大,人数达数百人,组织结构由单纯的直线制转变为直线职能制结构,除了有业务流程部门,如研发、市场销售、制造,也有了支撑流程的职能部门,如财经、行政管理等。这一结构依旧是权力高度集中,有助于企业统一调配资源,快速对外部环境的变化做出反应。

2. 二维矩阵式组织结构

华为在国内市场依靠"从农村包围城市"的战略站稳脚跟之后,任正非很快意识到将来不会有仅仅依靠区域市场生存的电信设备商,所有的电信设备商都必须是国际标准化的。从 1996 年起,华为就开始了国际化经营,由此进入发展的快车道。1998 年员工总数接近 8 000 人,销售规模接近 90 亿元。原来的组织结构已成为公司发展的瓶颈,因为部门本位主义、工作流程复杂、跨部门协调困难,严重影响华为业务的开展。于是华为开始着手新一轮组织变革。《华为基本法》是这样描述的:"公司的基本组织结构将是一种二维结构,按战略性事业划分的事业部和按地区划分的地区公司。各事业部和地区公司得到充分授权,拥有相对独立的经营自主权,独立核算。公司总部掌控财政资源、人力资源和信息资源等公共资源,为业务部门提供支持和服务,并负责公司统一协调和监督。"公司的结构变革朝着分权化方向进行。2000 年以后,华为研发的组织架构的变化更加明显,原有的部门设置被打破,华为建立起了企业管理平台、技术平台、运作支持平台三大部门,实行全面的项目管理,建立起了许多跨部门的矩阵式的组织。华为公司有了良好的项目管理环境,实现了公司范围内的跨部门的协作,极大地提高了华为公司产品在全球市场的竞争力。这是矩阵式组织在华为研发所发挥的威力。

3. 以"铁三角"为基础的矩阵型组织结构

"铁三角"的本质就是以客户为中心建构组织,这是华为在开拓国际市场过程中逐渐探索出的一种能够快速应对市场变化的组织结构。"铁三角"是由客户经理、解决方案专家、交付专家组成的项目小组,是直接面向客户的业务单元。"铁三角"形成了一个个面对客户的个性化项目小组,围绕项目目标,打破部门间壁垒,形成以项目为中心的团队运作模式。为了保证"铁三角"的有效运行,华为一方面需要向一线员工赋权,另一方面需要有公司强大的后台支持。为此,华为将经营决策权下沉到各个业务中心,同时,投入数十亿元建立强大的专业化后台,包括技术研发平台、中间试验平台、全球采购平台、人力资源平台、公共数据平台等,为"铁三角"提供了强大的支持和保障,从而更贴近客户,能够更有效地和顾客就产品展开广泛的交流,实现与客户需求有效对接的效果,解决了华为海外市场的适应性问题,助力华为成为电信设备全球领导者。此次组织结构变革,为其权力的重新分配以及提高组织的运营效率做出了充分的贡献,使得华为建立了一个与国际接轨的组织运作体系。

4. 平台型的生态组织结构

随着华为多元化和国际化战略并举的不断推进,华为已由通信解决方案电信设备提供商向提供端到端通信解决方案和客户或市场驱动型的电信设备服务商转型。华为在 2013 年形成了运营商业业务、企业业务、消费者业务三大业务体系。为了快速适应、挖掘、引领客户需求,华为提出了"大平台支撑炮火精兵作战"组织模式。构建区域平台,为不同国家的业务团队提供关键产品和技术能力,将总部平台打造成为服务提供者,持续优化基础研究、供应链、服务交付和金融服务,提升项目团队为客户创造价值的能力。2017 年,华为正式成立了云 BU 部门,成为继运营商业务 BG、企业业务 BG、消费者业务 BG 后的第四大部门。2018 年底,华为对"ICT 基础设施业务"进行了组织架构的重组和优化。图 8 - 2 是华为最新的组织结构图:[1]

---

① 刘韶荣,夏宁敏,唐欢,尹玉蓉.平台型组织.[M].北京:中信出版集团,2019:235.

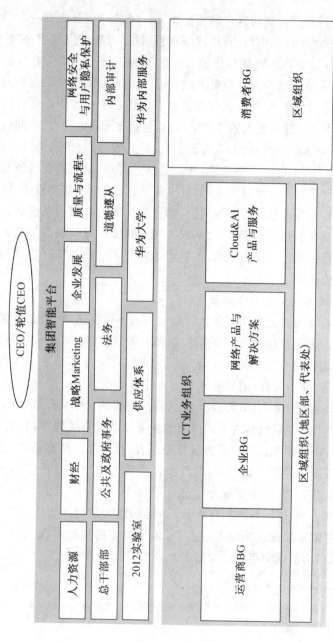

图 8 - 2　华为的平台型组织结构

华为的组织变革可谓是步步为营,每年都有一个新架构,至今已经形成构建以云为基础,整合了物联网、人工智能、大数据、视频、融合通信、地理信息系统等数字平台,实现数据融合、业务协同和敏捷创新的数字平台,以及集团职能平台的战略制定、人力资源等职能的平台型生态企业,充分向一线授权,总部进行统一协调,实行集权和分权的平衡。任正非2019年在公司内部讲话中提到,公司组织变革的主要目的是避免官僚主义产生,增强作战能力。

二、华为组织结构演变的合法性逻辑

华为始终坚持为客户创造价值,以奋斗者为本。华为将这一理念贯穿于组织结构变革之中,"以奋斗者为本"和"以客户为中心"。包含了一种深刻的辩证关系,以奋斗者为本,其实也是以客户为中心,看似对立,但"以奋斗者为本"是实现"以客户为中心"目标的基础条件,而目标的实现又反过来给予奋斗者更多的回报,两者之间构建了一个立足长远的统一和平衡关系。

第一,"以客户为中心"和"以奋斗者为本"的企业文化成为凝聚华为人共识的源泉。华为是一个高科技企业,高科技企业最核心的资源是知识,知识创造价值,知识创造不同于物质资源的边际收益递减,而是边际收益递增。知识只有在运用中才能发挥作用,知识的创造、积累、传递、共享和利用离不开作为载体的知识型员工。知识型员工不同于传统上听从命令或规定程序操作的员工,他们具备专门的知识和技能,是本领域的专家;他们知道自己的知识对于公司营运的重要性,所以不再从传统的职位角度上去评判个人的价值和能力,他们可以独立于组织之外而获得聘用,实现个人价值,建立个人的声誉和地位;他们为了保持其能力和价值,需要不断地学习,与他人互相交流、共享知识,这就有赖于组织创造学习型氛围。因此,知识型员工的特点是追求工作自主性、工作的成就感,彰显个人价值,对企业忠诚度低,不愿意受权威的强制和约束。对于知识型员工的管理,主要依靠他们的自律意识,这就是需要通过企业文化建设来激发员工的自律意识,并增加员工对企业的认同感和忠诚度。华为一向重视用企业文化引导员工行为,激发其内在价值创造潜能。从 1997 年的《华为基本法》、2005 年的价值观再造,到 2009 年的六大核心价值观大讨论,再到 2010 年以"客户为中心""以奋斗者为本"核心价值观的正式提出以及2012 年落实核心价值观三大管理纲要的推出。华为不断通过企业共有价值观的灌输,潜移默化地使其成为影响知识型员工的行为准则和行为规范,凝聚十几万知识型员工朝着"以客户为中心"共同目标努力奋斗。

第二,以"知本主义"为制度逻辑的《华为公司基本法》是走向成功的定海神针。《华为公司基本法》是华为公司的精髓,对华为公司的宗旨、基本经营政策、基本组织政策、基本人力资源政策以及基本控制政策做了系统的描述。其中,对知识型员工的管理是其核心内容。其中最具华为特色的管理制度是权力和利益的分配理念和实现机制。任正非认为,分配问题始终是企业管理进步的杠杆,既然知识工作者是华为员工的主体,也是最重要的人力资源,那么华为的分配制度应该体现有利于激励知识工作者的内在逻辑,这就是华为公司一直在推行的"知本主义"分配制度。只有坚持分配"以知为本",才能使知识创造价值。华为的"知本主义"实践就是为知识和资本(股权)、知识和管理(职权)之间的链接打开了一条通路,实现了知识和权力(股权和职权)的结合。知识与股权的结合表现为:华为规定股东每年只能分享利润的 25%,75%要通过奖金分享给当年创造价值的人,华为 89%的员工拥有华为 98%的分红权,任正非个人只占 1.24%,人人都是老板。① 知识与职权的结合表现为:华为的轮值 CEO 模式,七位常务副总轮流担任 CEO,每半年轮值一次,轮值 CEO 负责提出经营决策议

---

① 彭剑锋.华为文化本质上是"蓝血绩效文化"华夏基石 e 洞察(ID:chnstonewx)2019 - 09 - 11.

题,主持经营决策会议。轮值 CEO 制度使决策体系保持动态平衡,集聚群体智慧,适度民主加适度集权。"知本主义"企业机制既实现了对知识型员工的有效的激励与约束,又保证了公司的活力、竞争力和可持续成长的动力。《华为基本法》以及其中蕴含的"知本主义"理念及企业管理机制还要继续用华为人自己的行动践行,续写新的篇章。

第三,"为客户创造价值"构成华为经营有效性的内涵。通常企业的首要目标是为股东创造价值,追求利润最大化自然成为企业经营决策的准则。但是在任正非看来,客户是企业最重要的利益相关者,客户给企业提供价值创造的机会,养活了企业,提供了企业的生存价值,是企业存在的依据。因此"为客户创造价值"应该始终作为企业经营的出发点和归宿。为此,华为确立了企业的利润边界,年度利润水平保持在 7%~8%。华为规定每年的研发投入必须维持在销售收入的 10%以上,通过持续大量的投资进行技术创新和产品研发,不断构建企业核心竞争力。2019 年 5 月 16日,美国将华为列入所谓"实体清单",这意味着没有美国政府的许可,美国企业不得给华为供货。在突然遭遇美国的打压与制裁后,华为临危不乱,出其不意地启用了华为多年来耗巨资打造的"备胎计划"化解危机。5 月 17 日凌晨,华为海思总裁何庭波发布了一封致员工的内部信,称华为多年以前就做出过极限生存的假设,预计有一天所有美国的先进芯片和技术将不可获得,而华为仍将持续为客户服务。何庭波表示,海思将启用"备胎计划",以确保公司大部分产品的战略安全和连续供应,保持公司对于客户持续服务的承诺。华为十年磨一剑,未雨绸缪,在至暗时刻亮出宝剑,不仅获得了发展的主动权,也赢得了客户和国人的高度赞誉。有人说当你不够强大时,对手的制裁会让你原形毕露,反之,对手的制裁只会成为你的勋章。显然华为是后者,滔天巨浪方显英雄本色。华为正是始终保持"为客户创造价值"的初心,才方得始终。坚持以客户为中心,通过创新产品为客户创造价值:对内依靠努力奋斗的员工,以奋斗者为本,让有贡献者得到合理回报;对外与供应商、合作伙伴、产业组织、社区、大学、研究机构等共建共赢,推动技术进步和产业发展。2020 年 7 月底,任正非带队到访上海交大、复旦、东大和南大,之后又前往中科院、北大和清华,目的是加强科研与产业深度融合,培育高科技创新人才,提升企业关键核心技术的原创能力。华为用自己的行动建构了属于自己的平台型企业生态圈。

第三节　阿里巴巴平台型组织的升级之道

　　互联网的飞速发展,让中国的数字经济从无到有,从小到大。目前数字经济在中国 GDP 中的占比超过 30%。数字经济正在成为中国乃至世界经济发展的新动能,更是未来国家竞争力的核心组成部分。诞生于数字经济时代的阿里巴巴在中国互联网和数字经济发展的波澜壮阔中发展壮大,成为中国互联网企业的领头羊。在众多的互联网公司中,阿里独特的经营哲学不仅促进了它在商业上的成功,而且改变了社会的消费方式和创造了巨大的社会价值,阿里就是在成就他人的过程中走向辉煌。短短二十年时间,阿里巴巴从一家小企业,发展成为横跨商业、金融、物流、云计算等领域庞大的"阿里巴巴数字经济体",在中国没有哪一家互联网公司,能够像阿里巴巴这样,一直在扩展边界中发展壮大。阿里巴巴自 1999 年创建至今二十年来,几乎每年都在进行组织变革,因为业务的不断扩容需要调整权力关系、部门设置、业务流程,阿里组织结构发生了跌宕起伏的变化,阿里从产生之日起就是一个平台型组织,因为"平台"是互联网的内在规定性,是互联网成就了阿里。作为一个平台型企业,在不同的发展阶段,平台的利益相关者、基础设施及提供的各类服务、技术不同而表现出组织结构的差异性,这正是阿里变革之道。

一、阿里平台型组织的变革之路

1. 平台型组织1.0：从 B2B 到 B2C、C2C 的简单交易平台

阿里从起步就开始做平台业务，因此阿里天然就是平台型组织。马云曾经说过：阿里巴巴就是义乌小商品市场搬到了网上。阿里的成立背后有一个宏大的产业背景，适逢 1998 年的东亚金融危机后，中央政府为了拯救产能过剩的制造业，对民营企业开放了外贸进出口自主权，浙江有着全国最多的专业市场和最活跃的中小制造企业集群，与此同时，互联网开始席卷中国，天时地利给马云提供了创业良机。马云依托互联网平台做 B2B 业务，一边是众多的中国中小企业供应商，另一边是众多的国外企业需求方，阿里在供需双方搭建了平台，促成了交易的达成。交易的机制就是互联网平台，平台最大的优点就在于降低了企业间的交易成本，这些交易成本包括信息不对称的成本，销售渠道多环节的成本和资金流通效率低的成本。交易成本的降低提高了交易的效率，为交易双方创造机会和价值增值。马云洞察到了互联网所孕育的巨大商机，于是他如法炮制，又在 2003 年推出了淘宝网做 C2C 业务，就是将零售业务搬到网上，为了建立消费者对淘宝网购交易的信任，2004 年推出支付宝作为第三方支付平台，2005 年全资收购雅虎中国。至此，阿里巴巴从单一 B2B 发展到 B2B、B2C、C2C 业务并举，颇具规模的平台型组织出现了。

2. 平台型组织2.0：网络与事业部制的嵌套

随着阿里业务的成熟发展和大淘宝战略的逐步推行，出现了B2B、B2C、C2C 业务的分化，差异日益加剧，淘宝着眼于为各类客户提供更有效率的服务，于是马云开展了一系列的拆分业务行动：2011 年 6 月淘宝"一拆为三"（淘宝网、淘宝商城、一淘），即沿袭C2C 业务的淘宝网，聚集了海量商品和流量的淘宝网将继续强化其集市优势，淘宝商城（后更名为天猫）主要服务于品牌企业，强化品牌意识，打造 B2C 专业化平台，一淘网作为一站式购物搜索引擎,专注于为消费者提供商品搜索、购物比价等全流程购物服务。
2012 年 7 月马云将阿里巴巴旗下公司归类为 7 个事业群,并将之
称为"七剑下天山",即淘宝、一淘、天猫、聚划算、阿里云、阿里国际
业务及阿里中小企业业务,这七大事业群相对独立,彼此共享阿里
建立统一的数据、安全和风险防控以及阿里巴巴的 CBBS 服务链
(CBBS 是指消费者、渠道商、制造商、电子商务服务提供商)。七
大事业群是一种依托产业形态划分的组织结构,其内部仍然存在
着众多业务的交叉重合,为了更进一步地厘清各项业务之间的界
限,降低资源的重复配置,实现不同业务的跨界合作,形成协同机
制,阿里再一次于 2013 年 1 月将七大事业群分拆为 25 个事业部,
这次大调整使得业务划分更细,权力更加分散。在分权化的同时,
阿里也在强化公司的管控。阿里巴巴在集团层面成立了由董事局
负责的"战略决策委员会",以及由 CEO 负责的"战略管理执行委
员会",两大机构分别负责决策的制订和执行。马云的拆分之法,
一方面分散了下属的权力,降低了各个分支决策失误的风险;另一
方面,分拆后各个事业部直接向马云汇报,实际上加强了"中央集
权",马云通过放权和集权,避免了在权力上一放就乱,出现集团失
控,又避免了一抓就死的状态。因此有学者认为,此时阿里巴巴的
组织架构是传统的事业部制结构。其实这样的说法欠妥,阿里以
平台组织起步,随着企业不断扩张,组织结构愈趋复杂,平台是基
础设施,业务部门采取传统事业部制结构,事业部之上有决策和执
行机构,因此,平台型组织 2.0 可以看作是传统事业部制结构与网
状结构的复合体。

3. 平台型组织 3.0:"小前台、大中台"模式

企业做大之后,都会面临效率与创新的难题,阿里也不例外,
25 个事业部纵横交错的网络型组织带来创新的同时,也面临着如
何提高协同效率的问题。于是 2015 年阿里再次进行组织变革,构
建符合数字技术时代的"小前台、大中台"互为协同的创新组织模
式。具体而言,就是将之前细分的 25 个事业部重新整合,根据具

体业务将其中一些能够共同为业务部门提供基础技术、数据等支持的部门整合成为"大中台",统一为一线部门提供支持和帮助;"小前台"专注一线业务,共享"大中台"提供的数据、技术资源和服务资源,轻装上阵,使产品在更新迭代、创新拓展的过程中更具有敏捷性。因此,"大中台"被认为是公司未来价值创造的关键环节,因为"大中台"集合整个集团运营数据能力、产品技术能力,对各前台业务形成强力支撑,这样可以降低成本,增加商业价值。2017年1月,阿里围绕"五新"(新零售、新金融、新制造、新技术和新能源),再次进行全面的组织结构升级。2018年,阿里将高速增长的天猫升级为"大天猫",形成天猫事业群、天猫超市事业群、天猫进出口事业部三大板块,相应承担"推动品牌数字化转型""建立超市新零售模式"和"实践全球买全球卖"的战略使命。2019年6月之后,阿里的组织构架调整为:前台包括三大类,分别是核心电商(零售、批发、消费类服务)、数字媒体和娱乐(优酷、大麦等)、创新项目(高德地图、钉钉等);中台为包括四个层次,分别为阿里云提供系统、技术和基础设施支持,蚂蚁金服为阿里提供支付、金融方面的支持,阿里占33%的股份,阿里妈妈作为整个阿里系的广告营销平台,为商户提供广告服务,整合相关数据;菜鸟作为物流平台整合物流、配送等业务。通过持续组织变革,阿里快速响应能力、丰富多元且个性化的解决方案,为商家和行业创造了独特的生态优势,也更好地满足消费者对各类生活用品、生活服务的消费体验。阿里最新的组织结构如下图8-3所示①:

一直以来,阿里的组织变革是常态化的工作,数字经济时代阿里围绕"人才、组织、未来"这三个关键词,不断升级组织设计和组织能力,创造出更加灵活创新的组织结构,推动着阿里的商业世界不断跃进,实现"在数字经济时代,让天下没有难做的生意"的使命。

---

① 杨国安,戴维·尤里奇.组织革新:构建市场化生态组织路线[M].袁品涵译.北京:中信出版集团,2019:147.

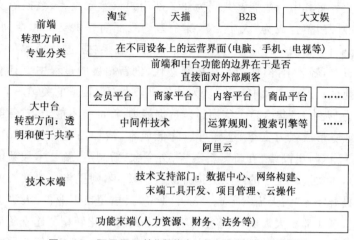

图 8 - 3 阿里巴巴的"小前台、大中台"的平台型结构

二、阿里组织结构演变的合法性逻辑

阿里持续不断的组织变革,始终围绕"人、组织、未来"而展开,阿里组织变革过程中涉及的所有调整背后,都反映出了阿里巴巴核心价值——赋能人、激活人、让组织得以重启重生。阿里独特的人才梯队和人才培养机制,为阿里注入活力和不断创新的能量,也为阿里的组织变革提供合法性支撑。

第一,秉承"成就他人就是成就自己"的企业文化,造就了今天阿里的辉煌,有助于阿里凝心聚力。阿里创业伊始就本着为客户创造价值的理念,建立了平台型组织。诺贝尔经济学奖得主本特·霍姆斯特罗姆认为,"平台经过自由发展,使得消费者、小生产商、小公司获得更大的选择权。正是技术和平台赋能了小人物。"阿里巴巴借助互联网的力量,为中小企业和普通人创造机会和价值,正是这些众多的"小人物"成就了今天的"大阿里"。阿里将高度分散的市场通过以数据驱动的共享平台进行有机整合,让许许多多的小微企业和消费者无缝对接,成就了无数的交易,这就是阿里助力他人成功,同时也成就了自己。阿里为了进一步践行其核心价值观,在 2015 年提出"小前台、大中台"模式,开始建构强大的中台,即一个能将数据、技术、服务等整合升级的技术服务平台,赋能前台,提升用户流量转换为销售率,促进业务规模化增长。2019年阿里双十一开局火爆,在不到 90 分钟的时间内完成了超过1 140亿元的销售额,比去年 24 小时完成的总销量的一半还要多。如果没有强大的中台云计算平台的支撑,这么大规模的业务量是不可想象的。阿里一直在践行它独特的价值观:一家为解决问题而生的公司,解决的问题越大,创造的价值就越大,"让天下没有难做的生意"的使命感,无比远大,又无比具体。马云常说:"不要去想尽办法从客户兜里拿走 5 块钱,而是想办法帮客户将 5 块钱变成 100 块钱,然后再说你分我 10 块钱行不行。"这就是阿里独特的商业哲学。

第二,"以激活前台、夯实中台、治理后台"为导向的企业治理成为激发企业活力和不断创新的制度保障。前台的任务是为阿里的用户提供不同的产品和服务,需要依托大数据、复杂的运算规则分析用户需求、喜好和购买行为,然后从众多商品中进行筛选,推荐最贴近客户需求的商品。激活前台就是将日常决策权下沉前台业务单位,通过强大的中台为前台业务提供信息、数据、技术、计算能力等,提升前台应对市场的能力,阿里的大中台建设就是为了更多地向前台注入活力。

中台被认为是企业的核心能力,企业价值创造的源泉。中台将企业核心能力以共享服务形式沉淀,以赋能前台业务,实现快速、低成本创新。提升前台业务能力,离不开强大的中台支持。阿里有句话很经典:"一切业务数据化,一切数据业务化。"因此,强大的中台需要有强大的数据处理能力,包括对海量数据的采集、计算、存储、加工、统一,形成大数据,然后供前台分析客户需求,有针对性地向客户精准推送商品和服务。因此,阿里的 CEO 张勇提出,要实现中台构建过程的智能化,表现为其机器智能的计算平台、算法能力、数据库、基础技术架构平台、调度平台等核心能力，将全面和阿里云相结合。只有依托云计算、云服务能力才能对前台业务提供高可靠、高稳定的运维保障能力。

后台治理是平台企业的权力中心。为了实施对公司的管控，阿里在集团层面成立了由董事局负责的"战略决策委员会"和由CEO负责的"战略管理执行委员会"，阿里通过建立合伙人制度从根本上保证了经营决策权始终掌握在阿里巴巴"自己人"手里，永远不受资本控制。目前的合伙人虽然只占不到20%的股份，却成为公司实际掌控者，不会被任何大股东架空，也不会因为公司上市变成公众公司而失控。阿里合伙人制度的最大特色是同股不同权，曾经因此被港交所拒绝上市，几经周折在美上市。马云通过这样一个链条：永久合伙人→合伙人委员会→合伙人→董事→董事会，实现了对公司的间接掌控。永久合伙人只有马云和蔡崇信，如此一来，马云即使辞去了董事局主席一职，也不会失去控制权，马云退而不休。阿里通过合伙人制度解决融资后的管控、群体性接班及文化传承等问题。

第三，围绕着"平台建平台"的持续组织变革，拓展了阿里数字生态系统，有助于提高经营的有效性。阿里在其发展过程中不断吸引众多的供应商、消费者、金融机构、物流公司、软件公司等，大量企业与个人以各种方式聚集于阿里平台之上。阿里与这些参与者之间紧密联系、协同发展，形成了阿里庞大的利益相关者群体。阿里经营的有效性充分地体现在为这些利益相关者群体提供数据、技术、资金等资源、创造机会和实现价值增值。阿里一向擅长挖掘利益相关者的诉求，通过一系列平台服务满足利益相关者的需求。阿里成立之初的免费使用平台政策就满足了当时中小企业者的心理诉求；电商淘宝、天猫的成立就是为了满足 B2B、B2C、C2C 业务客户对产业链下移的需求；阿里云为客户提供安全、可靠的计算和数据处理能力；阿里妈妈广告平台满足网络商户对于广告营销的需求；蚂蚁金服则是满足中小企业融资的需求；菜鸟物流平台满足了企业对物流的需求。除此之外,阿里巴巴还提供开店服务、支付宝、交流工具、消费者评价体系、消费者保障计划,组织大量展会、供销交流会、行业培训、免费商品展示等支持性服务活动。阿里利用平台获得其利益相关者规模和粘性的不断加强,由此拓展壮大阿里数字生态系统,这一过程随着组织结构不断变革形成良性循环模式,阿里巴巴成功地走出了一条通往数字经济时代的"阿里之路"。2019 年 9 月 10 日是阿里巴巴成立 20 周年的纪念日。9 月 9 日收盘,阿里巴巴的市值定格在了 4 628.63 亿美元,稳居全球前十,是市值最高的中国公司。

第四节 研究结论与展望

海尔、华为、阿里巴巴抓住了从传统互联网到物联网时代的发展契机,积极推动企业向平台型+结构转型,拓展了企业的边界,加快了企业间的频繁交流,实现了各类资源的共享,大大增强了企业对复杂环境的应变能力,跻身于千亿级的中国领军企业之列,也走在了世界前沿,成为这个时代的引领者。基于本章前面的案例分析可以看出,海尔、华为和阿里的成功秘籍都浓缩在了持续不断的企业组织结构变革之中。

一、基于海尔、华为、阿里组织变革案例的研究结论

海尔是传统制造业产业的领袖,华为是高科技产业的领头羊,阿里巴巴是中国最大的互联网企业,他们的组织变革只有进行时,没有完成时。海尔和华为作为传统企业,其企业组织结构基本沿着从直线职能制、事业部制、矩阵式结构、到平台型+结构的不断升级,阿里则是从平台型结构的初级阶段发展到平台型结构的高级阶段。虽然这三家企业组织结构变革所采用的具体形式各有特色,但是存在着相同的内在逻辑,即"以客户为中心"和"以员工为本"成为企业组织结构变革的动力之源,这也符合企业组织结构变

革应有的合法性逻辑。因为每一次组织结构变革都涉及企业权力的重新布局,总体趋势是将中央集权转化为向基层分权,决策权、用人权、薪酬权赋予一线员工,颠覆传统权力观,重新定义企业领导者的角色,领导者不再作为监督者角色,而是转变为协调者、顾问、赋能者,唯有如此,领导者才能在数字化时代重建企业权力合法性。

第一,为客户创造价值和彰显员工个体价值是重构数字化时代权力合法性的价值基础。企业组织结构变革的外在动因是企业经营的成败越来越取决于能否为客户创造持续的价值,而要实现这一目标,企业需要建构一个可以自由链接资源的平台,促进企业间协作,因为没有任何一家企业可以拥有一个复杂技术产品的完整产业链,因此可以看到,今天企业间的横向合作、跨界合作已成燎原之势。海尔和华为的平台化改造就是突破原有的固定边界,构建跨越传统边界、形成无边界生态体系的组织结构,将触角深入各个领域,或是建立孵化创新的项目团队,给一线人员授权,如海尔从"正三角"到"倒三角"结构的转变,就是给项目团队授权,挖掘用户需求和捕获新的发展机遇。其次,企业经营的出发点已从"以企业为中心"的标准化模式转向"以客户为中心"的个性化定制模式,客户需求千人千面,客户需求从幕后走向前台。海尔的"人单合一"模式、"平台+小微+创客"构成的平台生态圈,通过一个个"小微"团队来动态满足多样化、个性化的用户需求,并通过企业平台实现资源的优化配置和互利共享。华为的"铁三角"结构是由客户经理、解决方案专家和交付专家组成的项目小组,形成了一个个系统化和个性化的客户端,真正做到以客户需求为中心,实现用户价值最大化。阿里的"小前台、大中台"模式,"前台"与客户零距离,"中台"通过资源整合、能力沉淀的平台体系为前台业务提供强有力支持,"中台"助力"前台",实现前台业务的灵活性和敏捷性。

彰显员工个人价值是企业组织结构变革的内在动因,为此,企业需要颠覆传统的科层权威,向员工授权,海尔的"自主人"就是利用平台激发员工的创造力和个人价值的崛起。海尔的平台让员工成为"创客",即为员工提供创业机会,让每位员工人人都是CEO,通过自身努力持续为客户创造价值来实现自身价值的"创客",彻底释放人性。华为的"知本主义"理念的提出昭示着华为"以知识型员工为本",将知识和权力(股权和职权)结合起来,华为既不完全否定财富的力量,又创造了知识使人获得利益和权力的分配机制。华为的"按知分配"体现了对知识型员工价值的高度重视。阿里巴巴通过创造人人平等的校园文化唤起员工的平等意识,阿里巴巴很像一所大学,可能因为马云的教师情结吧。进入阿里园区的访客牌上都写着"Campus Visitor"(校园访问者),员工自称"小二",互称"同学","某某总"是被严格禁止的,推行"政委制"管理。阿里始终如一地坚持成就他人就是成就自己的理念,体现在企业实践中就是为员工个人价值崛起提供机会,如阿里通过中台建设可以让一线员工有CEO级别的宏观洞察、判断和数据视野;阿里始终坚持员工培训,为员工赋能,正是这些"小人物"最终成就了"大阿里"。

第二,弹性化的制度设计是重构数字化时代权力合法性的制度基础。弹性化制度是与传统科层制企业制度的高度理性化相对应的。理性化的制度是刚性思维的产物,强调通过控制减少不确定性,保证企业效率目标的实现。刚性化的制度是非人性化的,将人异化为物,按照事先设定的程序、规范标准化人的行为方式,控制和服从是其本质。但是随着以机械技术为核心的工业化大生产转向以数字技术为核心的用户个性化定制,需要的是创造性、灵活性和敏捷性,而传统的刚性制度是不能适应变化的,因为严格的制度管理是激发不出员工创造力的,繁琐的程序会造成工作的低效率,对客户需求反映出迟钝性,所以需要颠覆严格的科层制度的层层管控,构建共创共享和人才激励机制,创造宽松的、自主管理、自我创业的工作氛围,激发员工的创造力和对客户需求的快速反应能力。弹性化的制度设计不是漠视规则,没有规则无法建立起企业的约束和激励，也无法使企业成为相互协作的系统。但是，繁文缛节和高度理性化的规则会抹煞了员工创造性和个人价值，因此企业制度的建立需要在控制和自主之间存在张力。平台型企业解构了科层制自上而下的集权化的指挥命令关系，形成企业管理层、业务单元以及外部合作者"共建共享共赢"的治理体系，在弹性化管理方面做出了有益的探索。

海尔"人单合一"模式在企业管理方面，引入了市场机制，每一个员工的利益都直接与市场对接，在薪酬方面进行了颠覆性改变，由企业定薪转为用户付薪。与此相适应，海尔将规模庞大的"正三角"结构颠覆为面向市场灵活运转的"倒三角"结构，小组经理及成员被赋予更大的资源整合和决策权力，从企业权力模式实现从集权控制到分权自治的转变。海尔的"赛马不相马"与"斜坡球体理论"变员工被动接受管理为员工主动努力，增强员工自主管理意识，每个人充分发挥自主作用，将个人发展的命运掌握在自己手中。华为的"以知为本"和"按知分配"是其制度设计的核心逻辑，建立与知识型员工的共创、共享机制，凝聚一大批追求个体价值至上的知识型员工。作为一家高科技企业，华为的核心竞争力就是人才，因此在《华为基本法》里明确提出，企业家和知识创新者是企业价值创造的主导因素，人力资本的增长优于财务资本的增长。华为创造了基于知识型员工的利润分享制度，高压力、高绩效、高回报的"三高"机制，形成了颇具特色的激励和约束人力资本价值创造、价值评价、价值分配三位一体的管理体制，成为企业持续发展的活力之源。弹性化的制度设计就是通过规则和机制唤起员工的自主管理与约束，从企业控制转向企业协调与员工自主管理的平衡。阿里是互联网企业，扁平化、去中心和无边界反映了互联网技术的平台特点，平台化的组织结构是互联网企业的题中之义。平台企业的治理模式介乎于科层制度与市场机制之间，且以市场机制为主调节参与者利益。前台业务单位作为一个个独立的经营主体，享有决策权和相对独立的利益，企业管理层在此基础上通过制定规则进行协调以保证企业作为一个协作的整体。在制度层面,阿里主要通过一套绩效考核体系对员工进行激励与约束,其中作为非业绩考核的价值观考核在阿里备受重视,业绩考核将公司利益、部门利益和员工利益三者合一。阿里考核的目的是奖勤罚懒、奖优汰劣,并与晋升、加薪和荣誉挂钩。独特的合伙人制度是阿里制度的又一特色,为了实现阿里成为 102 年企业的梦想,需要培养优秀的核心管理团队,保证公司良性的权力传承。阿里建立的合伙人制度要求合伙人完全认同企业的核心价值观和极高的人力资本,合伙人构成企业的核心高管团队,人数在 30 人左右,掌握公司控制权。阿里的合伙人制度顺应了时代的要求,不断地吸引着优秀人才的加盟,人才是这些年阿里版图呈指数级扩张的不竭动力。

第三,驱动平台价值最大化是重构数字化时代权力合法性的有效性基础。传统企业经营的成功取决于企业内部因素,因此企业经营的有效性通常以企业自身盈利来衡量,追求企业利润最大化是其目标。随着以信息技术为核心的互联网时代的到来,企业经营环境变得复杂和不确定性,企业开始重视与环境的适应性、包容性。因为企业经营的成功不仅取决于内部因素,而且受制于外部力量,于是企业开始重视利益相关者的利益,企业经营的有效性体现为与利益相关者的合作共赢。当今时代已进入以数字技术为核心的移动互联时代,由数字技术催生出的平台企业突破企业的传统固定边界,平台给企业提供了自由连接资源的便利,拓展了利益相关者范围,形成了以客户端为核心的所有价值链参与者的生态体系,于是企业经营的有效性就需要以平台为基础,孵化出与企业共创共赢的生态体系的价值来衡量。

海尔的"海纳百川",海尔平台上有 4 000 多个小微,涉足各个领域,海尔在不断消弭行业的界限,依托物联网建设衣食住行康养医教等海尔生态的"雨林"圈,为全球用户定制个性化的智慧生活。华为的从"一棵大树"到"一片森林",以云为基础,整合了物联网、人工智能、大数据、视频、融合通信、地理信息系统等数字平台,实现数据融合、业务协同和敏捷创新的数字平台,以及集团职能平台的战略制定、人力资源等职能的平台型生态企业。华为 2019 年实现全球销售收入 8 588 亿人民币,其中华为的 Ruraistar 系列解决方案已累计为 50 多个国家和地区的 4 000 多万偏远区域人口提供移动互联服务。华为的愿景和使命是把数字世界带入每个人、每个家庭、每个组织,构建万物互联的智能世界。阿里的"无边界",阿里巴巴已发展成为横跨商业、金融、物流、云计算等领域庞大的"阿里巴巴数字经济体",而且扩张还在继续。这些平台企业的成功是建立在以实现共建共享共赢的平台价值最大化为目标。海尔创建的平台从最初的"人单合一"已升级为生态圈、生态收入、生态品牌共同构成的"三生"体系,2018 年海尔的生态收入达 151 亿元,同比增长 75%。阿里巴巴的市值按 2019 年 9 月 9 日收盘价计算达到了 4 628.63 亿美元,稳居全球前十,成为市值最高的中国公司。阿里巴巴的成功不只在经营上,更在于它为社会带来的改变和创造的价值。马云一直说,阿里巴巴是一家为解决问题而生的公司。

二、中国企业在数字化时代组织结构变革的展望

2020 年初,一场突如其来的新冠疫情改变了人们的生活方式、工作方式和学习方式,在线居家办工、网络在线课堂、网购成了疫情期间人们生活工作学习的样态。疫情的爆发加速了在线化进程,在线模式普遍化,在线化、数字化也成为企业经营的必选项,可以看到线下经营遭受重创,而线上模式并未受到多大冲击,有些互联网公司甚至出现增长态势,如腾讯第一季度经营逆势上涨。为了应对全球化时代风险社会的来临,企业需要改变经营模式,利用数字技术平台发展在线业务,做到线上线下融合,降低经营风险。一些高瞻远瞩的企业如海尔、华为、阿里、腾讯、小米等早就开始了这方面的探索,到目前为止,已经成功运用数字化平台建立了新的

产业模式,取得了极大的成功。它们的成功虽各有独特经验,但是也不乏共通之处,这就是企业组织结构平台化的转型,契合了数字技术的平台特点,以及数字时代客户需求的变化、员工价值观的变化等。海尔提出"企业无边界、管理无领导、供应链无尺度"的口号唤起业界的共鸣,未来企业组织变革的方向一方面将继续沿着扁平化、去中心和无边界进化,另一方面针对扁平化、去中心和无边界可能面临的挑战进行规避和优化。

1. 扁平化、去中心和无边界是大势所趋

目前大数据、云计算、人工职能、区块链等数字技术已经不同程度地渗透于社会的方方面面,这些数字技术的发展方兴未艾,此次疫情更加快了数字化、智能化进程,数字技术不仅作为技术的逻辑改变企业运作的技术平台,而且也作为一种文化影响着企业主体的价值观念,因此,数字技术将继续成为推动企业组织变革的原动力。像海尔、华为、阿里等企业是这个数字时代的先行者,最早开启了平台化企业的建构实践,他们的成功给中国企业组织变革提供了很好的示范作用,今后将引领者更多的追随者进行组织结构变革。

扁平化是通过对科层组织的金字塔结构进行改造,压缩纵向层级,扩大管理幅度,打破横向部门壁垒,促进跨部门合作而形成的。首先,组织结构扁平化的原动力是数字技术,因为数字技术突破了信息、知识流动的障碍,让信息和知识的传递全覆盖,不再需要上传下达的中间层级。其次,扁平化有助于克服科层结构纵向层级多、横向部门壁垒的低效率,尽管科层制曾经是效率的同义词,但是在数字技术广泛渗透的逻辑下,科层制已成为增加管理成本、压制创新、阻碍沟通协调、人浮于事、不能适应环境变化的代名词。再次,知识型员工已成为企业员工的主流,工作能力强,自主意识强,传统的管控模式已不适合知识型员工,企业管理者需要转换角色,从领导者变成顾问、协调者、培训导师,因而管理者管理幅度增加,管理层级自然减少。最后,平台化企业的平台已经完全可以取代原先的中间层级并履行中层的相应职能。

去中心是指弱化企业领导者的一元权威和以企业为中心的格局，实行广泛的分权与授权，企业管理方式从管控走向合作共治。数字技术的分布式特点不仅成为去企业权威中心化的技术依据，而且因为数字技术让每个人都成为网络中的一个节点，人与人之间的等级关系变成了点对点的平等关系，因此每个个体的作用得到凸显，个体价值被激发，自主意识得到唤醒。因此，在去中心化的组织结构中，决策权下沉至一线业务单位，人人都是领导者。客户的个性化需求日益成为企业经营成败的决定因素，客户权力挑战企业霸权，实行供应链无尺度，也就是满足客户的个性化定制，客户参与产品的全流程设计。海尔的"人单合一"模式、华为的"铁三角"模式，阿里的"小前台、大中台"，无不体现了以客户为中心的理念。

无边界是相对企业传统的固定边界而言的，突破企业固定边界，开放边界，建立一个可渗透、不确定的动态边界。动态边界包括了企业内部，按层级和职务划分为垂直边界，按部门和流程划分为水平边界；企业外部，建立上下游产业链主体之间的外围边界，还包括全球产业链的地理、文化的边界，以及跨行业边界。固定边界适用于在稳定的环境中，明确企业职责范围，着眼于维护企业稳定和控制企业；开放边界适用于在低度复杂性和不确定性的环境中，企业需要与环境互动，促进资源流动、企业间横向合作；动态边界适用于在高度复杂性和不确定性的环境中，企业需要聚合各方力量、各类资源，因而边界是不确定，需要在特定秩序中建构。无边界组织就是不再强调组织的确定边界，打破原有的内外部边界，以众多小微团队为单位的模式运行，更加关注组织的非结构化带来的灵活性和创造力，而不再是结构化的权威和秩序。

综上所述，数字化时代就是用扁平化、去中心化和无边界这些特点去颠覆原有企业的一元权威，企业不再是权力中心；客户需求的个性化挑战企业霸权，由过去的企业至上转向客户至上；员工个体价值的崛起挑战群体价值,由对员工的管控转向自我管理。无论是技术的变化,还是客户需求、员工价值观的变化,其变化背后的逻辑就是对传统科层权威的颠覆,企业组织结构变革的实质就是权力关系、权力配置和运作方式的调整,调整的目的是重建合法性,因为传统科层权威不再被认同,出现合法性危机,重建合法性就需要权力下沉,相应地组织结构随之调整。

2. 扁平化、去中心和无边界可能面临的挑战

平台化结构引领着数字化时代企业组织结构变革的潮流。"没有成功的企业,只有时代的企业",成功的组织结构变革就意味着为企业插上了时代的翅膀,助力企业抓住机遇、应对挑战。但是绝大多数企业在组织变革中往往以失败告终,这是因为企业在组织变革中会面临内外部的挑战,内部挑战来源于权力的重新调整过程中可能带来的权力纷争,高层管理者协调的难度加大;外部挑战是因为边界的过度扩张会给企业经营带来风险、交易成本上升。下面依次从扁平化、去中心和无边界三个方面分析可能产生的挑战。

扁平化、去中心可能面临的最大挑战就是协调的难度加大和小微单位的负外部性问题。扁平化压缩了纵向的管理层级,扩大了管理的幅度,常规性的经营权下沉,各单位掌握独立性的经营决策权,但是企业毕竟是一个整体,解构原有的科层权威是为了更好地发展,解构是手段,不是目的,从企业整体发展而言,高层管理者的协调工作至关重要。随着管理层级减少,中层消失,改变了原先职责层层分摊的格局,一方面是分权化,另一方面更趋于集权,权力集中于为数很少的高层管理者手中,例如阿里的"战略管理执行委员会"负责战略制订和战略执行。因为权力下放,各单位各行其是、各自为政,这样高层管理者的执行力会因此受到削弱,加大了高层管理者协调的难度,而且对高层管理团队的协调能力是巨大的挑战,这需要通过制度建设保证公司始终拥有优秀管理团队的良性循环。阿里的合伙人制度、华为的轮值 CEO 制度都是未雨

绸缪。

小微单位的负外部性是指因专注于发展"小微""小前台",虽然增强了应对市场需求的灵活性和适应性,但会不可避免地出现各自为政的业绩追求,小团体至上,还可能因类似的产品服务供给产生的重复劳动现象,降低企业专业化水平。业务单位的快速发展虽然有助于实现各单位利益的最大化,但可能会导致整体利益的下滑,如海尔目前有4 000多个"小微",如既做到满足客户个性化定制的需求,又要体现整体规模经济的效应,避免重复劳动,这显然是个挑战。除此之外,组织扁平化和去中心的推进,需要有强大的数字技术平台系统的支撑,如阿里的"大中台"就是前台业务的坚强后盾,但"大中台"的建立必须具备相当的技术和财力,很多中小企业难以承担,因此并不是所有企业适合平台化改造。

跨越组织边界,实现最大限度地聚合资源、信息和外部力量是平台组织的独特优势,但是也不可避免地蕴含着潜在的风险。封闭边界的存在除了保持企业稳定的功能外,更重要的是形成一种保护机制,免受外来风险的干扰。从封闭边界转向开放边界,突破了资源和信息壁垒,有利于企业在不确定和复杂的环境中创造价值,但是追求边界扩张,尤其是突破地理、文化边界,创造一个全球范围内的无边界结构,虽机会增加了,但是风险也随之增加。风险主要表现为:其一是全球供应链质量控制,比如波音公司的737事故,有说法是波音公司为消减成本,把失速控制系统的研发分包给了印度,虽然节省了几千万美元,但是软件的系统问题导致了飞机连续失事,完全得不偿失。其二是供应链的安全问题,各种突发事件如罢工、地震、事故都会引发企业全球产业链的震荡和短缺,突如其来的新冠疫情让拥有全球产业链的企业遭受重创,近几年日趋严重的逆全球化进程,因价值观和制度状况原因导致合作难以为继。总之,企业将会以此次疫情为分水岭缩短供应链,如发达国家将限制涉及公共安全、健康和高科技产品的外包,如通信、医疗、芯片、精密制造、人工智能等,全球范围的分包模式或将退潮。因此企业在拓展边界时既要考虑经济、技术因素,也要考虑安全因素。对我国企业而言,当务之急是需要提高自主创新能力,不能在核心技术方面受制于人,在构建全球产业链时一定要保证自己拥有核心技术和必备的生产能力,保证我国的产业安全和公共安全。

结　束　语

　　组织结构创新一直是国内外业界和学界关注的焦点,从 20 世纪 60 年代美国经济史学家钱德勒对以通用汽车为代表的大公司事业部制组织出现的原因分析,提出"结构跟着战略走"的著名论断,到今天以阿里为代表的独角兽企业的平台型组织涌现的动因分析,说明企业组织结构变革的实践和理论研究与时俱进。曾经有学者断言:组织创新将是未来企业获得持续竞争优势的源泉之一。这一断言已经被今天的企业实践所证明。企业频繁的组织变革实践推动着相关的理论研究也在不断演进,从古典组织理论到现代组织理论,再到后现代组织理论,研究成果汗牛充栋,权变分析成为研究组织变革的思维模式,技术、战略、规模、交易费这些权变因素都纳入了组织结构变革的分析视野中,这些研究的共性在于主要考虑企业的经济属性和技术属性,企业的政治属性没有受到关注,虽然早期理论有过系统的研究,但后来的研究比较碎片化,这是因为企业的政治属性在其发展过程中表现得较为隐蔽,难以引起广泛的关注,但是如果对企业的发展探索得越多,它的政治属性就表现得越清晰,企业权力安排作为政治活动的核心直接影响到企业组织的生存和发展。正是基于此,本书选择了从权力合法性角度系统地研究企业组织变革问题。

　　从工业化社会的主流模式科层制结构转向后工业化社会的平台结构,反映了企业权力从集权向分权的转变,从表面看企业选择集权模式还是分权模式有多种考虑因素,如企业的历史、经营规模、技术、战略、知识的分布、员工的素质等,其实在这些因素背后有一个共同的逻辑就是权力合法性,这正是本书研究组织结构变革的内在逻辑。合法性的概念不是基于法学意义上的,而是指在权力统治的结构中权力客体对权力主体统治地位以及维护这一关系的规范的认同。当企业权力安排被接受和认可时,管理者手中的权力便合法化而成为管理者权威。权力合法性不仅源于产生权力的资源或制度,而且还包括了对权力的价值认同和权力运作效果的接受。企业权力合法性的基础包括企业文化、企业制度和企业经营的有效性。企业文化由于它具有导向功能、凝聚功能、解释功能、约束功能和延续功能,使之有助于形成企业成员关于合法性的特定信仰体系,于是企业文化成为获得合法性的价值前提。企业制度通过外在的强制,一方面规范权力主体的行为,使其符合现行的法律、法规和企业的各项规章制度;另一方面强化权力客体对权力主体的认同和服从的义务,维持权力关系的稳定性,因此,企业制度是获得合法性的根本基础。企业经营的有效性满足了权力客体内在的工具理性动机,成为获得合法性的诱导力量。企业权力被合法化以后,意味着权力被员工接受,有助于提升管理者权力的执行力。

但是,合法性不是一个静态的现象,已合法化的权力会由于合法性基础的变化而出现合法性危机,这时必然会引起对现有权力安排的调整,以便重建合法性权力。企业文化、企业制度和企业经营的有效性会随着环境的变化失去对合法性支撑的能力,因为工业化时代所倡导的工具理性至上的价值观、严格的控制制度和对企业经营利润最大化的追求,与后工业化社会所倡导的价值理性至上的价值观、宽松的制度约束和与利益相关者共赢的追求格格不入,因此出现文化危机、制度危机和有效性危机。要摆脱危机,必须进行企业文化重构、企业制度重构和企业经营的有效性重构,从而引起企业权力安排的变化,表现为企业组织结构所体现的等级关系和各种岗位职位随之调整,企业组织结构发生变革。因此,这就将本书对企业组织变革的研究引向了对权力因素的关注,于是本书的研究目标就是揭示了企业组织变革的合法性逻辑。

在数字化技术的推动下,平台化的组织结构转型已成为目前组织结构变革的大趋势,但并不意味着所有的企业选择向平台型企业转型,实际上很多传统企业会适当地将平台结构嵌入科层的基本结构中,也有因平台而生的互联网公司随着规模扩大,将科层结构嵌入平台结构中,无论哪一种模式,组织转型是永恒的主题,变化的驱动力是提高企业的创造力、灵活性和价值创造能力。虽然在组织结构转型方面没有一个普适性模式,但是总体倾向是殊途同归:在工具理性与价值理性、层级与网状、控制与自治、边界与无边界方面不是非此即彼,而是或此或彼,基于不同的情景不断地打破原有平衡又创造出新的平衡。

我们在充分享受数字技术给人们工作、生活带来极大便利的时候,需要警醒数字技术也可能带来的异化现象。异化现象是科层组织备受诟病的重要原因之一,因为非人格化的制度控制导致员工沦为机器的附庸,控制是为了确保组织目标的实现,结果却反而成了目标本身。在后工业化社会,数字技术一方面让员工有了更大的工作弹性和自主性,另一方面却让工作竞争更为惨烈,比如被人们热议过"996"现象。"996"率先出现在一些赫赫有名的互联网公司,如华为、阿里、京东,并且已成为一种常态化的工作模式,造成的工作和生活的变态,这就是这个时代的一种异化,人们正以一种病态的方式承接科技进步的成果(孙立平,2019)。数字技术改变了企业对员工的管理方式,由原先通过制度的严格管控转向自主管理,这样的改变从积极方面看是体现了"人本主义"的管理理念,从消极的方面看只是利用数字技术巧妙地从表面上改变了对员工的管理方式,由一种规训方式转为一种普遍化的监视,工作场所变成了福柯权力理论中的"全景敞视建筑",其实这样一种现代社会最为有效的权力功能运行机制已经渗透在我们生活的方方面面,无处不在的摄像头、刷脸系统、电子支付、上网留痕,这就是所谓的大数据,这也是数字技术的广泛运用所产生的另一种异化现象,一切尽在掌控中以及产生的可能对人隐私的侵犯。工作竞争的加剧和权力控制方式的巧妙转变,长此以往,如果不能以制度设计来承接数字技术革命的成果,使之向真善美方向前行,可能会再次引起权力合法性危机,这将是本书后续研究需要思考的问题。

主要参考文献

一、著作

[1] 杨国安,戴维·尤里奇.组织革新:构建市场化生态组织路线[M].袁品涵译.北京:中信出版集团,2019.

[2] [美]罗恩·阿什肯纳斯,戴维·尤里奇.无边界组织[M].姜文波,刘丽君,康至军等译.北京:机械工业出版社,2015.

[3] [德]H.哈肯.信息与自组织[M].郭治安译.成都:四川教育出版社,2010.

[4] [美]戈德史密斯等.网络化治理:公共部门的新形态[M].孙迎春译.北京:北京大学出版社,2008.

[5] [英]吉莲·邰蒂.边界[M].徐卓译.北京:中信出版集团,2019.

[6] [法]米歇尔·克罗齐耶,埃哈尔·费埃德伯格.行动者与系统:集体行动的政治学[M].张月等译.上海:格致出版社,上海人民出版社,2017.

[7] 陈春花,赵海然.共生:未来企业组织进化路径[M].北京:中信出版集团,2018.

[8] 刘韶荣,夏宁敏,唐欢,尹玉蓉.平台型组织.[M].北京:中信出版集团,2019.

[9] 陈威如,余卓轩.平台战略:正在席卷全球的商业模式革命

[M].北京:中信出版集团,2013.

[10] 张康之.公共行政的行动主义[M].南京:江苏人民出版社,2014.

[11] [德]马克斯·韦伯.经济与社会[M].林荣远译.上海:商务印书馆,1997.

[12] [美]彼得·布劳.现代社会中的科层制[M].马戎译.上海:学林出版社,2001.

[13] 华勒斯坦等.学科知识权力[M].刘健芝等译.上海:生活·读书·新知三联书店,1999.

[14] [美]罗伯·特达尔.现代政治分析[M].王沪宁译.上海:上海译文出版社,1987.

[15] 伯兰特·罗素.权力论:新社会分析[M].吴有三译.上海:商务印书馆,1991-2-1.

[16] [美]A.阿尔蒙德.比较政治学:体系、过程和政策[M].曹沛霖等译.上海:上海译文出版社,1987.

[17] 严家其.权力与真理[M].北京:光明日报出版社,1987.

[18] 米歇尔·福柯.规训与惩罚[M].刘北成等译.上海:生活·读书·新知三联书店,1999.

[19] [美]W.E.哈拉尔.新资本主义社会[M].冯韵文等译.北京:科学文献出版,1999.

[20] [美]彼德·布劳.社会生活中的交换与权力[M].李国武译.北京:华夏出版社,1987.

[21] [美]小艾尔弗雷德·D.钱德勒.看得见的手——美国企业的管理革命[M].沈颖译.上海:商务印书馆,1994.

[22] [美]詹姆斯·卢卡斯.企业权力的学问[M].刘永涛译.上海:上海人民出版社,2000.

[23] 李景鹏.权力政治学[M].哈尔滨:黑龙江教育出版社,1995.

[24] [美]弗莱蒙特·E.卡斯特,詹姆斯·E.罗森茨韦克.组织与管理[M].北京:中国社会科学出版社,2000.

[25] [美]丹尼·雷恩.管理思想的演变[M].赵睿译.北京:中国社会科学出版社,2000.

[26] [美]凯文·凯利.失控[M].张行舟,陈新武,王钦等译.北京:电子工业出版社,2016.

[27] [美]查尔斯·汉迪.非理性的时代:掌握未来的组织[M].王凯丽译.北京:华夏出版社,2000.

[28] 陆江兵.技术理性制度与社会发展[M].南京:南京大学出版社,2000.

[29] 钱平凡.组织转型[M].浙江:浙江人民出版社,1999.

[30] [美]加里·哈梅尔,C.K.普拉哈拉德.竞争大未来[M].王振西译.北京:昆仑出版社,1998.

[31] [美]阿尔温·托夫勒.权力的转移[M].刘红等译.北京:中共中央党校出版社,1991.

[32] [美]保罗·S.麦耶斯.知识管理与组织设计[M].蒋惠工等译.珠海:珠海出版社,1998.

[33] [美]利普塞特.政治人[M].张绍宗译.上海:商务印书馆,1993.

[34] [德]尤尔根·哈贝马斯.合法化危机[M].刘北成等译.上海:上海人民出版社,2002.

[35] [美]戴尔·尼夫,安东尼·塞斯菲尔德、杰奎琳·塞弗拉.知识对经济的影响力[M].邱东辉等译.北京:新华出版社,1999.

[36] [美]彼得·圣吉.第5项修炼[M].郭进隆译.上海:上海三联书店出版,1994.

[37] [美]F.赫塞尔本等.未来的组织——51位世界顶尖管理大

师的世纪断言[M].胡苏云等译.成都:四川人民出版社,1998.

[38] [美]丹尼斯·K.姆贝.组织中的传播和权力:话语、意识形态和统治[M].陈德民等译.北京:中国社会科学出版社,2000.

[39] [法]卢梭.社会契约论[M].何兆武译.上海:商务印书馆,1996.

[40] [美]戴维·伊斯顿.政治生活的系统分析[M].王浦劬译.北京:华夏出版社,1999.

[41] [美]达尔·尼夫.知识经济[M].樊春良等译.珠海:珠海出版社,1998(9).

[42] [美]彼得·F.德鲁克等.知识管理[M].杨开锋等译.北京:中国人民大学出版社,1999.

[43] [美]维娜·艾莉.知识的进化[M].刘民慧等译.珠海:珠海出版社,1998.

[44] 苏勇.管理伦理[M].上海:上海译文出版社,1997.

[45] 何畔.战略联盟:现代企业的竞争模式[M].广州:广东经济出版社,2000.

[46] [美]杰弗里·普费弗.用权之道——机构中的权力斗争与影响[M].隋丽君译.北京:新华出版社,1999.

[47] 苏东.论管理理性的困境与启示[M].北京:经济管理出版社,2000.

[48] [美]约翰·科特.权力与影响[M].孙琳等译.北京:华夏出版社,1997.

[49] 陈传明.比较企业制度[M].北京:人民出版社,1995.

[50] [美]丹尼斯·朗.权力论[M].陆震纶等译.北京:中国社会科学出版社,2001.

[51] [美]B. 盖伊·彼得斯. 政府未来的治理模式[M]. 吴爱明译. 北京:中国人民大学出版社,2001.

[52] [美]理查德·L. 达夫特. 组织理论与设计精要[M]. 李维安译. 北京:机械工业出版社,1999.

[53] [美]阿尔文·托夫勒. 未来的冲击[M]. 孟广均译. 北京:新华出版社,1998.

[54] [美]加里·哈默尔. 领导企业变革[M]. 曲昭光等译. 北京:人民邮电出版社,2002.

[55] [美]道格拉斯·C. 诺斯. 经济史上的结构和变迁[M]. 厉以平译. 上海:商务印书馆,1999.

[56] 张春霖. 企业组织与市场体制[M]. 上海:上海三联书店,上海人民出版社,1996.

[57] [美]詹姆斯·科塔达. 知识工作者的兴起[M]. 王国瑞译. 北京:新华出版社,1999.

[58] [美]安妮·布鲁斯,詹姆斯·S. 伯比顿. 员工激励——如何激发雇员的进取心[M]. 刘燕春等译. 北京:中国标准出版社,2000.

[59] 李鹏程. 当代文化哲学沉思[M]. 北京:人民出版社,1994.

[60] [美]安德鲁·坎贝尔、凯瑟琳·萨姆斯·卢克斯. 战略协同[M]. 任通海等译. 北京:机械工业出版,2000.

[61] 司马云杰. 文化价值论——关于文化建构价值意识的学说[M]. 北京:人民出版社,1988.

[62] [德]马克思·韦伯. 新教伦理与资本主义精神[M]. 于晓等译. 上海:生活·读书·新知三联书店,1992.

[63] [法]让-马克·夸克. 合法性与政治[M]. 佟心平等译. 北京:中央编译出版社,2002.

[64] 毛寿龙. 政治社会学[M]. 北京:中国社会科学出版社,2001.

［65］常士闫．政治现代性的解构［M］．天津：天津人民出版社，2001．

［66］［美］彼得·德鲁克．后资本主义社会［M］．张星岩译．上海：上海译文出版社，1998．

［67］［美］戴维·奥斯本、特德·盖布勒．改革政府——企业家精神如何改革着公共部门［M］．上海：上海译文出版社，2006．

［68］［美］伊查克·爱迪思．企业生命周期［M］．赵睿等译．北京：中国社会科学出版社，1997．

［69］［美］特伦斯·迪尔、艾伦·肯尼迪．企业文化——企业生活中的礼仪与仪式［M］．李原等译．北京：中国人民大学出版社，2008．

二、中文论文

［1］赵鼎新．国家合法性和国家社会关系［J］．社会科学文摘，2016（10）：35－38．

［2］刘柯．政府组织变革中的权力关系演变与规范路径探究——读张康之．公共行政的行动主义［J］．武汉科技大学学报（社会科学版），2017（6）：630－635．

［3］王凤彬，王骁鹏，张驰．超模块平台组织结构与客制化创业支持——基于海尔向平台组织转型的嵌入式案例研究［J］．管理世界，2019（2）：121－146．

［4］韩沐野．传统科层制组织向平台型组织转型的演进路径研究——以海尔平台化变革为案例［J］．中国人力资源开发，2017（3）：114－120．

［5］胡国栋，王晓杰．平台型企业的演化逻辑及自组织机制——基于海尔集团的案例研究［J］．中国软科，2019（3）：143－152．

［6］王建平．工业4.0战略驱动下企业平台生态圈构建与组织变

革[J].科技进步与对策,2018(8):91-96

[7]罗珉.组织概念的后现代图景[J].管理科学,2004(6):16-20.

[8]陈传明.知识经济条件下企业组织的结构化改造[J].南京大学学报,2000(1):38-46.

[9]赵书松,赵旭宏,廖建桥.组织情景下权力来源的类型、关系与趋势:一个跨层次分析框架[J].中国人力资源开发,2020,37(01):6-20+34.

[10]文军.制度建构的理性构成及其困境[J].社会科学,2010(04):60-63.

[11]傅永军.哈贝马斯"合法性危机论"评析[J].马克思主义研究,1999(04):64-71.

[12]柳建文.哈贝马斯合法性理论释读[J].甘肃理论学刊,2002(05):61-64.

[13]李朋波,梁晗.基于价值创造视角的企业组织结构演变机理研究——以阿里巴巴集团为例[J].湖北社会科学,2017(02):104-111.

[14]杨磊,刘海兵.创新情境、吸收能力与开放式创新共演路径——基于华为、海尔、宝洁的跨案例研究[J].中国科技论坛,2020(02):36-45+53.

[15]乐国林,张新颖,高艳,毛淑珍,陈公行.领先企业自主管理研究的内在机理——基于海尔、华为实践素材的扎根分析[J].管理学报,2019,16(07):968-976.

[16]黄群慧.改革开放四十年中国企业管理学的发展——情境、历程、经验与使命[J].管理世界,2018,34(10):86-94+232.

[17]杨光斌.合法性概念的滥用与重述[J].社会科学文摘,2016

(10):39 – 41.

[18] 苗俊玲.论官僚制组织的当代困境[J].理论界,2014(9):19 – 22.

[19] 丁蕖.论权力的合法性与组织结构变革[J].南京社会科学,2006(05):72 – 77.

[20] 丁蕖.企业权力的合法性基础:一个综合性的框架[J].南京师大学报(社会科学版),2007(05):68 – 73.

[21] 丁蕖.论企业组织结构演变的合法性逻辑[J].学术界,2006(06):179 – 183.

[22] 李杰,丁蕖.网络组织:现代与后现代组织设计思想的交融[J].生产力研究,2005(01):172 – 174+219.

[23] 丁蕖.基于信息技术条件下的公共行政组织结构再造[J].现代管理科学,2007(01):53 – 54+59.

[24] 丁蕖.激励知识工作者[J].中国人力资源开发,2001(05):43 – 44.

[25] 丁蕖.知识经济与企业文化重构[J].现代经济探讨,2001(02):51 – 53+60.

三、英文论文

[1] Erik W. Larson, Jonathan B. King. The Systemic Distortionof Information: An On going challenge to Management [J]. Organizational Dynamics Vol, 24 No. 3 Winter, 1996: 49 – 61.

[2] Thomas A. Stewart. Get with the New Power Game[J]. Fortune, 13 Jan, 1997: 58 – 62.

[3] Thomas A. stewart. New Ways To Exercise Power[J]. Fortune, 6 Nov. 1989, p52 – 64.

[4] Parmod Kumar, Rwhana Ghadially. Organizational politics

and its Effects On members of Organizations[J]. Human relations 42, 1989: 305 - 14.

[5] Donald J. Vredenburgh, John G. Maurer. A Process Framework if Organizational Politics[J]. Human Relations 37, 1984: 47 - 66.

[6] Robert E. Quinn&kim Cameron. Organizational life cycles and shifting criteria of Effectiveness: Some Preliminary Evidence[J]. Management Science 29, 1983: 33 - 51.

[7] Ichak Adizes. Organizational passages: Diagnosing and Treating Life Cycle Problems of Organizations [J]. Organizational Dynamics Summer, 1979: 2 - 25.

[8] Ruth Wageman. Critical Success Factors for Creating Superb Self-Managing Teams[J]. Organizational Dynamics, summer 1997: 49.

[9] John D. Burdett. Beyond values-exploring the twenty-firstcentury organization [J]. Journal of Management Development, Vol. 17No. 1, 1998: 27 - 43.

[10] Liu, Denis, Kolodny, Stymne. Organization Design for Technological Change[J]. Human Relations. 8 - 17.

[11] Gregory G. Dess, Joseph C. Picken. Changing Roles: Leadership in the 21st Centhry [J]. Organizaitonal Dynamics, winter 2000: 18 - 33.

[12] Annabelle Gawer, Michael A. Cusumano. Industry Platforms and Ecosystem Innovation [J]. Journal of Product Innovation Management, 2014(3).

四、杂志、电子文献及网站

[1] 孙冰.阿里巴巴的"秘密":一个数字经济中国样本的二十年[N].中国经济周刊,2019-09-10.

[2] 张家振,石英婧.张瑞敏:只有创业没有守业,大企业的问题就是没有释放人性[N].中国经营报,2019-01-09.

[3] 杨杜.探析华为的秘密:"知本主义"企业机制的巨大成功,华夏基石 e 洞察(ID:chnstonewx).

[4] 托马斯·弗里德曼.新冠肺炎是新的历史分期的起点 www.thepaper.cn 2020-03-24.

[5] 吴晓波.到底是什么解救疫情下的中国,www.thepaper.cn 2020-04-23.

[6] 海尔官网:https://www.haier.com/cn/.

[7] 华为官网:https://www.huawei.com/cn/.

[8] 阿里巴巴官网 https://www.alibabagroup.com/cn/global/home.

后　记

　　本书是在我的博士论文基础上加以修改和补充完成的。企业组织结构创新是一个持续不断的过程,因此随着时间的推移,组织结构会不断出现新变化。在我当初动笔写作博士论文的时候,平台企业才初现端倪,我们现在耳熟能详的一些独角兽企业那时也是默默无闻,直到 2010 年之后互联网企业才获得爆炸性增长。以大数据、云计算、人工智能、区块链为代表的新一轮数字技术革命加速了企业组织结构向平台化结构的转型,因为扁平化、去中心、无边界的平台特征是数字技术的应有之义。学界在这方面的研究成果比较多,研究主要是基于大量国内外典型案例分析基础上凝练出一般性的结论。本书对中国企业组织变革实践的案例考察和分析,得益于现有研究资料和成果的启示。

　　在本书写作后期,正碰上一场突如其来的新冠肺炎疫情。疫情打乱了人们正常的生活秩序,为了阻断病毒传播,我国政府实施了"硬核"防控措施:居家隔离、保持社交距离、出行限制、企业停工停产。早期的防控给人们的生活带来极大不便,但是人们很快发现可以通过电商、微商平台网购各种生活用品,通过云平台开展在线教育、在线办公、在线问诊等一系列基于互联网平台的服务,大大抵消了疫情防控给人们生活学习带来的不便。由于企业平台、政府平台在新冠疫情期间表现出强大的融合功能、服务功能和网络效应,让我对平台的巨大贡献深有感触,也加深了我对平台运行内在机制的认知,而这正契合了本书的研究内容,因此我的论文写作过程也是一个从实践中学习和发现,然后再上升到理论层面的思考和总结的过程。在写作后期,我感觉到现实的变化带来的思考要比开始时的思考更多,因此做到尽可能地去补充最新内容。

在本书的写作过程中,我最大的感悟就是,论文写作除了需要阅读大量的与研究主题直接相关的国内外文献,同样不可忽视的就是跨学科的经典文献阅读,因为这样可以突破原有学科形成的思维定式,有豁然开朗之势,有时也会因此获得新的思路和信息,让我激动不已。我也由此联想到本书的研究内容,平台的出现颠覆传统边界,促进企业跨界经营,坊间曾经流传过这么一句话:打败你的不是对手,颠覆你的不是同行,而是"跨界打劫者","我消灭你,与你无关"。银行可能做梦都没有想到,今天他们的最强对手是阿里、腾讯这样的平台企业,他们通过第三方支付平台与银行争客户资源,发展互联网金融挑战金融业的传统模式,重构金融业态。

本书能够顺利完成是基于我博士论文的理论基础和分析框架,因此,我最要感谢的就是我的博士导师南京大学商学院陈传明教授。陈老师以严谨的学术风范、踏踏实实的教学作风、逻辑严密的思维方式深深地影响了我,这将使我终身受益。我的博士论文从研究视角的确定、论文提纲的拟定、初稿的审定到最后定稿,无一不倾注了导师的大量心血。为了拓宽我的研究视野,在研究中有所创新,导师鼓励我进行跨学科的研究,建议我从政治学的角度思考企业组织问题。因为,企业虽说是一个经济利益的实体,但是不乏政治属性。达夫特在企业组织理论研究中专门研究了权力与政治活动,具体分析了企业中的权力、政治性模式,管理者如何增强其权力基础(达夫特,1999)。导师的启发拓展了我思考问题的视野,开阔了我的思维,对我的博士论文写作起到了引领性作用。除此之外,博士论文的完成还得益于导师精心为我们博士生开设的两门研讨课。一门是讨论在知识经济背景下企业组织的结构化调整,通过研讨使我明确了选择以企业组织变革作为博士论文的研究命题的必要性和现实意义。另一门是讨论战略与结构问题，对这一问题的讨论使我意识到在企业进行战略转型时需要以新的结构作为支撑，所谓"结构跟着战略走"，以及以一种权变的思维去思考组织结构问题。总之，无论是导师对论文的直接指导还是精心授课，都让本人受益匪浅。

同时在攻读博士学位期间，我还受到了其他博士生导师们的辛勤培育，在此特别想要提到的老师是赵曙明教授、施建军教授。赵曙明教授是研究人力资源管理的专家，施建军教授的思维活跃、亮点颇多，他们的授课让我视野开阔，并加深了对一些问题的理解，这对于我的论文写作同样具有重要启示。与此同时，论文中一些政治学核心概念的确立离不开政府管理学院老师们的帮助。尤其要感谢政府管理学院的博士生导师严强教授和张凤阳教授，我在论文写作中碰到的涉及有关政治学和行政学方面的理论问题，得到了他们的悉心指导。与孔繁斌教授、陆江兵教授和魏姝教授的多次讨论也是博士论文顺利进行的重要条件。

本书能够顺利出版离不开马克思主义学院领导的支持，南京大学出版社黄继东主任也为本书的出版提供了极大的帮助，在此，对他们的支持和帮助表示衷心的感谢！

最后，我要感谢我的先生和儿子对于我的支持和鼓励。先生将多年从事企业管理的经验分享于我，对我的研究具有启发性。儿子一直在为我鼓劲，给予我信心。没有他们的理解、支持和帮助，我的书稿是无法完成的。

丁 蕖

2020 年 4 月 20 日于南京

图书在版编目(CIP)数据

企业组织结构变革：基于合法性逻辑的思考 / 丁蕖
著. — 南京：南京大学出版社，2020.12
ISBN 978 - 7 - 305 - 24011 - 9

Ⅰ. ①企… Ⅱ. ①丁… Ⅲ. ①企业组织－研究 Ⅳ.
①F272.9

中国版本图书馆 CIP 数据核字(2020)第 243945 号

出版发行　南京大学出版社
社　　址　南京市汉口路 22 号　　　　邮　编　210093
出 版 人　金鑫荣

书　　名　企业组织结构变革——基于合法性逻辑的思考
著　　者　丁蕖
责任编辑　黄隽翀　　　　　　　　编辑热线　025 - 83592193

照　　排　南京南琳图文制作有限公司
印　　刷　南京理工大学资产经营有限公司
开　　本　880×1230　1/32　印张 8　字数 208 千
版　　次　2020 年 12 月第 1 版　2020 年 12 月第 1 次印刷
ISBN 978 - 7 - 305 - 24011 - 9
定　　价　39.00 元

网址：http://www.njupco.com
官方微博：http://weibo.com/njupco
官方微信号：njupress
销售咨询热线：(025) 83594756